Franziska von Béguelin

Der Küchen-Kalender

Franziska von Béguelin

Der Küchen-Kalender

ISBN/EAN: 9783944350318

Auflage: 1

Erscheinungsjahr: 2013

Erscheinungsort: Bremen, Deutschland

@ Kochbuch-Verlag in Access Verlag GmbH, Fahrenheitstr. 1, 28359 Bremen. Alle Rechte beim Verlag und bei den jeweiligen Lizenzgebern.

Der Küchen-Kalender

oder

366 Mittagtische (menus)
für jeden Tag des Jahrs.

Ein Kochbuch
für alle Haushaltungen.

Ein Handbuch
für Hotelbesitzer, Vorsteher von Pensionen, Krankenhäusern und für Aerzte.

Nach bewährten Recepten bearbeitet

von

Franziska von Béguelin, geb. Ziegler,

mit einer einleitenden Vorrede

von

Franz W. Ziegler.

Hannover.
Carl Rümpler.
1874.

Einleitende Vorrede.

Rechte und linke Seite des Reichstags begegnen sich auf so vielen Gebieten des Lebens, daß es ganz in der Ordnung ist, wenn sie auch auf dem Gebiete der Küche aufeinandertreffen, und dadurch für das Wohl ihrer Mitmenschen förderlich wirken.

Graf zu Münster, das hochverehrte Mitglied der Rechten, hat ein Kochbuch seiner verewigten Gemahlin übersetzt und bevorwortet, und ich gestehe, daß dies dazu beigetragen hat, meinerseits die Bitte meiner Tochter zu erfüllen: die von ihr bearbeiteten 366 Menus mit meiner Vorrede zu versehen.

Graf zu Münster hat für sein Unternehmen schon manchen Spott hinnehmen müssen; er mag mir erlauben, wenn ich, von der Linken her, an dieser Ehre theilnehmen will. Auch hier gilt: Artem non odit nisi ignarus.

Wirklich giebt es wenig Gebiete, auf dem sich der Unverstand so breit macht, als auf dem der Kochkunst. Hat mir doch ein angeblich gelehrter Mann einst gesagt: Er begriffe nicht, wie ein gebildeter Mann sich um das kümmern könne, was er esse. Freilich war dies Subject nach Bildung des Kopfs, des Gesichtsausdrucks, der Speisewerkzeuge, des Rippen- und Beingestells, des Ganges, der Zerfahrenheit aller Bewegungen eben so verkommen, wie es hinsichts seiner Gesinnung, der geistigen Ausbeute und des Niederschlages aus seinen Studien kläglich bei ihm aussah.

Für Leute, die niedriger als der Durchschnittsmensch organisirt sind, giebt es keine Belehrung, es ermuntert sie auch nicht zum Nachdenken, wenn man sie darauf hinweist, daß der Mensch die einzige Creatur ist, die kochen muß; sie haben keinen Sinn für diese hohe Unterscheidung vom Thier, und wenn Leute dieses Schlages überhaupt zu uns in Beziehung treten können, so ist es noch das Angenehmste, von ihnen verspottet zu werden.

Graf zu Münster wendet sich an die Frauen, um sie für die gute Küche zu interessiren, und ist es von Bedeutung, daß er denselben seine Gemahlin, die aus der höchsten Aristokratie Englands stammt, vorhält. Allerdings ist kaum zu begreifen, daß die Frauen, die Vertreterinnen aller Annehmlichkeiten des Lebens und der von ihnen so wesentlich abhängenden Cultur, im Ganzen genommen eine Handhabe, mittelst deren sie stets wesentlich wirksam sein können, die Küche so sehr vernachlässigen, ja die Aufmerksamkeit auf die gute Küche halbwegs für etwas Gemeines halten.

Im Gespräch mit einer zur Millionairin gewordenen Bürgersfrau erzählte sie mir von den Strapazen ihrer bereits zur Communion gewesenen Tochter. Morgens 8 Uhr kam der italienische, um 9 Uhr der englische, um 11 bis 1 Uhr der französische Lehrer, und Clavier- und Gesangsunterricht füllte den Nachmittag aus. — Und wann lernt sie denn kochen? fiel ich ein. — Kochen? Sie muß doch erst recht gebildet werden. — Etwa durch die neueren Sprachen? fragte ich. — Ja wohl, erwiederte sie, wodurch sonst als durch die Sprachen kann man denn Bildung erlangen? Ich hütete mich wohl zu sagen: zunächst und hauptsächlich durch die Mutter, sondern erwiederte blos lächelnd: „Madame! wenn man durch die neueren Sprachen im eigentlichen Sinne gebildet werden könnte, dann wären die Oberkellner in den Gasthöfen die gebildetsten Leute."

Die brave Frau war ganz erschrocken und vollständig aus

ihrem Erziehungs-Concepte gebracht, indessen hat sie doch wirklich die Tochter fortan weniger quälen und sie sogar in der edlen Kochkunst unterrichten lassen.

Ich kann nicht darüber urtheilen, mit welchem Gewissen eine Mutter ihre Tochter in die Ehe giebt, ohne daß letztere von der Küche das Geringste versteht, es sei denn, daß sie sich einbildet, die mangelnde Kenntniß ließe sich ja durch Geld ausgleichen, indem man gute Köche und Köchinnen anschaffte, ohne daß ein so hochgebildetes Mädchen wie die englisch, französisch, italienisch und musikalisch dressirte Tochter als Frau hinter dem Herde zu stehen brauche. Die verewigte Gräfin zu Münster hat auch nicht in diesem Sinne hinter dem Herde gestanden, aber sie hat gewiß genau gewußt, was dahinter vorgeht und vorgehen muß, und ihre Dienerschaft hat Respect vor solcher Controle gehabt. Jenem Unverstande ist in einer Vorrede nicht aufzuhelfen, wenn dies überhaupt möglich ist.

Mit besonderem Ernste habe ich mich zu den Aerzten zu wenden. Ich habe keine Sprache für den Leichtsinn, mit dem Männer in die ärztliche Praxis treten, ohne von der Kochkunst das Geringste zu verstehen, und gar keinen Begriff haben von der zweckmäßigsten Ernährung und Kräftigung des Patienten nach Lebensart und Körperbau, keinen Begriff haben von der Beschaffenheit und Wirksamkeit aller Nahrungsstoffe und der Erhöhung ihrer Verdauungsfähigkeit durch die Art der Zubereitung mittelst der Kochkunst.

Wenn die Gräber Klagen erheben könnten, so würden Tausende von Aerzten den furchtbarsten Anschuldigungen unterliegen. Die Herren sprechen immer von „behandeln", ohne zu bedenken, daß das „behandeln" in der Anordnung der zweckmäßigsten Nahrungsmittel seinen Rückhalt hat.

Im Jahre 1855 war meine Frau schwer krank. Ein alter Arzt, nachdem er anderweit aufgegeben war, sagte mir: wenn es uns gelingt, sie zu ernähren, ist sie zu retten. Und nun bestimmte der Mann für jeden Tag die Art und Zubereitung der Bouillon, bald aus Rind-, bald aus Hammelfleisch, bald von Tauben, Hühnern ꝛc., wußte auch dies oder jenes consistenter nahrhafte Nahrungsmittel successive beizubringen, bis ohne alle erhebliche Medicin die Krankheit überwunden war. Dreizehn Jahre später, im Jahre 1868, habe ich, und mit noch mehr Grund, die Kenntniß des Arztes von der Kochkunst zu verehren gehabt. Ein durch Jahre vernachlässigter Lungen- und Magen-Katarrh, in welchem mich ein gewaltiger Schleimverlust heimsuchte, während die Nachtruhe fehlte, brachte mich in kurzer Zeit bis zur äußersten Magerkeit und völligen Erschlaffung und Kraftlosigkeit herunter. Mein Arzt, der leider vor Kurzem verstorbene Oberstabs-Arzt Seyppel, behandelte mich, und empfahl den Meinigen, mich um jeden Preis zu ernähren. Ich fing Morgens mit der Hoff'schen Malz-Chocolade an, und nahm um 10 oder 11 Uhr beaf tea (über dessen Bereitung ich mich später mit Grafen zu Münster auseinanderzusetzen habe); er verordnete drei oder vier Austern, wo möglich ein Schnittchen Fleisch, ließ mich deux doigts château d'Yquem dazu trinken, verordnete mir eine Art von diner en miniature, gab dazu feinen Rothwein, und brachte mich so, indem er täglich den Küchenzettel für mich ordnete und die Art der Zubereitung, mit voller Kenntniß der Kochkunst, wenigstens andeutete, wieder in die Höhe. Medicin wurde wenig angewendet, und genaue Rechnung hat ergeben, daß die Ausgaben, welche diese Methode verursachte, lange nicht den Betrag erreichten, zu dem sonstige Medicinrechnungen sich versteigen.

Wenn übrigens ein Arzt und gelehrter Naturforscher wie Rudolph Virchow sich herabläßt, in seiner Abhandlung „Ueber Nahrungs- und Genußmittel" (Heft 48 der Sammlung wissenschaftlicher Vorträge, herausgegeben von Virchow und Holtzendorff) sowohl hinsichts der Erhaltung der Gesundheit, als rücksichtlich ihrer Wiedererlangung, also für Gesunde wie Kranke, der Auswahl und Zubereitung der Nahrungsmittel

Einleitende Vorrede.

einer eingehenden Untersuchung zu unterwerfen, wenn ein Naturforscher wie Carl Voigt, mit Verleugnung aller seiner Ahnen, ein Kochbuch übersetzt und herausgiebt, so werden die Herren Aerzte die Nothwendigkeit wohl nicht von der Hand weisen können, der Kochkunst recht viel abzugewinnen.

Freilich ist dies nicht ganz leicht, da der Cursus dafür auf der Universität zwar angenehm, aber sehr kostspielig werden dürfte, und Wenigen später Gelegenheit geboten wird, ihren Geschmack zu bilden, und damit einen Weg zur Kunst zu gewinnen.

Das Buch meiner Tochter bietet aber gerade für Aerzte eine gute Handhabe; sie brauchen es nur in Monatsheften gebunden wie das Receptbuch mitzuführen, und sie können jeden Tag danach verordnen. Ueberhaupt ist dasselbe auch für Andere, für Frauen, besonders Hotelbesitzer, das, was die Lehrer eine Eselsbrücke nannten, welche die schwierige Frage: „was kochen wir morgen?" sofort löst. Es ist daher auch wegen des neuen Gedankens, diese Frage gelöst in die Hand zu geben, obgleich es die Recepte für alle Gerichte enthält, nicht Kochbuch, sondern der Hauptsache nach „Küchen=Kalender" betitelt worden. Bei Benutzung dieses Kalenders ist ja nicht nöthig, daß das ganze Menu gegeben wird, vielmehr läßt sich ja nach Appetit und Börse ein Gericht weglassen und nur der Fonds des Menu benutzen. So wenig die jedem Gericht beigegebenen Recepte sich von Personen anwenden lassen, die kaum einen Topf Wasser an das Feuer zu bringen verstehen, wie man nicht Maler werden kann, wenn man blos eine Anweisung für diese Kunst liest, eben so wenig ist denen zu helfen, die so wenig Umsicht haben, daß sie nicht im Stande sind, die Menus nach den klimatischen Unterschieden zu transponiren. Man hätte die Gerichte, die an einem bestimmten Tage zum Beispiel für Paris gelten, für Berlin in eine spätere Zeit versetzen können, aber damit wäre wenig geholfen, denn auch in der engeren Gränze von Deutschland ist der Unterschied in der Vegetation und der Erscheinung verschiedener Genußmittel sehr bedeutend. Im Breisgau erscheint die Waldschnepfe ziemlich drei Wochen früher als in Königsberg in Preußen, und so muß soviel Umsicht bei Jedem, der das Buch in die Hand nimmt, vorausgesetzt werden, daß er, nach Umständen, vierzehn Tage seinen Kalender vor= oder zurückstellen kann.

Daß die Recepte für jedes Gericht viel leichter auszu= führen sind, als die in anderen Kochbüchern angegebenen, ist durch Erfahrung bewiesen. Für den ersten Augenblick scheint das nicht der Fall zu sein, aber gerade der Umstand, daß die gedachten Bücher immer eine bestimmte Anzahl von Gästen oder ein bestimmtes Volumen der Speise voraussetzen, macht die Reduction viel schwieriger und damit lästiger, als wenn die Köchin einiges Nachdenken zu Hülfe nimmt. Könnte man lediglich nach einem Buche kochen und blos mechanisch ver= fahren, so wäre auch von Kochkunst nicht mehr die Rede, ja man würde schließlich die bloße Maschine an Stelle des Men= schen setzen.

Würde das Buch bedeutenden Eingang gewinnen, so hoffe ich reiche Einwirkung auf die Würdigung der in Deutschland noch sehr vernachlässigten Kochkunst und ihres Einflusses auf Gesundheit, Stimmung, ja sogar Sitte des Volks, und ich habe keinen Zweifel, daß wenn eine geniale Frau, wie Frau Lina Morgenstern, diesem Küchen=Kalender Aufmerksamkeit schenkt, sie auch daraus Stoff zu entnehmen verstände, um in den Küchen, welchen sie ihre Aufopferungen schenkt, auf eine Besserung der Zustände hinzuarbeiten.

Denn es handelt sich hier nicht um eine Befriedigung der Gelüste der Reichen, sondern um eine Aufbesserung eines vernachlässigten Zweiges der Cultur und des socialen Lebens. Diese Vernachlässigung zeigt sich auch recht in der auffallend geringen Benutzung von Kochbüchern bei uns. Selbst der „Scheibler" und der sehr hochstehende „Hauptner" verschwinden in dem Absatz von Exemplaren gegen die Riesenauflagen eines

Brillat-Savarin, eines Carême, des höchsten Meisters Aller, eines Viart und Fourel, eines Archambault und eines Audot, der es in wenigen Jahren zu 42 Auflagen brachte. Ich gebe zu, daß die Abneigung in Deutschland, für ein Buch Geld auszugeben, viel zu den ungünstigen Resultaten bei uns beiträgt, aber die Hauptsache ist doch wohl, daß unsere Hausfrauen und Gastwirthe Alles, was keine Aehnlichkeit mit menschlichen Gerichten hat, unter dem Namen „Hausmannskost" verdecken, eine Kost, die allerdings nur ein Hausknechtsmagen, und auch da nicht ohne Schaden, vertragen kann.

An manchen Stellen ist nicht aufzuhelfen, wenigstens für lange Zeit noch nicht, und am wenigsten da, wo durch den Häuserschwindel ein häufiger Wechsel der Wohnungen unausbleiblich ist. Ich meine den Mangel des Bratspießes. Der Graf Münster hat sehr gut bewiesen, aus welchen Gründen ein sogenannter Pfannenbraten nie den Geschmack und die Nahrhaftigkeit des Spießbratens erreichen kann, und Virchow's Abhandlung bestätigt dies, allein, wie gesagt, es ist da vorläufig nicht zu helfen, wenigstens nicht sofort von einem Kochbuche aus.

Das vorliegende Werk hat deshalb zwar den „Spieß" zur Voraussetzung, läßt sich aber weder über dessen Construction, noch über andere Küchengeräthe aus, giebt auch keine Zeichnung derselben, überläßt vielmehr alles dies dem stillen Fortschreiten der Cultur, wenn nur erst der Anfang dazu gemacht, nämlich die Einsicht gewonnen ist, daß Alles, was gekocht wird, auch die einfachste Suppe, gut gekocht werden muß.

„Die einfachste Suppe". — Es giebt Männer, welche von der Fleischbrühe (Bouillonsuppe) durchaus nichts wissen wollen und ihr jede Nährkraft absprechen. Zu ihnen gehört auch Virchow, der seinen früheren Ausspruch in der Volkszeitung über die Werthlosigkeit der Bouillon als Nährstoff in der vorgedachten Abhandlung etwas modificirt hat. Er sagt: „Ich hebe diese Vorzüge gern hervor, da frühere Aeußerungen von mir vielfach die Vorstellung erweckt haben, ich sei ein principieller Gegner der Fleischbrühe. Dies ist durchaus nicht der Fall. Ich behaupte nur, daß Fleischbrühe an sich weder ein Nahrungsmittel, noch „kräftig" ist, und daß, wenn man das ganze Fleisch, welches man zu seiner Nahrung verwenden will, kocht und davon Brühe bereitet, man dieses Fleisch zum großen Theile unverdaulich macht, ohne in der Brühe einen Ersatz zu gewinnen. Brühe ist ein Luxusartikel, den nur Wohlhabende regelmäßig genießen können. Eine Familie, die nur eben auskommt, sollte sich diesen Luxus abgewöhnen, da sie schon im Kaffee einen ähnlichen treibt. Ein Reicher mag ihn haben; einem Kranken muß er unter Umständen verschafft werden."

Man sieht, daß diese hohe Autorität der Wissenschaft sich bewußt ist, mit dem, was die Welt Erfahrung nennt, zu kämpfen, und er modificirt sich etwas, hält aber seine Behauptung doch bis zu einem gewissen Grade aufrecht.

Dagegen ist schwer zu kämpfen, man müßte sich denn so kurz fassen wie der Graf Raischach, der in der bayrischen Kammer Liebig's Behauptung: daß im Bier kein Nahrungsstoff sei, mit dem Ausruf zurückwies: „Das ist der Aberwitz der Wissenschaft!"

Ich habe nun alte Leute gekannt, die länger als zehn Jahre blos von Bouillon lebten und sich davon sehr gut nährten. Ich weiß wohl, daß man sagt, in der Bouillon sei gewiß hin und wieder Reis oder Porrée oder Sellerie gewesen, allein jedenfalls war doch dies in so schwachem Maße der Fall, daß sich auf diese geringen Dosen die Wohlbeleibtheit der Leute unmöglich zurückführen läßt. Wenngleich auch der altfranzösische pot au feu, das Nationalessen der Franzosen, außer dem gekochten Fleisch, gegen das Virchow so eingenommen ist, noch Vegetabilien enthält, so ist doch die Brühe die Hauptsache, und befindet sich dabei das Volk und selbst der Soldat im Felde, dessen Mittagsessen die Soupe ist, ganz wohl und kräftig. Indessen darüber läßt sich hin- und herstreiten. Aber

Ein Factum scheint mir unwiderleglich die Wirkung des beaf tea.

Ich muß vorausschicken, was nach meiner Ansicht beaf tea ist, dem ich meine Wiederherstellung verdanke.

Graf Münster giebt davon zwei Recepte unter 790 und 791 seines Buches. Aber beide sind nichts als eine sehr starke Suppe, aber kein beaf tea. Er läßt das Fleisch nebst Kohlrabi, Sellerie, Mohrrüben, Zwiebeln oder Porrée im Wasser kochen, und diese Zuthat von Wasser hebt den Begriff des beaf tea auf. Letzterer, der in Berlin, soweit er bekannt ist, „Wrangelbrühe" heißt, weil ihn angeblich Feldmarschall Wrangel seit vierzig Jahren jeden Morgen trinkt und ihm seine Munterkeit und Rüstigkeit verdankt, wird auf trockenem Wege bereitet.

Man schneidet nämlich ein Pfund rohes, von Fett und Knochen befreites Fleisch in kleine Würfel und thut sie in eine recht reine Champagnerflasche, ohne das geringste Wasser oder eine andere Flüssigkeit hinzuzuthun. Diese Flasche, schwach verkorkt, thut man in einen Topf mit Wasser und kocht also das Fleisch au bain Marie, aber sechs Stunden lang. Nun ist ferner nöthig, daß man neben dem Topfe, der die Flasche enthält, noch einen andern Topf mit heißem Wasser hat, um aus diesem, wenn der mit dem Fleische sein Wasser zu sehr verdampft hat, dasselbe zu ergänzen. Denn nähme man kaltes Wasser zum Zugießen und es käme dadurch das bain de Marie einen Augenblick außer Sieden, so liefe das Fleisch in eine blutige rothe Lache zusammen. Hält man aber den Topf sechs Stunden im Kochen, so läßt sich eine ganz hellgelbe klare Flüssigkeit, die nur eine Kaffeetasse füllt, abgießen, der man blos das nöthige Salz zusetzt. Das ist der beaf tea, der, wie ich glaube, in der Apotheke mit Salzsäure extrahirt wird. Freilich, und mein Arzt führte darüber Klage, gelingt dieser beaf tea selbst in den besten Häusern selten, weil er, wenn er um 10 Uhr Morgens genossen werden soll, eine bei

Dienstboten schwer zu erringende Thätigkeit von 4 Uhr Morgens ab verlangt. Indessen steht im Winter der beaf tea, ohne allen Schaden, auch bis zum andern Morgen über, wenn man ihn gegen Abend bereitet.

Dies vorausgeschickt, bemerke ich, daß die ausgekochten Würfel ganz wie Schrot Nr. 0 oder Nr. 1 herauskommen und völlig die Natur des Korks haben. Es ist effectiv nichts darin als die Faser, und ich habe dieselben für Menschen, Hunde und Katzen mit allem Möglichen angerichtet, aber keins hat davon genossen.

Ohne allen Aberwitz der Empirie glaube ich doch fragen zu dürfen, wo ist denn der Nahrungsstoff aus dem Pfund Fleisch geblieben? Auf der einen Seite ein ungenießbarer Kork, auf der andern eine Brühe, deren Wirkung man gespürt haben muß, um Preis und Dank zu singen. Kann man da anders, als der Wissenschaft widersprechen?

Sehr beherzigenswerth ist, was Graf Münster über die Beschaffenheit und Vorbereitung des Fleisches zur Verwendung sagt. Der Franzose nennt das zum Verbrauche reife Fleisch bien mortifié, es hat also das nöthige Alter erreicht und ist durch Lager in Milch, Oel, Essig, Wein verbrauchsreif. Hinsichts der innern Güte des Rindfleisches verlasse ich mich auf meinen sonst vom Militair zu Verträgen über Fleischlieferungen verwendeten Ochsen und die Zeichnung, welche das Thier in sechszehn Theile theilt. Ich muß jedesmal lachen, wenn Restaurants auf ihr Menu setzen: „Brustkern", das ist, der Nahrhaftigkeit nach, wenig mehr als Leder, denn es ist Fleisch Nr. 12. Ich gehe mit meinem Ochsen zum Fleischer, zeige ihm die vier ersten Sorten, und nehme nur von diesen. Wenn Graf Münster die englische Küche lobt, so hat er eben zumeist wohl darin recht, daß man dort die Beschaffenheit der Stoffe mehr prüft als anderwärts, indessen ist er doch genöthigt, beste Küche in der Combination der englischen und französischen Bereitungsart zu finden. Man kann überall essen, aber

Einleitende Vorrede.

diniren nur in Frankreich oder à la française; in der Kochkunst wird das französische Volk uns wohl immer voraus sein; das geht bis auf die untersten Stände hinunter, wie denn die Engländer im Krimkriege sehr darüber klagten, daß ihre Leute nicht kochen könnten.

Ich habe noch eine Auctorität für mich: den berühmten Naturforscher und Reisenden Dr. Jagor, der selbst in Frankreich die Kochkunst praktisch studirt hat. „Man kocht nur in Frankreich gut", sagte er mir, „und ich habe dies überall und an allen Tafeln nie verschwiegen, auch in England nicht." Ich persönlich kann nur über Frankreich, Italien, England, Belgien, Holland urtheilen, und muß dem Grafen Münster darin beistimmen, daß selbst die Küche Italiens die deutsche bei weitem übertrifft. Von einigen Glanzpunkten darf man freilich keinen allgemeinen Schluß machen. Wenn ich von der Tafel Königs Christian VIII. von Dänemark, die ich kennen gelernt zu haben den Vorzug genieße, auf das Land dieses hohen Herrn schließen wollte, so würde mir die dänische Küche obenan stehen, so wie auch Hamburg im Ganzen, wenn ganz Deutschland ihm gleich stände, viele Beurtheiler sehr auf die deutsch-nationale Seite drängen würde.

Man pflegt zu sagen: „Man muß die Berge lieben, aber in der Ebene wohnen, wenn man sich wohl befinden will." Es liegt darin eine Art Heuchelei gegen die Macht von Vorurtheilen und speciellen Liebhabereien.

Diese Art der Hypokrisie verstehen die Engländer meisterhaft, und sie sind durch ihre Verfassung darauf hingewiesen. Die Pairie würde schwerlich noch das Volk in der Finsterniß erhalten, in welcher jene ihren Vortheil findet, wenn ihre Mitglieder nicht alle Chairs einnähmen und den Vorurtheilen des Volks schmeichelten. Bei solcher Gelegenheit nehmen diese vornehmen Herren auch an der Tafel Platz und loben herzhaft die gute alte englische Kost, eilen aber dann so schnell als möglich nach Hause, um das Menu ihres französischen Kochs sich zu Nutze zu machen. Denn sie halten alle französische Köche und essen sich an deren Speisen allerdings in den Tod hinein, der bei englischen Pairs, die bekanntlich die langlebigsten Menschen der Welt sind, in der Regel im 90sten Jahre erfolgt.

Auch bei uns werden schon im Reichstage Stimmen für ein aus reinen Pairs bestehendes Oberhaus laut, und da wir bei längerer Ausübung des Parlamentarismus auch hypokritische Ausbildung erlangen werden, so ist zu erwarten, daß diese Herren mit einem guten französischen leichten Diner im Leibe Deutschland und das deutsche Volk segnen werden wegen seiner „guten Hausmannskost".

Und es wird Leute geben, die den Segen gläubig entgegennehmen. Denn auf allen Gebieten des Lebens bleibt es wahr, und darf uns doch nicht entmuthigen, was Göthe sagt:

> „Willst du der getreue Eckart sein
> Und Jedermann vor Schaden warnen,
> 's ist auch eine Rolle, sie trägt nichts ein,
> Sie laufen dennoch nach den Garnen."

Berlin, im October 1873.

Franz W. Ziegler.

Die dreihundert sechs und sechzig Menus.

1. Januar.

Suppe à la Condé.
Barbe à la béchamel.
Lendenbraten mit Madeira.
Gebratene Hühner à la peau de goret.
Artischocken à la barigoule.
Kalte Mehlspeise.

Suppe à la Condé. — Rothe Rüben werden in Wasser halb weich gekocht, dann fügt man Bouillon und Salz hinzu und läßt sie damit ganz weich kochen. Darauf rührt man die Suppe durch ein Haarsieb, und nachdem in die Terrine gebratenes Weißbrod gelegt ist, gießt man die Suppe darüber.

Barbe à la béchamel. — Nachdem man die Barbe ausgenommen hat, lege man sie zwei Stunden in kaltes frisches Wasser, lasse sie dann abtropfen und salze sie. Eine Stunde nachher wird die Barbe in kochendes Salzwasser zwanzig bis fünf und zwanzig Minuten gelegt, darauf auf gelindem Feuer gekocht, aber Acht gegeben, daß sie nicht zerfällt.

Artischocken à la barigoule. — Man putze und wasche die Artischocken und fülle sie mit einer Farce, welche aus Champignons, Schalotten, Petersilie und Speck besteht, und welche Zuthaten fein gehackt, sowie mit Pfeffer, Salz und Butter gemengt werden. Wenn die Artischocken gefüllt sind, so bindet man sie, umgiebt sie mit Speckstreifen, gießt ein wenig Provencer-Oel dazu und läßt sie auf gelindem Feuer kochen.

2. Januar.

Suppe à la julienne.
Aal à la minute.
Hammelrücken garnirt mit Rissoles.
Ackerlerche geröstet.
Lactuke gefüllt.
Fladen von Torten=Crême.

Suppe à la julienne. — Eine gleiche Anzahl Carotten, weiße Rüben und Selleriewurzeln werden in Stücke geschnitten, in Butter geschwitzt, bis sie sich bräunen, dann Lauch, einige Blätter Lactuke, Sauerampfer, ein wenig Körbel und ein Stückchen Zucker hinzugefügt und mit hinreichender Kraftbrühe eine Stunde gekocht. Wenn es die Jahreszeit erlaubt, wird noch zuletzt eine Hand voll grüner Erbsen, sowie etwas Spargel mit aufgekocht, und wenn das Fett von der Suppe abgenommen ist, wird dieselbe auf Croûtons von Gemüse, welche bereits in der Terrine sind, gegossen.

Aal à la minute. — Man ziehe einem Aal die Haut ab, schneide ihn in längliche Stücke und lasse ihn in Wasser mit Salz kochen. Je nach der Größe wird er nach 15 oder 30 Minuten vom Feuer zurückgezogen, angerichtet, und die maître d'hôtel sauce, welche mit Citronensaft abgeschärft ist, darüber gegossen.

Hammelrücken garnirt mit Rissoles. — Der Hammelrücken wird gedämpft und angerichtet mit seiner eingekochten Sauce, sowie mit einer Garnirung Rissoles, einer Art Pasteten, die aus gehacktem Fleisch bestehen, welche in eine Lage Blätterteig gewickelt sind und in Schweineschmalz oder in Butter in der Pfanne gebraten werden.

3. Januar.

Braune Suppe mit italienischen Pasteten.
Kabeljau mit Sahne.
Rinderrippenstück gedämpft und garnirt mit kleinen Pasteten.
Gebratene Rebhühner.
Marinirter Blumenkohl.
Birnen=Compot.

Braune Suppe mit italienischen Pasteten. — Man schneide in Streifen rothe Rüben, weiße Rüben, Lauch, Sellerie, Porrée und Zwiebeln, welle sie ab, dann thue man Butter in eine Kasserolle und lasse dieselbe leicht bräunen, füge so viel Bouillon hinzu als nöthig, thue die abgewellten Gemüse dazu und lasse Alles zusammen kochen. Im Augenblicke des Anrichtens thue man die apart gekochten italienischen Pasteten hinzu.

Kabeljau mit Sahne. — Man wässere einen schönen Kabeljau ein, setze ihn mit heißem Wasser auf und koche ihn gar. Dann lasse man ihn abtropfen und binde ihn zusammen, daß er nicht zerfällt. Man lasse ein halbes Pfund Butter in einer Kasserolle zergehen, thue ganz feines Mehl, Pfeffer und Muskatennuß hinzu; wenn es anfängt sich zu verdicken, so füge man ein halbes Liter süße Sahne hinzu, so wie fein gehackte Petersilie; dann rühre man die Sauce fünf Minuten, lege darauf den Kabeljau hinein und lasse denselben noch darin ziehen.

Marinirter Blumenkohl. — Man lege den gereinigten und in Stücke geschnittenen Blumenkohl in eine sämige weiße Sauce und lasse das Ganze abkühlen, dann nimmt man mit einem Löffel vorsichtig den Blumenkohl heraus, Stück für Stück, nachdem man sich überzeugt hat, daß er gut mit Sauce durch=zogen ist, umhüllt ihn mit einem Teig und brät ihn in einer Bratpfanne. Man richtet ihn mit frischer Petersilie an.

4. Januar.

Suppe von Brodrinde.
Stockfische mit feinen Kräutern.
Hühner à la chasseur.
Rinder-Filet gebraten.
Kartoffelauflauf.
Kirschtorte à la Chantilly.

Suppe von Brodrinde. — Man lege geröstetes Brod in eine tiefe Schüssel, gieße so viel Bouillon, als zum Einweichen nöthig ist, darüber, bringe es auf das Feuer, und wenn das Brod gut durchgezogen ist, so thue man es in eine Terrine und gieße dann die Bouillon, nachdem das Fett davon abgenommen und sie durch ein Sieb gerührt ist, darüber.

Stockfische mit feinen Kräutern. — Nachdem die Stockfische geputzt und zugerichtet sind, schmiere man eine Schüssel, die man der Hitze aussetzen kann, mit Butter aus, streue auf diese Butter gehackte Petersilie und kleine Zwiebeln, Salz, gehackte Mußkatennuß und lege die Stockfische darauf. Dann gieße man zerlassene Butter, zu gleichen Theilen Weißwein und Bouillon darüber und setze die Schüssel auf das Feuer. Wenn man annehmen kann, daß der Fisch halb weich ist, ziehe man ihn vorsichtig zurück und gieße die Sauce in eine Kasserolle ohne ihn abgleiten zu lassen. Zu der Sauce fügt man etwas Butter und Weizenmehl, läßt es nochmals kochen, mischt etwas Citronensaft, sowie eine Messerspitze Pfeffer dazu und gießt die Sauce über den Fisch, der auf der Schüssel, auf welcher er gekocht ist, geblieben ist.

Gebratenes Rinder-Filet. — Man putze und spicke das Filet, marinire es 12 Stunden in Provencer-Oel, Salz, Pfeffer, Petersilie und geschnittenen Zwiebeln, dann stecke man es an den Spieß und lasse es dreiviertel Stunden braten, richte es nun in seinem Jus an, den man mit etwas Citronensaft oder etwas Essig abgeschärft hat.

---

5. Januar.

Suppe von Carotten-Purée.
Hecht mit Sauce von Sardellenbutter.
Kalbsnuß mit Sauerampfer.
Gebratene wilde Ente.
Purée von Linsen.
Vanille-Auflauf.

Suppe von Carotten-Purée. — Man nehme einige Dutzend recht frischer Carottten, lege sie in eine Kasserolle mit einem Stück Butter, füge eine Messerspitze Zucker hinzu und lasse sie auf mäßigem Feuer in einer verdeckten Kasserolle aufkochen, indem man sie von Zeit zu Zeit umschüttelt; dann thue man Bouillon nach Gutdünken, Kartoffeln, welche vorher abgebrüht sind, dazu, lasse Alles vorsichtig kochen, und wenn es genug gekocht hat, rühre man Alles durch ein Sieb, setze es nochmals mit Bouillon auf, nehme es beim ersten Aufkochen ab und gebe zu dieser Suppe eine Assiette mit Croûtons.

Hecht mit Sauce von Sardellenbutter. — Nachdem der Hecht geputzt und ausgenommen ist, was man durch einen kleinen Einschnitt in den Bauch des Hechtes thut, läßt man ihn mit Wasser und Salz kochen und richtet ihn auf einer Serviette an; man giebt dazu eine Sauce von Sardellenbutter.

Gebratene wilde Ente. — Man binde die Ente zusammen, lasse sie schnell braten und richte sie mit einer Citrone an.

Purée von Linsen. — Man lasse die Linsen in Wasser und Salz kochen mit einem Bouquet, scharfen Zwiebeln und Carotten und nachdem Alles genug gekocht hat, rühre man es durch einen Durchschlag. Nun bringe man das Purée nochmals auf das Feuer, thue Butter oder Jus hinzu und richte es mit einer Garnirung von Croûtons an.

---

6. Januar.

Suppe mit Brod.
Rindfleisch gekocht mit Sauce tomate.
Gebackene Kalbsfüße.
Hasenbraten.
Krebse à la bordelaise.
Königskuchen.

Suppe mit Brod. — Einen Augenblick vor dem Anrichten lege man in die Terrine geröstetes Brod und gieße so viel Bouillon darüber, von der vorher das Fett abgenommen und sie durch ein Sieb gegossen ist, daß das Brod durchweicht wird. Zuletzt fügt man noch so viel Bouillon dazu, daß die Suppe nicht zu dick wird und richtet sie heiß an. Man darf niemals das Brod in der Bouillon kochen lassen, das wäre ein großer Fehler. Zu dieser Brodsuppe giebt man auf einer Assiette die Gemüse und Wurzeln, welche in der Bouillon gekocht sind und giebt sie mit geriebenem Schweizer- oder Parmesankäse.

Kalbsnuß mit Sauerampfer. — Sie wird zubereitet wie die Kalbsnuß à la bourgeoise (siehe das Recept) und man giebt dazu ein Purée von Sauerampfer (siehe ebenfalls das Recept).

Sauce tomate. — Man schneide in zwei Stücke recht reife Liebesäpfel, genannt Tomate, lege sie in eine Kasserolle mit einigen dünn geschnittenen mageren Schinkenstreifen, so wie Thymian, Lorbeer und kleinen Nelken, lasse es eine halbe Stunde mäßig kochen, füge zwei gute Löffel Bouillon hinzu, lasse die Sauce einkochen, bis sie sich verdickt und gieße sie dann durch ein Sieb. Ehe man sie anrichtet, kann man noch ein wenig Fleisch-Jus oder etwas Butter hinzufügen.

7. Januar.

Suppe von Maccheroni mit Parmesankäse.
Huhn à la Montmorency.
Geröstete Barbe mit Sauce tartare.
Gebratene Hammelkeule.
Purée von Maronen.
Omelette-Auflauf.

Suppe mit Maccheroni und Parmesankäse. — Man blanchire Maccheroni in Salzwasser, setze sie mit Bouillon auf, ziehe sie bald wieder zurück, lege sie in die Terrine und gieße die nöthige Bouillon darüber; man richte sie an mit geriebenem Kräuter- und Parmesankäse.

Huhn à la Montmorency. — Man mache ein schönes Huhn zurecht, spicke es oben auf, fülle es mit einer Farce von fetten Lebern, Eiern, Speck 2c., nähe die Oeffnung zu und lasse es wie ein Fricandeau braten und glacire es ebenso.

Gebratene Rebhühner. — Nachdem sie gepflückt, ausgenommen, gesengt, gebunden und in Speck gewickelt sind, müssen die Rebhühner auf schnellem Feuer in einer Viertelstunde gebraten werden, dann bestreue man sie fünf Minuten vor dem Herausnehmen mit Salz. Man richte sie an mit ihrem Jus.

Krebse à la bordelaise. — Die Krebse werden mit Court-Bouillon (siehe Recept) gekocht, sowie mit Butter, Carotten, Zwiebeln, welche in kleine Würfel geschnitten sind; wenn sie sich färben, so füge man Weißwein hinzu und koche nun die Krebse nochmals mit der durchgegossenen Brühe auf, thue Petersilie und Cayenne-Pfeffer hinzu; man sorge, daß die Krebse mit diesen Zuthaten heiß sind und richte sie auf einer Gemüseschüssel an.

8. Januar.

Suppe à la parisienne.
Gebratener Karpfen.
Hammelbrust mit pikanter Sauce.
Gebratener Puter.
Sellerie mit Jus.
Törtchen mit Birnen.

Suppe à la parisienne. — Man schneide Birnen in Stücke von 3 Centimeter Länge, setze sie mit Butter auf; wenn sie hinreichend roth sind, so gieße man Bouillon darüber und füge in feine Scheiben geschnittene Kartoffeln hinzu, lasse dies zusammen kochen und lege beim Anrichten geschnittenes Brod in die Terrine.

Gebratene Karpfen. — Man nehme einen Karpfen aus, schuppe ihn und spalte ihn an der Rückseite, lasse die Milch oder die Eier apart, marinire den Karpfen kurze Zeit mit Essig, Thymian, Petersilie, Muskatennuß, Salz und Pfeffer, wälze ihn dann in Mehl und brate ihn. Wenn er halb gar ist, so thue man die Milch oder die Eier dazu, nachdem sie auch in Mehl gewälzt sind, achte darauf, daß Alles gut kocht und eine schöne Farbe annimmt, richte dann die Karpfen mit Salz bestreut an; die Milch lege man darauf und umgebe das Ganze mit gebratener Petersilie.

Hammelbrust mit pikanter Sauce. — Man putze zwei Hammelbrüste, binde sie zusammen, lasse sie in einem großen eisernen oder kupfernen Topfe kochen; wenn sie genug gekocht sind, so nehme man die Knochen heraus und ziehe die Haut ab, mache sie nochmals zurecht, bestreue sie mit Salz und Pfeffer, garnire sie mit geriebenem Brode, lasse sie braun werden und richte sie mit einer pikanten Sauce an.

Sellerie mit Jus. — Man blanchire ihn und lasse ihn mit Bouillon kochen; sobald er bräunlich wird, füge man Jus hinzu, lasse den Sellerie damit ziehen und richte ihn dann an. Einige dünne Scheiben von Trüffeln geben dem Sellerie mit Jus einen sehr guten Geschmack.

9. Januar.

Suppe Colbert.
Aal à la Suffren.
Huhn mit Estragon.
Gebratene Rehkeule.
Spinat mit Jus.
Bavaroise mit Chokolade.

Suppe Colbert. — Man blanchire vier oder fünf ganz junge Köpfe Salat in Salzwasser, schwitze sie dann in Butter, gieße etwas Kraftbrühe dazu und verbinde das Ganze mit Sahne und einigen Eigelb; im Augenblick des Anrichtens füge man noch verlorene Eier dazu.

Aal à la Suffren. — Nachdem er gereinigt ist, spickt man ihn mit Sardellen und Pfeffergurken, legt den Aal rund in eine Kasserolle, fügt eine Marinade hinzu und schiebt ihn in den Ofen. Sobald der Aal ganz gekocht hat, legt man ihn auf eine Schüssel und richtet ihn an mit einer Sauce tomate, welche noch mit Cayenne-Pfeffer gewürzt ist. (Siehe Sauce tomate.)

Hühner mit Estragon. — Man hacke einige Blätter Estragon, nachdem man dieselben heiß gewaschen hat, vermische sie mit dem gehackten Klein des Huhns, thut gehackten Speck, Salz, und Pfeffer dazu und füllt damit das Huhn, bindet es wieder zusammen und schiebt es mit einem Butterpapiere bedeckt in den Ofen, nachdem zuvor Butter mit etwas Zucker in die Pfanne gestreut ist. Dann kommt noch ein Theil gehackten Estragons hinzu, nebst Jus, sowie etwas verdünnter Essig und läßt man es nun sacht braten. Wenn das Huhn angerichtet ist, so zieht man die Sauce nur mit dem Gelben vom Ei ab.

10. Januar.
Fasttag.

~~~~

Reis mit Mandelmilch.
Karpfen blau.
Verlorene Eier mit Estragon.
Gebratene Stinte.
Gekochte Maccheroni.
Pfannkuchen mit Eingemachtem.

Reis mit Mandelmilch. — Zu 2 Liter Milch thut man 300 Gramm blanchirten Reis, der schon halb gekocht ist, und läßt ihn darin langsam weich kochen, thut ein wenig Salz und Zucker hinzu. Kurz vor dem Anrichten mischt man die Suppe mit einem Viertel Liter Mandelmilch und gießt sie sogleich auf.

Karpfen blau. — Man macht einen Karpfen zurecht und nimmt sich in Acht, beim Ausnehmen ja keine zu große Oeffnung zu machen, sowie man den Kopf bindet. Man lege ihn in einen Fischkessel, lasse Essig kochen und gieße denselben heiß über den Fisch, dann füge man Rothwein hinzu, so wie drei große in Stücke geschnittene Zwiebeln, zwei Carotten, Petersilie, Salbei, Porrée, kleine Zwiebeln, Thymian, Lorbeer, Nelke und nun setze man den Fischkessel aufs Feuer, lasse den Karpfen ungefähr eine Stunde kochen, ziehe ihn dann vom Feuer zurück, lasse ihn in der Sauce erkalten und richte den Karpfen auf einer Serviette an.

Verlorene Eier. — Man setze eine Kasserolle mit Wasser, etwas Salz und ein wenig Essig auf; wenn das Wasser siedet, so vermindere man das Feuer, damit das Wasser nicht zu stark kocht. Nun nehme man recht frische Eier, zerbreche sie über der Kasserolle und lasse sie mit Vorsicht in das heiße Wasser fallen; wenn sie gekocht sind, lasse man sie abtropfen und richte sie mit einer „weißen Sauce" an.

---

11. Januar.

Suppe mit kleinen Zwiebeln.
Geröstete Makrelen à la maître d'hôtel.
Gänseviertel à la lyonnaise.
Gebratenes Rinder-Filet.
Gekochter Blumenkohl.
Aprikosen mit Reis, warm.

Suppe mit kleinen Zwiebeln. — Man reinige sorgfältig kleine Zwiebeln, blanchire sie, dann bräune man sie in Butter, worin etwas Zucker gethan wird, und wenn die Zwiebeln eine hübsche Farbe angenommen haben, gieße man Bouillon darüber, lasse sie noch damit kochen, thue ein wenig Pfeffer dazu, nehme sorgfältig das Fett ab und gieße die Bouillon auf geröstete Brodschnitte.

Makrelen, geröstet, à la maître d'hôtel. — Nachdem sie geschuppt, gereinigt und an der Seite des Rückens gespalten sind, lege man die Makrelen auf eine Schüssel, lasse sie eine halbe Stunde mariniren mit Oel, Salz und ganzer Petersilie und lege sie sodann auf den Rost; wenn sie gar sind, lege man sie auf eine Schüssel und gieße mit einem hölzernen Löffel in die Oeffnung des Rückens eine kalte Sauce à la maître d'hôtel, abgeschärft mit Citronensaft, und richte sie heiß an. (Siehe Sauce à la maître d'hôtel.)

Barbe, geröstet mit Sauce tartare. — Nachdem sie auf dem Rost geröstet ist, wird die Barbe mit einer Sauce tartare angerichtet. (Siehe Sauce tartare.)

Gänseviertel à la lyonnaise. — Man lasse es in dem Fett der Gans braten, lasse gleichzeitig sechs große Scheiben geschnittene Zwiebeln auch in demselben Fett braten; wenn sie braun sind, so lasse man sie abtropfen, lege die Viertel auf eine Schüssel, die Zwiebeln darauf und gebe das Ganze mit einer Sauce poivrade.

12. Januar.

Suppe à la Faubonne.
Karpfen und Aal à la matelote.
Hammelrücken à l'anglaise.
Gebratener Kapaun mit Kresse.
Macchroni à l'italienne.
Aepfel à la Bourdaloue.

Suppe à la Faubonne. — Man schneide in Streifen Lactuke, Sauerampfer und Sellerie, schwitze sie mit Butter und blanchirten kleinen Zwiebeln, thue Kraftbrühe dazu, rühre es durch und zu dem Gekochten füge man kurz vor dem Anrichten etwas Erbsen-Purée.

Matelote von Karpfen und Aal. — Man nehme Karpfen, Aal, Barbe und einige Krebse, schneide die Fische noch lebend in längliche Stücke; nun lasse man Butter und Mehl in einer Kasserolle oder in einem kleinen Kessel, unter dem man ein starkes Feuer erhält, gelbbraun werden, thue die Fische hinein mit weißen Zwiebeln, Champignons, ganzem Bouquet, Salz, Pfeffer ꝛc., thue gute Bouillon, sowie Rothwein dazu und lasse sie bei starkem Feuer kochen. Nachdem sie aufgewellt sind, ziehe man sie zurück, lasse sie noch auf etwas Gluth ziehen und richte sie auf gebratenen oder gerösteten Brodstücken an.

Hammelrücken à l'anglaise. — Nachdem man sich überzeugt hat, daß das Fleisch eines Hammelrückens mürbe genug ist, was der Franzose „mortifier la viande" nennt, stecke man ihn an den Spieß, hülle ihn in Butterpapier und bringe ihn aufs Feuer. Einige Minuten vor dem Anrichten entferne man das Papier, damit der Braten sich bräunt, dann nehme man ihn vom Spieß und richte ihn auf einem steifen Jus an. Man giebt hierzu ein Purée von weißen Rüben und eine Butter-Sauce, die Rüben in einer Gemüseschüssel, die Sauce in einer Saucière.

Gebratener Kapaun mit Kresse. — (Siehe gebratenes Huhn.)

13. Januar.

Soupe paysanne.
Barbe mit Sauce diplomate.
Hasenpastete.
Gebratene Wachteln.
Artischocken à la barigoule.
Pfannkuchen mit Apfelmuß.

Soupe paysanne. — Man putze Kohl, Carotten, Zwiebeln und Sellerie, thue sie in eine Kasserolle mit Butter und Salz und setze dieselben aufs Feuer. Wenn die Gemüse sich bräunen, so füge man Bouillon hinzu und lasse es bei mäßigem Feuer drei Stunden kochen, dann füge man gekochte Bohnen oder Linsen hinzu, sowie so viel von dem Wasser, womit sie gekocht sind, als man Suppe nöthig hat, lasse sie noch eine halbe Stunde damit kochen, füge dann geputzten Sauerampfer und Lactuke hinzu und lasse es damit aufwellen. Beim Anrichten lege man geröstetes Brod in die Terrine.

Barbe mit Sauce diplomate. — Nachdem man die Barbe gewaschen, geschuppt, ausgenommen und geputzt hat, lege man sie in einen Fischkessel mit einem Bouquet von Petersilie, Salz, Zwiebeln, welche rund geschnitten sind, Pfeffer, einer Flasche Weißwein und 1 Liter Wasser, bedecke den Fisch mit einem Butterpapier und setze den Fischkessel in den Ofen, wo man ihn bei mäßigem Feuer kochen läßt; dann richte man ihn an mit einer Sauce, welche zusammengesetzt ist aus Bechamelle und Sahne, gemischt mit Krebsbrühe.

Gebratener Puter. — Man sengt den Puter und nimmt ihn aus, spickt ihn und bringt ihn an den Spieß, gut eingewickelt in Papier mit Butter bestrichen; wenn er beinahe gut ist, nimmt man das Papier ab, läßt ihn braun werden und richtet ihn an. Die Sauce wird apart in einer Saucière gegeben.

14. Januar.

Suppe mit Tapioca.
Gekochtes Rindfleisch mit glacirten Zwiebeln.
Ragout von Ackerlerche.
Gebratene Hammelkeule.
Salat von Gemüsen.
Pudding.

Suppe mit Tapioca. — Man lasse Bouillon heiß werden und füge dann von der Tapioca hinzu; man rechnet auf ein Liter Suppe vier Löffel Tapioca. Wenn die Suppe abgeschäumt ist, wird sie angerichtet.

Glacirte Zwiebeln. — Man nehme weiße Zwiebeln von gleicher Größe und putze sie sorgfältig, dann schmiere man den Boden einer Kasserolle mit Butter aus, lege darauf eine Zwiebel nach der andern hinein und füge ein wenig Wasser hinzu, Salz und schwarzen Pfeffer, feinsten Streuzucker und noch ein wenig Butter, bedecke die Zwiebeln mit einem runden Butterpapier, setze die Kasserolle aufs Feuer, das Anfangs stark sein muß, aber sobald vermindert wird, wenn die Brühe halb eingekocht ist, dann fahre man fort, bis sie nun zu einem Jus glacirt ist, und lege die Zwiebeln auf eine Schüssel. Wenn es nöthig ist, so verlängere man die Sauce mit ein wenig „spanischer Sauce," fette sie, gieße sie durch und dann über die Zwiebeln.

Ragout von Ackerlerche. — Man richte die Lerchen zu, nehme sie aus, reinige sie und lege sie dann in Butter mit ein wenig Salz; wenn sie eine schöne Farbe haben, thue man Weißwein hinzu, Bouillon, Champignons, Schalotten und Petersilie, Alles fein gehackt, dann wird noch etwas Bouillon hinzugefügt und das Ragout mit einer Garnirung von gebratenen Brodstreifen angerichtet.

15. Januar.

Suppe mit verlorenen Eiern.
Barbe à la Sainte-Menehould.
Hammel-Cotelettes mit Zwiebeln.
Gebratene junge Ente.
Geröstete Kartoffeln.
Vanille-Torte à la Chantilly.

Barbe à la Sainte-Menehould. — Man lasse gut geschnittene Stücken Barbe in einer Bechamelle aufkochen, dann ordne man sie erhöht auf einer Schüssel, welche man der Hitze aussetzen kann, spitze das Ganze mit einem Messerrücken zu, streue Brosamen und geriebenen Parmesankäse darüber, lasse es in einem Bratofen eine gute Farbe annehmen und gebe es zu Tisch.

Hammel-Cotelettes mit Zwiebeln. — Man putze und klopfe leicht die Hammel-Cotelettes, spicke sie halb mit Speck und halb mit Schinken; dann lege man sie in eine Kasserolle mit drei oder vier Zwiebeln, zwei Carotten, einem Bouquet von Petersilie und kleinen Zwiebeln, darauf lege man die Cotelettes und gieße so viel Kraftbrühe darüber, bis dieselben davon durchzogen werden und bedecke das Ganze mit einem Butterpapier. Sobald es eingekocht ist, decke man die Kasserolle zu und sorge, daß sie auch obenauf Hitze hat; wenn die Cotelettes genug gekocht haben, lasse man dieselben abtropfen und putze sie aufs Neue, gieße die Sauce durch ein Sieb, lasse dieselbe einkochen bis sie sämig wird, dann lege man die Cotelettes wieder in diese Sauce. Sind die Cotelettes von beiden Seiten durchzogen, so richte man sie kreisförmig an und thue in die Mitte ein Purée von weißen Zwiebeln; man umgebe das Ganze mit einem Rande von kleinen weißen Zwiebeln, welche in Kraftbrühe gekocht sind.

16. Januar.

Braune Suppe mit Reis.
Gebratener Stockfisch.
Boeuf à la mode.
Gebratene Bekassinen.
Kleine Bohnen à la française (eingekochte).
Prod de la Mecque mit Citronen.

Braune Suppe mit Reis. — Man schneide rothe Carotten, weiße Rüben, Sellerie und Kohlrabi in Würfel und lasse dies zusammen mit Lauch in Bouillon kochen; kurz vor dem Anrichten füge man noch so viel Bouillon als nöthig hinzu und einige Löffel Reis, der ebenfalls in Bouillon gekocht hat.

Gebratener Dorsch. — Man schuppe, wasche und nehme die Dorsche aus und behalte die Lebern zurück; dann schneide man die Floßfedern und das Ende des Schwanzes ab, bestreue die Fische mit Mehl und lege sie in zerlassene Butter. Wenn sie gebraten sind und eine schöne Farbe haben, so ziehe man sie zurück, lasse sie auf einer heißen Serviette abtropfen, streue etwas Salz darüber und richte sie auf einer Serviette an. Man kann sie mit gebratener Petersilie ausputzen.

Gebratene Bekassinen. — Man hacke die Eingeweide, welche man bei der Bekassine unterhalb des Rückens herausnimmt, dazu füge man gehackten Speck, ziemlich so viel wie Eingeweide sind, Salz, viel Pfeffer, kleine Zwiebeln und gehackte Schalotten; mit dieser Farce fülle man die Bekassinen, welche man sorgfältig wieder zunähen muß, umhülle sie mit Speck und stecke sie an den Spieß. Man lasse sie an schnellem Feuer braten und richte sie auf in Butter geröstetem Weißbrode an. Man kann auch die Bekassinen ohne Farce braten; es genügt schon, sie mit Speck zu umwickeln.

---

17. Januar.

Suppe mit Einlauf.
Stockfisch in Kästchen.
Kalbsnuß à la bourgeoise.
Gebratener Hahn.
Gebratene Artischoken.
Himmelsspeise.

Suppe mit Einlauf. — Man nehme ein halbes Liter Mehl, von drei Eiern das Gelbe, so wie zwei ganze Eier, füge hierzu Salz, Pfeffer, Muskatennuß und so viel Bouillon, als nöthig ist, um den Teig so flüssig zu machen, daß er sich durch einen Schaumlöffel ziehen läßt; dann gieße man den Teig wieder zurück durch einen Durchschlag und unterhalte ein so lebhaftes Feuer, daß das Kochen der fertigen Bouillon nicht durch das Hinzukommen des Einlaufs unterbrochen wird, sonst wird die Bouillon und der Einlauf verdorben. Wenn der Einlauf so gekocht ist, thue man noch hinreichende Bouillon dazu und richte die Suppe an.

Kalbsnuß à la bourgeoise. — Man thue Butter in eine Kasserolle und lege Speck, sowie einiges Kalbfleisch hinein; darauf eine gespickte Kalbsnuß mit einem Glas Kraftbrühe, ein Bouquet Petersilie, kleine Zwiebeln, einige große Zwiebeln und Carotten. Auf das Ganze lege man ein rundes Butterpapier; dann lasse man es schnell kochen, Feuer oben und unten. Wenn die Nuß weich gekocht ist, lasse man sie abtropfen und glacire sie, gieße die Brühe durch und wenn sich dieselbe abgekühlt hat, so füge man, um ihr den Fettgeschmack zu nehmen, zwei Löffel voll spanischer Sauce hinzu oder in Ermangelung dieser Sauce ein wenig Roux mit Weißwein und eben so viel guter Bouillon. Nun gieße man die Sauce aus der Kasserolle, nehme das Fett ab, vermische sie mit Butter und gieße sie über die Nuß.

---

18. Januar.

Suppe à la Crécy.
Karpfen à la Chambord.
Hammelrücken gedämpft.
Fasan gebraten und gespickt.
Grüne Erbsen à la maître d'hôtel (eingekocht).
Törtchen mit Aepfeln.

Suppe à la Crécy. — Man schneide eine kleine Anzahl Carotten in Scheiben, ebenso Rüben, Sellerie und Zwiebeln, blanchire sie in kochendem Wasser, lasse sie abtropfen und bringe sie auf ein mäßiges Feuer mit einem Stück Butter, einigen kleinen Stückchen Schinken sowie ein wenig Zucker, und thue Bouillon dazu. Wenn Alles gut gekocht ist, zerquetsche man die Gemüse, rühre sie durch ein Sieb mit derselben Bouillon, womit sie gekocht sind, stelle diese Suppe wieder aufs Feuer und lasse sie zwei Stunden sacht kochen, dann entfette man sie, gieße sie über in Butter geröstetes Weißbrod und gebe sie gleich zu Tisch.

Karpfen à la Chambord. — Nachdem man einen Karpfen ausgenommen, geschuppt und die Haut abgezogen hat, spickt man ihn auf einer Seite mit feingeschnittenem Speck, füllt ihn mit Farce, bindet den Kopf, setzt ihn aufs Feuer mit Court-Bouillon und Weißwein und sorgt, daß er reichlich gesalzen ist. Wenn der Fisch gekocht ist, zieht man den Kessel zurück und läßt ihn nun auf der gespickten Seite braun werden, sei es in einem Ofen oder mit glühenden Kohlen oben auf. Bei dem Anrichten lege man ihn auf eine Schüssel und umgebe ihn mit einer Garnirung von Quenelles, gespickter Kalbsmilch, schönen Krebsen, glasirtem Brode und mit dem unteren Theile von Artischoken und gebe dazu die Sauce, worin der Karpfen gekocht ist, oder eine spanische Sauce.

19. Januar.

Suppe mit Lauch.
Huhn mit Reis.
Ragout von Reh.
Hecht blau.
Kohl von Brüssel mit zerlassener Butter.
Eier mit Pistazien.

Suppe mit Lauch. — Man lasse Lauch in Butter schwitzen; wenn es bräunlich ist, gieße man Bouillon darüber, lasse es eine halbe Stunde kochen und gieße die Suppe über Weißbrod in die Terrine.

Huhn mit Reis. — Nachdem man das Huhn ausgenommen und gesengt hat, stecke man die Beine in das Huhn, binde es zusammen, wickele es in Speck und dämpfe es halb gar. (Siehe gedämpftes Huhn.) Nun blanchire man 375 Gr. Reis, lasse ihn abtropfen und setze ihn in einer Kasserolle mit einem Theile der Hühnerbrühe auf. Wenn er genug gekocht hat, richte man das Huhn auf einer Schüssel an, entfette den Reis, füge ein Stück Butter hinzu, ein wenig Salz und Pfeffer und bedecke damit das Geflügel.

Ragout von Reh. — Man schneide die Brust- und Vorderblätter eines Rehes in Stücke, lege durchwachsenen Speck dazu und streue etwas Mehl darüber, dann thue man Bouillon dazu, sowie Weißwein oder Rothwein, Lorbeer, Citronen, ein Bouquet von Petersilie, Thymian und Gewürz, lasse es zwei Stunden kochen, ziehe es zurück und richte es an.

Kartoffeln, geröstet. — Die Kartoffeln, welche erst zubereitet werden, wie zum Purée (siehe das Recept), thut man auf eine Schüssel zum Rösten, bestreut sie mit Brodrinde, welche mit zerlassener Butter angefeuchtet ist, und lasse sie in einem Bratofen rösten.

---

20. Januar.
Menu für Fasten.

Suppe mit Kräutern.
Rothfisch in Kästchen.
Hecht blau.
Croquettes von Kartoffeln.
Krabben geröstet à l'italienne.
Croquembouche mit glacirten Früchten.

Suppe mit Kräutern. — Man thue in eine Kasserolle ein Stück Butter, etwas Sauerampfer, Weißkohl, Körbel, Lactuke ꝛc. dazu; wenn Alles genug gekocht ist, gieße man hinreichend Wasser darüber, salze es, thue einige Bouillon dazu und ziehe nun die Suppe mit Eigelb und Sahne ab.

Rothfisch in Kästchen. — Man nehme die Rothfische aus, sondere sorgfältig die Leber von den Eingeweiden und stecke sie in den Bauch der Rothfische, thue Butter, so wie Salz dazu, Pfeffer und feingehackte Petersilie; nun mache man ein Kästchen von Papier, öle es gut und thue die Rothfische hinein, feuchte sie noch mit feinem Olivenöl an und bestreue sie mit feingehackter Petersilie, Salz, Pfeffer und ein wenig Knoblauch. Jetzt setze man die Kästchen auf den Rost, gebe oben und unten Kohlen, man vermeidet auf diese Art zu rösten, die Fische umzukehren. Beim Anrichten drückt man etwas Citronensaft darüber. In dieser Art der Zubereitung stehen sie im Geschmack den Rothfischen des Mittelmeeres nicht nach.

Hecht blau. — Man nehme den Hecht aus und putze den Kopf desselben. Schon den Tag vorher, ehe er gegessen werden soll, koche man ihn auf mäßigem Feuer in Court-Bouillon und Rothwein und lasse ihn in dieser Sauce. Vor dem Anrichten tropfe man ihn gut ab, lege ihn auf eine Schüssel mit einem Rand von Petersilie und servire ihn mit Provencer-Oel.

---

21. Januar.

Suppe à la française.
Rindfleisch mit kleinen Pasteten garnirt.
Kalbsmilch à l'espagnole.
Rebhühner gebraten.
Salat von Hummer.
Schalotte von Birnen.

Suppe à la française. — Man nehme Bouillon, wovon das Fett abgenommen ist, und gieße sie kochend in eine Terrine, worin man gleichmäßig die feinsten Gemüse thut, welche in kleinen Partien zusammen gekocht sind, so wie einen Löffel voll gehacktem Körbel. Zugleich giebt man eine Schüssel gerösteten Brodes dazu.

Kalbsmilch à l'espagnole. — Man reinige die Kalbsmilch, blanchire sie, lege in die Kasserolle einige Stücken Kalbfleisch, Zwiebeln und Carotten und rund herum Speckstreifen, darauf lege man die Kalbsmilch, ohne sie zu drücken, thue Kraftbrühe hinzu, bedecke Alles mit einem Butterpapier und lasse es kochen. Sobald es genug gekocht hat, gieße man die Brühe in eine Kasserolle und lasse sie einkochen, dann thue man die Kalbsmilch wieder hinein, glacire sie, und wenn das geschehen ist, richte man sie auf einer Schüssel an, koche den Fond der Kasserolle mit einem Roux und eingekochter Bouillon auf und gieße die Sauce über die Kalbsmilch.

Holländische Sauce. — Man thue in einen irdenen Tiegel, der in bain-marie gestellt wird, 125 Gramm frische Butter, drei Eigelb von recht frischen Eiern, Salz und einen Löffel Essig, lasse es so lange kochen, bis sich die Sauce verdickt. Beim Anrichten thue man noch etwas Citronensaft hinzu.

22. Januar.

Suppe mit italienischen Pasteten.
Maccheroni in Salz gekocht.
Rippenstück gedämpft mit Purée von Tomates.
Gebratenes Huhn.
Sellerieſtaude mit Butter-Sauce.
Kalte Mehlspeise.

Suppe mit italienischen Pasteten. — Man blanchire 200 Gramm italienischer Pasteten, nehme dazu die am liebsten, welche die Form eines Melonenkernes haben; zehn Minuten reichen hin zum Kochen. Dann lasse man sie abkühlen und abtropfen in einem Sieb, gieße Bouillon darauf, lasse sie fünf Minuten kochen, schmecke sie ab und richte sie mit geriebenem Parmesankäse an.

Rippenstück gedämpft mit Purée von Tomates. — Man binde das Rippenstück und setze es in einer Kohlenpfanne auf mit einer halben Flasche Wein, Cognac, einem Liter Bouillon, 100 Gramm Zwiebeln, von denen einige mit Nelken gespickt werden, dieselbe Anzahl Carotten, ein Bouquet von Lorbeer, Thymian, Petersilie, Salz und ganzem Pfeffer, koche es und schäume es beim Kochen. Man achte darauf, daß das Fleisch alle halbe Stunde gewendet wird, aber das Kochen nur im Ofen oder auf dem Heerde mit Feuer oben und unten geschieht. Wenn das Rippenstück gekocht ist, so gieße man den Fond der Kasserolle durch, entfette ihn und lasse ihn bis zu zwei Dekalitern einkochen, dann mische man ihn mit dem Purée von Tomates, lasse ihn noch während fünf Minuten kochen, richtet das Fleisch auf einer Schüssel und das Purée kranzförmig herum an.

Selleriewurzel mit Butter-Sauce. — Man koche sie in Salzwasser und lasse sie leicht in Butter schwitzen. Die Wurzeln werden mit zerlassener Butter, Salz, Pfeffer und gehackter Petersilie gemengt.

---

23. Januar.

Suppe mit Erbsen.
Barbe mit Kraftbrühe.
Bohnen mit Hammelfleisch.
Gebratene Krammetsvögel.
Artischoken à l'italienne.
Omelettes mit Früchten.

Suppe mit Erbsen. — Man lasse die Erbsen in Bouillon mit Zwiebeln und Carotten kochen, rühre sie dann durch, lasse sie nochmals mit hinreichender Bouillon zwanzig Minuten ziehen und gieße sie in die Terrine über geröstetes Weißbrod.

Barbe mit Kraftbrühe. — Je größer die Barbe ist, je sorgsamer nehme man sie aus, schuppe sie erst nachdem sie gekocht ist, besprenge sie mit kochendem Essig und bestreue sie mit Salz und Pfeffer; dann lasse man sie in einem Fischkessel auf schnellem Feuer kochen mit Wein, worin Nelken, Lorbeer, weiße Zwiebeln, Citronenschale, ein Bouquet, Salz und Pfeffer gethan werden. Wenn die Kraftbrühe zu kochen anfängt, so lege man die Barbe hinein und lasse sie aufkochen. Man schuppe sie nachher und richte sie gut abgetropft auf der Serviette an; die Schüssel garnire man mit Kresse, eine Sauce dazu kann man nach Belieben geben.

Bohnen mit Hammelfleisch. — Man nehme ein Bruststück Hammelfleisch, schneide es in Stücke, lasse diese in Butter schwitzen bis sie eine schöne Farbe angenommen haben, dann ziehe man das Fleisch zurück und lege es nun in Bouillon, füge einige Kartoffeln, ein Bouquet Thymian, Lorbeer, Knoblauch und Petersilie hinzu, sowie Salz, Pfeffer und Muskatennuß, lasse Alles zusammen auf mäßigem Feuer kochen, nehme das Fett ab und richte es an.

---

24. Januar.

Suppe von Krebsen.
Kalbskopf au naturel.
Geflügel marinirt.
Gebratene Schweinskeule.
Aepfel gedämpft.
Bavarois mit Thee.

Kalbskopf au naturel. — Man löse die Knochen von dem Kalbskopf ab, nehme das Gehirn aus und entferne das rothe Häutchen davon, worin dasselbe eingehüllt ist, wässere das Gehirn eine halbe Stunde, koche es allein in Wasser, wozu etwas Essig gethan wird und lasse es in dieser Brühe stehen. Dann blanchire man den Kalbskopf, schneide die Zunge heraus und lasse ihn abkühlen, theile den Kopf in vier Stücke indem man je zwei und zwei in eine Kasserolle legt. Nun thue man in eine andere Kasserolle 50 Gramm Thymian und 25 Gramm Lorbeer, sowie ein Bouquet, 100 Gramm Zwiebeln, 25 Gramm Carotten, welche man rund schneidet, 60 Gramm Mehl, vier Liter Wasser, Salz, reichlich Pfeffer und zwei Dekaliter Essig, lasse es zusammen kochen, und wenn es genug gekocht hat, gieße man diese Brühe über die Kasserolle, worin die Stücken des Kalbskopfes sind, lasse sie damit kochen und füge noch die Zunge hinzu. Nachdem sie zwei und eine halbe Stunde gekocht haben, richte man die Stücken, woran die Ohren, auf einer ovalen Schüssel an, lege die beiden anderen Stücke an die Seite, die durchgeschnittene Zunge länglich in die Mitte und das gut abgetropfte Gehirn darüber, schmücke das Gehirn, sowie die Ecken der Schüssel mit Petersilie und gebe es zu Tisch.

Diese Art, den Kalbskopf zu kochen und anzurichten, ist die schmackhafteste von allen.

25. Januar.

Suppe mit Reis.
Rostbeef garnirt mit Rissolles.
Stockfisch à la Conti.
Puter gebraten.
Spinat mit Jus.
Fladen mit Birnen.

Suppe mit Reis. — Man wasche den Reis mehrere Male, blanchire ihn einige Minuten, lasse ihn abkühlen, abtropfen, thue ihn in kochende Bouillon und lasse ihn damit im Ofen kochen.

Rissoles. — Das ist eine Zusammensetzung von gekochtem Fleisch, welches gehackt, gewürzt und in eine Pastete gefüllt wird, die man entweder in Schmalz oder Butter bratet.

Stockfisch à la Conti. — Man schneide einige schöne Stockfische in Stücke, putze sie und schneide jedes wieder in vier Stücke, lege sie in eine Kasserolle zum Dämpfen, füge Salz und hinreichend Pfeffer hinzu, sowie zerlassene Butter und den Saft von zwei Citronen und setze sie aufs Feuer. Wenn die Stücke von beiden Seiten gebraten sind, so lasse man sie auf einem Tuch abtropfen und lege sie dann in die Kasserolle mit dünnen Trüffelscheiben. Die Sauce lasse man einkochen und verbinde sie noch mit einem Stückchen Butter. Die Stockfisch-Stücke werden mit der Sauce darüber auf gebratenem Weißbrod angerichtet.

Blumenkohl in Butter gedämpft. — Man putze, wasche und lasse sorgfältig den Kohl abtropfen und koche ihn in Salzwasser, dann lasse man ihn wieder abtropfen und mit Butter in einem Ofen braten, worauf er mit Butter und gehackter Petersilie bestreut wird.

---

26. Januar.

Suppe von falscher Schildkröte.
Stinte geröstet.
Rindszunge gedämpft mit Sauce tomate.
Rehkeule gebraten.
Purée von Bohnen mit Sahne.
Pfannkuchen mit Aepfeln.

Suppe von falscher Schildkröte à la française. — Man nehme zwei Kilo Hammelfleisch nebst den Köpfen, sowie verschiedener Stücke der Steinbutte, des Lachses, des Stockfisches, des Karpfens 2c., lasse Alles zusammen mit Butter in einer Kasserolle schwitzen mit einem Bouquet und allerhand Gewürzen, füge Wasser hinzu und lasse es so lange kochen, bis sich vom Hammelfleisch die Knochen loslösen. Nun gieße man die Bouillon durch eine Serviette, vermische sie mit dem Weißen von Eiern und lasse sie einkochen, aber ohne zu verkochen, dann gieße man eine halbe Flasche Madeira hinzu, thue das Viertel eines in kleine Stücke geschnittenen Kalbskopfes dazu, welches schon Tags vorher gekocht und zurecht gemacht ist, bestreue dies mit Cayenne=Pfeffer, lasse die Suppe nochmals aufkochen und richte sie an.

Stinte geröstet. — Sie werden wie die gerösteten Meerfische zubereitet.

Rindszunge gedämpft. — Nachdem man die Zunge gereinigt, blanchirt und abgekühlt hat, wird sie geputzt und zu gleicher Zeit mit in Salz und Pfeffer gewälztem Speck gespickt, dann koche man sie vier oder fünf Stunden auf gelindem Feuer mit Speckstreifen, Stücken vom Kalb oder Rind, einigen Carotten und Zwiebeln, Thymian, Lorbeer und Nelken. Zum Anrichten putze man die Zunge, ziehe die Haut ab, spalte sie mitten durch und lege sie so auf die Schüssel, daß sie ein Herz bildet. Hierzu wird eine Sauce tomate gegeben.

27. Januar.

Suppe mit Kruste von Brod.
Rindfleisch gekocht mit Kohl garnirt.
Kalbsmilch à la Toulouse.
Enten, gebraten.
Linsen-Purée.
Gefüllte Torte à la Chantilly.

Suppe mit Kruste von Brod. — Sie wird wie die à la française gekocht, man fügt nur Brodrinde hinzu, welche auf dem Rost eine schöne Farbe erhalten hat, legt sie in eine gut verzinnte Kasserolle und gießt gute und entfettete Bouillon darauf, läßt sie so lange kochen, bis sich die Brodrinde angesetzt hat, dann zieht man sie zurück und richtet sie sorgfältig an.

Rindfleisch mit Kohl garnirt. — Hierzu nimmt man ein Mittelschwanzstück und läßt es im Suppentopf kochen, dann richtet man es, umgeben von in Vierteln geschnittenem Kohl an, welche durch kleine Speckstücke und kleine Würstchen getrennt werden, die mit dem Kohl gekocht sind.

Kalbsmilch à la poulette. — Den Reis, welcher blanchirt, abgekühlt und abgetropft ist, setze man in einer Kasserolle mit einem Stück Butter aufs Feuer, bestreue ihn mit Mehl, rühre ihn um, gieße ein wenig Wasser hinzu, thue Salz und Pfeffer, so wie ein Bouquet Petersilie dazu und lasse ihn sacht kochen. Beim Anrichten der Kalbsmilch füge man kleine Zwiebeln, sowie Champignons hinzu, die apart gekocht sind und ziehe die Sauce mit Eigelb und Citronensaft ab.

Blumenkohl mit Butter-Sauce. — Nachdem er schon vorher gekocht ist, wie der „gratinirte Blumenkohl", richtet man ihn recht heiß mit einer Butter-Sauce an.

28. Januar.

Suppe mit Bandnudeln (aux lazagnes).
Zungenfisch (soles) à la Orly.
Huhn sautirt.
Rostbeef gebraten.
Lactuke mit Jus.
Croutons à la normande (warm).

———

Suppe mit Bandnudeln (aux lazagnes). — Sie werden zubereitet wie die anderen Suppen mit italienischen Mehlarten. Die Bandnudeln geben eine ausgezeichnete mehlhaltige Suppe. Wenn auch die magerste von allen italienischen Mehlarten, ist es doch nächst der Maccheroni und der Fadennudel diejenige, welche sich am besten mit dem Parmesankäse vereint.

Zungenfisch (soles) à la Orly. — Man putze die Zungenfische und marinire sie mit Citronensaft, Salz und hinreichend Pfeffer. Die in Stücke geschnittenen Fische lasse man mit Weißwein und Salz kochen und gieße dann die Brühe durch. Kurz vor dem Anrichten streue man Mehl über die Fische und lasse sie in der Pfanne braten, dann abtropfen, lege sie aufeinander und gieße die Sauce darüber.

Blumenkohl au gratin. — Man pflücke die einzelnen Blumen vom Blumenkohl und lege sie in kaltes Wasser, welches mit etwas Essig vermischt ist, wälle sie dann mit kochendem Wasser zwei oder drei Minuten ab, lasse sie abkühlen und setze sie dann mit gesalzenem Wasser auf, bis sie aufkochen, dann ziehe man die Kasserolle zurück, lasse sie aber noch zugedeckt stehen. Nun mache man eine weiße Sauce mit gestoßenen Kräutern und Parmesankäse, lege einen Theil des Blumenkohls auf eine Schüssel zum Gratiniren und Sauce darüber, darauf lege man wieder Blumenkohl, bedecke ihn mit dem Rest der Sauce, streue Käse und Brodrinde darüber, begieße Alles mit zerlassener Butter und schiebe es in den Bratofen.

———

29. Januar.

Suppe von Kraftbrühe mit Quenelles.
Forellen à la Saint-Florentin.
Hammelrücken à l'anglaise.
Kapaun gebraten.
Kleine Erbsen in Butter (eingekocht).
Pfannkuchen-Auflauf.

Suppe von Kraftbrühe mit Quenelles. — Man schlage die Quenelles in Bouillon (siehe Quenelles), lasse sie abtropfen, lege sie in die Terrine und gieße die nöthige Quantität Kraftbrühe darüber.

Forellen à la Saint-Florentin. — Man nehme nur schöne Forellen. Nachdem sie ausgenommen sind, fülle man sie mit in Butter geschwitzten feinen Kräutern, Salz und Pfeffer, lasse sie in einem Fischkessel kochen, mit so hinreichend Weißwein, daß derselbe drei Centimeter übersteht, füge Croutons, Zwiebeln, ein Bouquet, Nelken, Muskatennuß, sowie Salz und Pfeffer hinzu. Nun lasse man es auf hellem Feuer so lange kochen, bis der Wein heiß ist, dann vermindere man das Feuer und thue Butter mit Mehl dazu. Die Fische werden geordnet auf eine Schüssel gelegt und die Sauce darüber gegeben, nachdem diese durch ein Sieb gegossen ist.

Hammelrücken à l'anglaise. — Man nehme den Hammelrücken nicht zu frisch; ehe er an den Spieß gesteckt wird, hülle man ihn in ein mit Butter geschmiertes Papier und stecke ihn so an den Spieß. Einige Minuten vor dem Abnehmen entferne man das Papier, damit er sich bräunt. Man gebe ihn mit seinem eigenen Jus, oder gebe dazu ein Purée von weißen Rüben und eine Butter-Sauce, die Rüben auf einer Schüssel, die Sauce in einer Saucière.

30. Januar.

Menu für Fasten.

Suppe von Purée von weißen Rüben.
Bouchées von Austern.
Kabeljau à la béchamel.
Karpfen gebraten.
Salat von Gemüsen.
Kuchen mit Reis.

Suppe von Purée von weißen Rüben. — Nachdem man 500 Gramm Rüben geschält und gewaschen hat, setzt man sie in einer Kasserolle mit zwei Liter Wasser, einem Liter Butter und 200 Gramm gewaschenem Reis aufs Feuer und läßt sie gelinde kochen, immer achtend, daß die Rüben nicht anhaken. Wenn sie gekocht sind, so rühre man sie durch ein Sieb und setze dies Purée nochmals aufs Feuer, wird es zu steif, so füge man Milch hinzu. Das Purée wird mit einem hölzernen Löffel umgerührt und kurz vor dem Anrichten füge man noch 100 Gr. feine Butter und drei Dekaliter Sahne hinzu. Diese Suppe wird mit kleinen Croutons garnirt, oder mit Reis, welchen man apart ausgequollen hat.

Bouchées von Austern. — Man schneide runde Stücken aus einem Teig von fünf Centimeter in Blätterform, mache sechs Lagen davon, überstreiche jede mit Eidotter und gebe dann den Lagen mit einem scharfen Instrumente, welches bis zum Drittel des Teiges eindringt, ein gemustertes Ansehen, damit es sich zu einer geschmackvollen Bedeckung eignet. Nachdem dies im heißen Ofen gebacken ist und die Bouchées gut sind, hebe man die kleinen Blättchen mit einem Messer ab. Sodann habe man eine Anzahl Austern und Champignons bereit, fülle nun jede Oeffnung zwischen den Blättchen damit und sorge, daß dies Zwischengericht heiß auf den Tisch kommt.

31. Januar.

Suppe von Purée mit Croutons.
Hammelkeule gedämpft mit Kapern=Sauce.
Gründlinge gebraten.
Gans gebraten.
Champignons gefüllt.
Gelée von Kirschen.

Suppe von Purée mit Croutons. — Hierzu nimmt man ein Purée von trockenen Erbsen, in welches man in Würfel geschnittene und in Butter gebratene Croutons thut.

Hammelkeule gedämpft mit Kapern=Sauce. — Man thue die Hammelkeule in einen Suppentopf. Wenn sie geschäumt und gesalzen ist, so füge man Carotten, Zwiebeln, ein Bouquet von Petersilie, kleine Zwiebeln, Nelken, Lorbeer und Knoblauch hinzu, lasse Alles zwei Stunden kochen, dann abtropfen, und gebe die Keule mit einer weißen Kapern=Sauce.

Weiße Sauce. — Man thue einen Löffel Mehl in ein Stückchen Butter, füge ein halbes Glas Wasser dazu, den Saft einer halben Citrone oder ein wenig Weinessig, Salz, Pfeffer und geriebene Muskatennuß, bringe es auf schnelles Feuer und rühre es um. Wenn die Sauce Blasen wirft, so ziehe man sie zurück und füge noch ein gut Stück Butter hinzu, sowie kurz vor dem Anrichten die Kapern.

Gans gebraten und mit Kastanien gefüllt. — Nachdem die Gans ausgenommen ist, macht man eine Farce von der Leber, gehacktem Speck, feinen Kräutern, Salz, Pfeffer, Muskatennuß und Kastanien, welche sorgfältig gereinigt und geröstet sind. Man fülle die Gans mit dieser Farce, nähe sie zu und stecke sie an den Spieß, indem man sie fleißig begießt. Sie wird angerichtet mit ihrem eigenen Jus, mit Salz und Pfeffer bestreut und mit Citronensaft darüber.

1. Februar.

Suppe mit Krebsen.
Rinderrippenstück braisirt.
Kalbshirn marinirt.
Hasenbraten.
Lactuke mit Jus.
Eierkuchen-Auflauf.

Suppe mit Krebsen. — Man nehme funfzig noch frische Krebse, wasche sie mehrere Male in frischem Wasser, lasse sie abtropfen und setze sie in einer Kasserolle aufs Feuer mit Bouillon, Carotten und Petersilie. Wenn sie fertig gekocht sind, so nehme man sie vom Feuer, lasse sie so noch in der Kasserolle zugedeckt eine Viertelstunde stehen und thue dann die Krebse in einen Durchschlag, die Bouillon aber hebe man wohl auf. Wenn die Krebse abgekühlt sind, so nehme man den Schwanz sowie die Scheeren aus und reservire sie, das übrige Fleisch mit den Schalen thue man in einen Mörser, stoße es so lange, bis es sich zu einem rothen Teig vermischt, weiche eine Handvoll geriebener Semmel in Bouillon oder in der Krebsbrühe ein, lasse es auf einer warmen Platte trocknen und thue es auch in den Mörser; dann verdünne man das Gestoßene mit vorzüglicher Bouillon, rühre es durch ein Sieb gleich in eine Kasserolle, die man aufs Feuer setzt, thue dann die Krebsschwänze hinein, lasse aber die Bouillon nur ziehen, nicht kochen; man schmecke die Suppe ab und füge noch ein wenig Salz und Cayenne-Pfeffer hinzu.

Lactuke mit Jus. — Man verlese, wasche und blanchire die Lactuke während fünf Minuten, binde je zwei oder drei Köpfe zusammen und bringe sie in einer Kasserolle, bedeckt mit einem Butterpapier, aufs Feuer; thue ein Bouquet, Zwiebeln und Bouillon, von der das Fett nicht abgenommen ist, hinzu. Nach zwei Stunden des Kochens nehme man die Faden von der Lactuke ab, ordne sie auf der Schüssel und richte sie mit dem eingekochten Jus, der durch ein Sieb gerührt ist, an.

---

2. Februar.

Suppe mit Fadennudeln.
Dorsch gratinirt.
Huhn sautirt.
Hammelkeule gebraten.
Bohnen à la bretonne.
Apfeltorte.

Suppe mit Fadennudeln. — Während drei oder vier Minuten blanchire man die Nudeln, lasse sie abkühlen und abtropfen, dann thue man sie in kochende Bouillon, lasse sie einen Augenblick darin kochen und richte sie an.

Bohnen à la bretonne. — Man putze 300 Gramm Zwiebeln, blanchire sie, lasse sie abtropfen und schwitze sie in 125 Gramm Butter. Sobald sich die Zwiebeln bräunen, füge man 35 Gramm Mehl, Salz und Pfeffer hinzu und lasse es fünf Minuten zusammen schwitzen, dann füge man ein Liter Bouillon hinzu und lasse es auch fünf Minuten damit kochen, rühre es aber fleißig um, daß es nicht hakt. Nun thue man ein Liter schon vorher gekochter Bohnen hinzu und dreißig Gramm Butter, lasse es aufkochen und richte es an.

Apfeltorte. — Man thue zu 200 Gramm Butter ein gleiche Quantität feinsten Streuzuckers, 300 Gramm Aepfel (Reinetten), welche geschält und in Scheiben geschnitten werden, ungefähr so dick, wie ein Zweithalerstück. Sobald sie gekocht sind, legt man sie thurmartig auf eine Schüssel, schlägt das Weiße von vier Eiern zu Schnee, quirlt dazu Streuzucker, thut diesen Schnee auf die Aepfel, streut nochmals Zucker darüber und schiebt die Speise in den Ofen. Man kann auch etwas Vanille oder Citronensaft dazu nehmen.

3. Februar.

Suppe à la julienne.
Schleie à la poulette.
Rebhuhn mit Kohl.
Rostbeef mit Aepfeln.
Krebse mit Court-Bouillon.
Omelette mit Rum.

Schleie à la poulette. — Nachdem die Schleien geschuppt, ausgenommen, abgespült und in den Rücken geschnitten sind, lege man sie nochmals in Wasser und setze sie dann mit Butter auf; wenn sie fast gar sind, füge man noch eine Handvoll Mehl hinzu, sowie etwas Weißwein, Salz, hinreichend Pfeffer, ein Bouquet, Champignons und kleine weiße Zwiebeln. Wenn die Schleien gekocht sind, ziehe man die Sauce mit Eigelb ab und richte sie an.

Krebse mit Court-Bouillon. — Die Krebse werden mit Weißwein, sowie halb Wasser und halb Essig, Thymian, Lorbeer, Carotten, Zwiebeln, Salz, Pfeffer ꝛc. gekocht. Alsdann lasse man Court-Bouillon eine halbe Stunde kochen, werfe die Krebse hinein, so daß die Bouillon übersteht; sieben oder acht Minuten reichen hin, um sie darin kochen zu lassen. Darauf nehme man die Krebse vom Feuer und lasse sie in der Court-Bouillon etwas abkühlen. Vor dem Anrichten lasse man sie abtropfen und richte sie auf Bündchen Petersilie an, die Köpfe nach oben.

Salat von Gemüsen. — Man koche einzelne einer Quantität Carotten, kleine Erbsen, ein wenig Spargel, grüne Erbsen, Kartoffeln und halb so viel Rüben ab, lasse diese Gemüse sorgfältig abtropfen und richte sie auf einer Salatschüssel in getrennten Partien Bouquetweise mit einem Stück Blumenkohl in der Mitte an. Ueber diesen Salat gieße man eine Sauce mit Oel und Essig. Der Salat ist ein sehr schmackhafter.

---

4. Februar.

Suppe von Sahne mit Reis und Körbel.
Filet von Hammel, braisirt.
Kalbshirn à la Toulouse.
Wilde Ente gebraten.
Salat von Hummer.
Pfannkuchen mit Aprikosen.

Suppe von Sahne mit Reis und Körbel. — Man koche die Sahne mit Reis, wie es schon in der „braunen Suppe" angegeben ist, und richte sie, nachdem sie mit Bouillon verlängert ist, mit dem gekochten Körbel an.

Kalbshirn à la Toulouse. — Es wird gekocht, wie das „à l'espagnole". Man richtet es mit einer Garnitur Toulouse an.

Garnitur à la Toulouse. — Sie besteht aus einer Anzahl fetter Lebern, Trüffeln, ganzen Champignons, den Kämmen und Nieren vom Geflügel und einer Lammsmilch. Die fetten Lebern werden gekocht, die Trüffeln ebenfalls, mit Wein und Tafelbouillon, die Champignons mit Butter und Citronensaft blanchirt, die Kämme geputzt, gereinigt, blanchirt und gekocht, die Nieren in Ei gewälzt und in Butter gebraten, die Lammsmilch im Ofen gebraten. Alle diese Garnituren werden rund um das Kalbshirn gruppirt, die Leber leicht glacirt, die Kämme, Champignons, Nieren und Lammsmilch ganz wenig in Sauce getaucht und die Trüffeln ebenfalls glacirt.

Salat von Hummern. — Nachdem die Hummern gekocht sind, nehme man die Schwänze und Scheeren aus, lege sie auf eine Unterlage von Lactuke, von der man nur das Innere nimmt, garnire sie mit harten Eiern, Sardellen, Oliven, Kapern und feinen Kräutern und gieße darüber eine Mayonnaisen=Sauce von guter Consistenz.

---

5. Februar.

Suppe mit Fadennudeln.
Barbe mit Kapern-Sauce.
Das Klein (abatis) eines Puters mit Würstchen à la chipolata.
Rinder-Filet gebraten.
Kartoffeln gedämpft.
Chokoladen-Bisquit.

Barbe mit Kapern-Sauce. — Man nehme die Barbe aus, wasche sie und lasse sie abtropfen, dann lege man sie in eine Marinade von Oel, feinen Kräutern, Salz und Pfeffer, röste sie dann und gebe sie mit einer Kapern-Sauce.

Klein (abatis) eines Puters mit Würstchen à la chipolata. — Man brühe, reinige und senge das Klein, schneide den Hals in vier Stücke, schneide die Augen aus, die Flügel in zwei Theile, ebenso die Pfoten, den Magen und die Leber. Dies Alles muß aber recht frisch sein, was selten der Fall ist. Dann schneide man recht mageren Speck in kleine Würfel und schwitze dieselben in Butter, lasse sie aber nur gelblich werden, dann nehme man kleine weiße Rüben, schwitze sie ebenfalls in Butter, sowie fast gar gekochte Carotten und lege dies Alles auf eine Schüssel. Nun lasse man die einzelnen Theile des Kleins ebenfalls in Butter braun werden, hüte sie aber vor dem Anbrennen. Wenn sie braun sind, füge man Mehl hinzu, schüttele das Gekochte fünf Minuten damit auf dem Feuer, nehme dann halb Bouillon und die andere Hälfte Wasser und Cognac dazu, lasse es auf mäßigem Feuer kochen, thue noch Speck, Carotten und ein Bouquet von Petersilie dazu und salze es. Eine halbe Stunde vor dem Anrichten füge man noch Zwiebeln, weiße Rüben, Würstchen, genannt chipolata, und einige schöne Kastanien, welche vorher gereinigt und geröstet sind, hinzu, lasse dies Alles zehn Minuten kochen, nehme das Fett ab und gebe es zu Tisch.

6. Februar.

Suppe mit Semoule (italienischen Nudeln) und Sauerampfer.
Hammelrücken braisirt mit weißen Rüben.
Ragout von Karpfen mit Milch.
Puter gebraten.
Selleriesalat mit Jus.
Waffeln mit Sahne.

Suppe mit Semoule (italienischen Nudeln) und Sauerampfer. — Man lasse die Semoule in Bouillon sieden, dann thue man noch so viel Bouillon dazu, als man braucht und lasse es noch zehn Minuten kochen. Im Aufkochen werfe man in die Bouillon Sauerampfer, von dem mit einem Messer alles Harte herausgenommen ist.

Hammelrücken braisirt. — Man putze einen Hammelrücken und binde die Seiten zusammen, daß er rund bleibt, dann lege man Speckstreifen in eine große Bratpfanne, den Hammelrücken darauf, an den Seiten das Fett und thue nun zwei Löffel Kraftbrühe, zwei Carotten, zwei große Zwiebeln, Porrée, ein Bouquet und ein Glas Cognac hinzu. Sobald der Hammelrücken zu kochen anfängt, begieße man ihn, bedecke ihn mit einem Butterpapier und lasse ihn ganz gelinde kochen mit Feuer oben und unten. Nach drei oder vier Stunden des Kochens lasse man den Rücken abtropfen, binde ihn sorgfältig auf, thue Tafelbutter dazu und glacire ihn in der Bratpfanne, indem man heiße Kohlen auf den nicht ganz geschlossenen Deckel legt, dann richtet man den Rücken mit seinem eigenen Jus an, nachdem derselbe durchgerührt und abgeschmeckt ist. Rund um den Rücken thut man ein Purée von weißen Rüben.

Karpfen garnirt mit einem Ragout von der Karpfenmilch. — Der Karpfen wird in Court-Bouillon gekocht und auf einem Ragout von seiner Milch angerichtet (siehe das Recept). Man kann den Fisch noch einige Augenblicke in dem Ragout ziehen lassen.

---

7. Februar.

Suppe mit Sago.
Poularde mit grobem Salz.
Filet von Zungenfisch à la Orly.
Rehkeule gebraten.
Purée von Artischoken mit Sahne.
Kleine Kuchen mit Reis.

Suppe mit Sago. — Man wasche den Sago in lauwarmem Wasser, blanchire ihn, lasse ihn abtropfen und thue ihn dann in Bouillon, ziehe aber gleich den Topf vom Feuer zurück, sobald der Sago aufgekocht ist. Sobald er nun ausgequollen ist, thue man ein Purée von weißen Rüben dazu und richte die Suppe an.

Poularde mit grobem Salz. — Man nehme eine Poularde aus, senge sie, binde sie zusammen, blanchire sie einen Augenblick in kochendem Wasser, umgebe sie mit Speckstreifen und thue sie in eine Schweinsblase, welche gut gebrüht sein muß und dann sorgfältig zugebunden wird, so daß kein Wasser hineindringen kann. Nun lasse man die Poularde in einem Kessel, welcher mit Wasser gefüllt ist, kochen; wenn man glaubt, daß sie wohl gar sein kann, nehme man die Poularde aus der Schweinsblase und richte sie an, indem man auf die Brust einen guten Löffel voll grobem grauen Salzes streut.

Purée von Bohnen mit Sahne. — Man wasche die Bohnen und lasse sie in Salzwasser mit einem Bouquet und Zwiebeln kochen. Wenn sie weich sind, so rühre man sie durch ein Sieb, mische sie mit Butter und Sahne, salze sie und richte sie an.

Sauce, die zu allen Braten paßt. Sauce for roasts im Allgemeinen. — Man thue in eine Kasserolle eine Sardelle, ein Glas Rothwein, ein wenig Jus, eine gehackte Schalotte und den Saft einer Citrone. Dies lasse man zusammen aufkochen, rühre es durch und vermische es mit dem Jus des Bratens. (Englische Küche.)

---

8. Februar.

Suppe von Kartoffel-Purée.
Kabeljau mit holländischer Sauce.
Schinken von York à l'anglaise.
Bekassinen gebraten.
Champignons à la bordelaise.
Gelée mit Marasquino.

Suppe von Kartoffel-Purée. — Man lasse Kartoffeln in der Asche braten oder koche gute Kartoffeln in Salzwasser, pelle sie ab, rühre sie durch einen Durchschlag, thue frische Butter in eine Kasserolle und dazu das Purée, füge noch Salz und Pfeffer hinzu, sowie hinreichend Milch. Hierauf gieße man Bouillon dazu und richte die Suppe über gebratenen Croutons an.

Schinken in Burgunder. — Nachdem der Schinken 24 Stunden gewässert hat, wird er abgeschabt, fest in ein Tuch gebunden und mit überstehendem Wasser, sowie allen möglichen feinen Kräutern und einem Bouquet auf das Feuer gesetzt. Sobald der Schinken fast weich ist, zieht man die Schwarte ab, streut Pfeffer, Salz und feines Gewürz darüber, und läßt ihn im Ofen in seinem Fett sich bräunen. Während dieser Zeit wird die Sauce gemacht, bestehend aus einem halben Pfund Kochzucker, welchen man braun werden läßt, einer halben Flasche Rothwein, etwas Bouillon, einer viertel Metze kleiner weißer Zwiebeln und einiger spanischen, welche alle vorher in Butter geschwitzt sind. In dieser Sauce muß der Schinken eine Stunde ziehen.

Champignons à la bordelaise. — Man nehme große, dichte Champignons, die frisch gepflückt sind, ziehe die Haut ab, wasche sie, lasse sie abtropfen und marinire sie anderthalb Stunden in feinem Oel mit Salz und Pfeffer. Nachdem lege man sie auf den Rost, röste sie auf beiden Seiten, richte sie auf einer Schüssel an, gebe darüber eine Sauce von Oel, Petersilie und recht fein gehackten Kräutern, welche man hat warm werden lassen und füge nun ein wenig Essig oder Citronensaft hinzu.

---

9. Februar.

Suppe mit Croutons.
Barbe geröstet.
Rinderrippenstück braisirt mit Carotten.
Schweinsmilch gebraten oder in einer Pastete.
Macédoine von Gemüsen als Salat.
Eclairs mit Kaffee.

Schleie geröstet. — Man thue die Schleie einen Augenblick in kochendes Wasser, mache dann einen feinen Schnitt vom Kopf bis zum Schwanz, aber ohne die Haut zu zerreißen, nehme die Fische aus, putze sie sorgfältig, fülle ihre häßliche Höhlung mit Butter aus, in welcher feine Kräuter mit ein wenig Knoblauch geschwitzt sind, setze sie auf den Rost und richte sie mit einer Sauce tomate mit Sardellen an, oder gebe eine grüne Kräutersauce (ravigote) dazu, auch paßt Sauce Robert mit Mostrich.

Macédoine von Gemüsen als Salat. — Carotten und weiße Rüben, welche man in Stücke schneidet, werden blanchirt und dann in Bouillon gekocht. Die anderen Gemüse, sowie einige Erbsen, Bohnen von allen Sorten, etwas Spargel, Zwiebeln, Blumenkohl ꝛc. werden in Salz und Wasser gekocht. Alle diese Gemüse werden, wenn sie abgetropft und abgekühlt sind, geschmackvoll in einer Salatschüssel arrangirt und im Uebrigen wie Salat behandelt. Einige Löffel voll Fleisch-Jus schaden diesem Salat nicht, der besonders sorgsam zubereitet werden muß.

Artischoken mit Rindermark. — Man bereitet sie zu, wie die Artischoken mit Jus (siehe das Recept), dann röstet man dünne Brodstreifen, welche man einen Centimeter dick schneidet, streicht darauf recht weißes, vorher gekochtes Rindermark, glacirt es mit Tafelbouillon, garnirt die Artischoken damit und giebt es zur Tafel.

Die dreihundert sechs und sechzig Menus. 41

10. Februar.

Suppe à la julienne, mager.
Hecht mit Merrettig-Sauce.
Vol-au-vent à la béchamel (Garnitur).
Darne von gebratenen Seefischen.
Blumenkohl mit Käse.
Nonnenfreuden.

Suppe à la julienne, mager. — Sie wird zubereitet wie die Suppe à la julienne, welche fett gekocht ist, nur nimmt man statt der Bouillon Butter und Wasser.

Vol-au-vent von Eiern mit Bechamelle. (Garnirung.) — Thue in eine Kasserolle 100 Gramm Mehl, 20 Gramm Butter, ein Liter Milch, die Hälfte einer Schalotte, ein Gramm Thymian und Lorbeer und zwei Gramm Petersilie. Dies Alles setze man zwanzig Minuten aufs Feuer und rühre es mit einem Holzlöffel um, ziehe es dann zurück, rühre es durch ein Sieb und gieße es in eine andere Kasserolle, die aber groß genug ist, um noch ein Dutzend hart gekochter Eier, welche rund in Scheiben geschnitten werden, aufzunehmen. Zehn Minuten vor dem Anrichten bringe man die Bechamelle auf das Feuer, rühre sie um, bis sie zu kochen anfängt, ziehe sie dann zurück und füge 150 Gramm Butter unter fortwährendem Umrühren hinzu. Wenn es gehörig vermischt ist, nehme man die zwölf, in runde Scheiben geschnittenen Eier und zwölf schöne Champignons, die in zwei Theile geschnitten werden und garnire damit den vol-au-vent. Die Bechamelle muß nicht dicker, als eine gewöhnliche Bouillon sein; wenn sie zu dick ist, verdünne man sie mit etwas Milch.

Darne von gebratenen Seefischen. — Man spicke verschiedene Seefische, so wie das gut gesalzene Stück eines Aals, marinire Beides mit Weißwein, Salz, Pfeffer und Gewürz und lasse es braten, indem man es immer wieder mit dieser Marinade anfeuchtet. Man giebt dies Gericht mit einer Sauce piquante maigre.

---

11. Februar.

Suppe mit Fadennudeln.
Seefasan (barbue) mit Kapernsauce.
Kalbskopf à la Destilière.
Gespicktes Rinder-Filet gebraten.
Purée von Kartoffeln.
Aepfel garnirt mit Croûtes au madère.

Hecht mit Merrettig-Sauce. — Man koche den Hecht in Court-Bouillon und gebe ihn mit einer Merrettig-Sauce.

Kalbskopf à la Destilière. — Nachdem die Knöchelchen aus dem Kalbskopf herausgenommen sind, blanchire man das Gehirn in kochendem Wasser mit ein wenig Essig und lasse es nur ziehen; nach dreiviertel Stunden nehme man es vom Feuer, um es in der Brühe erkalten zu lassen. Zu gleicher Zeit reinige und blanchire man den Kalbskopf, und wenn er abgetropft ist, trockne man ihn ab und senge ihn, die Augen und Ohren bleiben ganz, das Andere wird in Stücke geschnitten, welche man drei oder vier Stunden kochen läßt. Beim Anrichten lasse man die Stücke abtropfen, ordne sie auf einer Schüssel, schneide das Gehirn in zwei Theile und lege es auf Stücke des Kalbskopfes. Nun löse man die Zunge aus, schneide sie in kleine Würfel und mische sie unter die Sauce. Endlich nehme man einen Löffel voll „Espagnole" oder ein „Roux", welches mit Bouillon angefeuchtet ist, füge eine halbe Flasche Wein, Chablis, hinzu, einige ausgemachte kleine Schoten spanischen Pfeffers und sechs Löffel entfetteter Kraftbrühe, lasse dies Alles halb einkochen, füge noch in kleine Streifen geschnittene Pfeffergurken hinzu und gieße diese Garnitur auf die Stücke des Kalbskopfes.

Kriechente gebraten. — Man bereitet sie ebenso wie die jungen Enten. (Siehe Recept.)

12. Februar.

Suppe mit Brod.
Rindfleisch mit glacirten Zwiebeln garnirt.
Darne von Karauschen geröstet à la maître d'hôtel.
Kapaun gespickt und gebraten.
Rothe Rüben mit Sahne.
Compot von Pomeranzen.

———

Karauschen (Darne) geröstet à la maître d'hôtel. — Man schneide eine Karausche in Stücke, welche zwei Centimeter stark sind, marinire die Stücken eine Stunde lang in Oel, feinen Kräutern, Salz und Pfeffer, röste sie langsam und gebe sie mit einer Sauce à la maître d'hôtel.

Rothe Rüben mit Sahne. — Man reinige und putze die rothen Rüben, lasse sie ganz langsam in Bechamelle kochen und richte sie an.

Compot von Pomeranzen. — Man schneide die Schalen von Pomeranzen in kleine Stücke, die Pomeranzen selbst durchsteche man und lege sie in kaltes Wasser; wenn sie lange genug darin gelegen haben, setze man sie in einer kleinen Pfanne aufs Feuer. Nachdem sie zehn Minuten gekocht haben, wechsele man das Wasser (man nehme nur heißes Wasser) und lasse sie so lange kochen, bis man mit einem Stecknadelknopf leicht in die Haut dringen kann, dann lege man die Pomeranzen in kaltes Wasser und thue in die Pfanne so viel Syrup, daß man die Pomeranzen damit bedecken kann, lasse dieselben abtropfen und dann in dem Syrup fertig kochen. Darauf nehme man sie vom Feuer und gieße sie in eine Terrine. Wenn das Compot erkaltet ist, schneide man die Pomeranzen in vier Theile, lege sie auf die Compotschüssel und feuchte sie mit dem Syrup an. In die Mitte des Compots legt man die Schalen, welche mit Zucker eingekocht sind.

———

13. Februar.

Suppe mit Purée von Kastanien.
Stockfisch gratinirt.
Bohnen mit Hammel.
Schinken am Spieß.
Spinat mit Jus.
Auflauf von Reis.

Suppe mit Kastanien-Purée. — Man ziehe von sechzig Kastanien die äußerste Schale ab, thue sie in heißes Wasser und löse auch die zweite ab. Nachdem sie geputzt sind, lege man sie mit Bouillon in einen eisernen oder kupfernen Topf. Wenn die Kastanien weich sind, rühre man sie durch ein Sieb, vermenge sie mit so viel Bouillon, als nöthig ist und gieße sie auf in Butter gebratene Croutons. Die Suppe mit Kastanien-Purée muß sehr heiß angerichtet werden.

Stockfisch gratinirt. — Man wasche den in Stücken geschnittenen Stockfisch; dann belege man den Boden einer Schüssel mit einer Farce, welche aus Fleisch oder Fischen bereitet ist, darauf lege man kranzförmig die Stücken Fisch, bedecke sie ebenfalls mit Farce, der man mit einem in lauigtem Wasser erwärmten Messer ein Ansehen giebt, dann garnire man die Fische und übergieße sie mit zerlassener Butter. Man schiebe diese Speise in einen Bratofen und lasse sie bräunen, dann gebe man eine Sauce italienne darüber.

Artischoken à l'italienne. — Nachdem die Artischoken geputzt und die harten Blätter abgeschnitten sind, schneide man sie in vier Theile, wasche sie öfter und lege sie in eine Kasserolle mit Butter, Weißwein, Bouillon und Citronensaft. Wenn sie gar sind, lasse man sie abtropfen, ordne sie auf einer Schüssel und gebe eine Sauce italienne darüber.

14. Februar.

Suppe à la julienne.
Meerbarbe mit zerlassener Butter.
Tendrons von Kalb blanchirt.
Hammelkeule gebraten.
Weiße Rüben glacirt mit Jus.
Mandelkuchen.

Meerbarbe mit zerlassener Butter. — Man lasse sie rösten und richte sie mit zerlassener Butter an.

Tendrons von Kalb. — (Siehe Blanquette von Kalb.)

Weiße Rüben mit Jus. — Man nehme Rüben von gleicher Größe, blanchire sie, lasse sie abtropfen, thue Butter in eine Kasserolle, die groß genug ist, daß eine Rübe bei der anderen darin liegen kann. Nachdem sie so gelegt sind, thue man sehr gute Bouillon dazu, sowie Salz, Streuzucker und ganzen Zimmet; sobald es anfängt zu kochen, lege man ein rundes Butterpapier darauf, ziehe die Kasserolle ganz auf den Rand des Ofens und lege auch Feuer auf den Deckel. Sobald die Rüben genug gekocht sind, glacire man sie, lege sie auf eine Schüssel, thue noch Kraftbrühe in die Kasserolle, um den Jus loszukochen, und gieße sie dann über die Rüben.

Mandelkuchen. — Man knete zusammen ein Liter Mehl, ein Stück Butter, so groß wie ein Ei, vier ganze Eier, eine Messerspitze Salz, 125 Gramm geriebenen Zucker und 200 Gramm fein gestoßene Mandeln, davon formt man einen Kuchen, läßt ihn wie gewöhnlich backen, und glacirt ihn mit Zucker vermittelst einer heißen, kleinen Kuchenschippe.

15. Februar.

Suppe à la Faubonne.
Kalbsnuß mit Chicorien-Purée.
Junges Kaninchen sautirt.
Schuppenbuttfisch gebraten.
Champignons gefüllt.
Chokoladen-Crême.

Kalbsnuß mit Chicorien-Purée. — Man nehme eine schöne Kalbsnuß, muſtere ſie mit einem feinen Meſſer der Länge und Breite nach, die Seite, auf der ſie liegt, ſpicke man mit in Salz und Pfeffer gewälztem Speck. Nun lege man die Nuß mit Tafelbouillon in eine Kaſſerolle, ſowie einige Carotten, Zwiebeln, ein Bouquet mit Peterſilie und ein wenig Zucker und laſſe ſie darin ſchwitzen, bis ſich der Fond der Kaſſerolle färbt, dann thue man ein wenig Waſſer und Bouillon dazu und laſſe es kochen. Auf 500 Gramm Fleiſch rechnet man dreiviertel Stunden kochen, Feuer oben und unten. Wenn die Nuß dreiviertel gar iſt, nehme man die Zwiebeln, Carotten und das Bouquet heraus, welche dann bereits ausgekocht ſind, mache ſchärferes Feuer unter die Kaſſerolle und begieße mit dem Fond die Nuß ſo lange, bis ſie glacirt iſt, was eine halbe Stunde erfordert Beim Anrichten lege man in die Schüſſel ein Purée von Chicorien, darauf lege man die Nuß und über das Ganze thue man Jüs. Man kann auch ein Purée von Sauerampfer dazu geben.

Junges Kaninchen in der Pfanne gebraten. — Nachdem man es ſorgfältig zubereitet hat, brät man es und richtet es an mit gebratener Peterſilie oben auf.

16. Februar.

Suppe mit Purée von Artischoken.
Maifisch mit Kapernsauce.
Boeuf á la mode.
Junge Ente gebraten.
Blumenkohl als Salat.
Chartreuse von Aepfeln.

Suppe mit Purée von Artischoken. — Man verdünne das Purée von Artischoken mit Bouillon und gebe die Suppe mit gebratenen Croutons.

Purée von dem Inneren der Artischoken. — Man nehme das Innere von Artischoken, wasche sie sorgfältig, und nachdem alles Trockene abgelöst ist, koche man sie in Wasser, wozu noch etwas Mehl, sowie Salz und Citronensaft gethan wird. Nach dem Kochen zerquetsche man die Artischoken, vermische sie mit fetter Bechamelle, rühre sie durch ein Sieb und lasse sie dann wieder mit Sahne und Butter heiß werden.

Boeuf à la mode. — Man nehme ein Rinderschwanzstück, schneide es aus, wo die Nuß beim Rind sitzt, klopfe das Stück tüchtig, spicke es mit dickem Speck, lege es in einen großen eisernen oder kupfernen Topf mit Speckschwarte, Kalbsfuß, Porrée, Zwiebeln, Carotten, Bouquet, Lorbeer, Thymian, Knoblauch, Nelken, Salz, Pfeffer und einem Glase Wasser. Nun lasse man es wenigstens sechs Stunden ununterbrochen auf gleichmäßigem Feuer kochen, in den Topf lege man unter den Deckel noch ein weißes Tuch, damit kein Dampf entweichen kann. Wenn das Fleisch mürbe ist, rühre man die Sauce durch, nehme das Fett ab und gebe es zu Tisch.

Junge Ente gebraten. — Die Ente wird ausgenommen, gesengt, geputzt 2c., gespickt, an den Spieß gesteckt und nun mit Kraftbrühe begossen. Man richtet sie mit dem Jus aus der Bratpfanne an.

17. Februar.

Suppe von Linsen-Purée.
Warme Pasteten mit Lampreten.
Rückenstück mit Sauce piquante.
Perlhuhn gebraten.
Purée von Chicorien mit Croutons.
Pudding.

Purée von Chicorien mit Croutons. — Von sieben oder acht schönen Chicorien schneide man das Grün ab und schabe die Rippen ab, dann wasche man sie öfter, lasse sie abtropfen, thue sie in kochendes Wasser mit Salz, welches so hinreichend sein muß, daß es weit über die Chicorien steht. Nun lasse man sie zwanzig Minuten kochen, dann abtropfen, lege sie in kaltes Wasser, bis sie fast erkaltet sind, was aber so schnell als möglich geschehen muß, und presse sie dann stark aus. Nachdem dies Alles geschehen ist, hacke man die Chicorien und setze sie in einer Kasserolle mit Butter, Salz und Pfeffer aufs Feuer. Man schüttele sie und füge noch ein wenig Mehl, welches mit Bouillon angefeuchtet ist, hinzu, darauf nehme man sie ab und richte sie von Croutons umgeben auf einer Schüssel an.

Pudding. — Man nehme ein halbes Kilo Sultanrosinen, ein halbes Dutzend Eier, ein halbes Glas Rum oder Cognac, 125 Gramm Rindermark, welches in Stücke geschnitten wird, ein halbes Kilo Mehl oder Mais, 60 Gramm Zucker, guten Farinzucker, zwei Gläser Milch, die Schale einer Citrone und geriebene Muskatennuß. Man gebe dem Pudding Haltbarkeit durch in Milch geweichtes Weißbrod und binde ihn in ein Tuch, welches gut zugebunden werden muß und lasse nun den Pudding in einem Kessel, gleich in kochendes Wasser gethan, vier Stunden kochen, drehe ihn aber öfter um, von oben nach unten. Wenn er gar ist, schneide man ihn in Stücke, besprenge dieselben mit Rum oder Cognac, den man im Augenblick des Servirens ansteckt.

18. Februar.

Suppe mit Brod.
Rindfleisch mit kleinen Pasteten garnirt.
Ente mit weißen Rüben.
Eine Schale mit fetten Lebern.
Salat von Gemüsen.
Pfannkuchen mit Pomeranzen.

Suppe mit Reis von Kari. — Man thue in eine Kasserolle Butter, Zwiebeln, welche in Würfel geschnitten sind, sowie Mehl von Kari, lasse es einen Augenblick schwitzen und nehme Bouillon dazu, lasse es aufkochen, gieße es durch ein Tuch auf den Reis, der vorher schon in Bouillon ausgequollen ist, lasse die Suppe heiß werden und gebe sie zu Tisch.

Ente mit weißen Rüben. — Nachdem die Ente ausgenommen und behandelt ist, wie ein Huhn, setze man sie mit Butter in einer Kasserolle aufs Feuer und lasse sie sich bräunen. In dieser selben Butter schwenke man kleine weiße Rüben von gleicher Größe; sobald sie sich bräunen, thue man feinen Streuzucker dazu und dämpfe sie damit, ziehe sie aber bald zurück. Darauf thue man Roux dazu mit Bouillon, sowie Salz, Pfeffer, ein Bouquet mit Petersilie, kleine Zwiebeln, eine halbe Knoblauch und ein Lorbeerblatt, in dieses Roux lege man die Ente und wenn sie gar ist, thue man die Rüben dazu. Von Zeit zu Zeit wende man die Ente, nehme sich aber in Acht, daß die Rüben nicht gequetscht werden, und koche dies auf einem mäßigen Feuer. Sobald das Ganze fertig ist, nehme man das Fett ab und richte es heiß an.

Pfannkuchen mit Pomeranzen. — Man schäle mehrere Pomeranzen, schneide sie in Viertel, nehme die Kerne heraus, blanchire sie mit ein wenig Zucker, thue sie in einen lockeren Teig zum Backen und lasse sie eine schöne Farbe annehmen. Man gebe sie, nachdem man sie mit Zucker bestreut und damit glacirt hat.

19. Februar.

Suppe mit kleinen italienischen Pasteten.
Rothfische in Kästchen.
Rindfleisch braisirt mit gebratenen Kartoffeln.
Poularde geröstet.
Blumenkohl von Brüssel sautirt.
Aepfel mit Butter.

———

Barbe à la Conti. — Man nehme eine frische Barbe aus, wasche und schneide sie am Rücken ein, thue in eine Kasserolle ein Glas Olivenöl, ein halbes Glas Bouillon, eben so viel Weißwein, Salz, Pfeffer und feine Kräuter. In dieser Zubereitung lasse man sie kochen, tropfe sie dann ab und richte sie auf einer Schüssel an. Als Sauce lasse man zwei Gläser Kraftbrühe zu einem einkochen und gieße es über den Fisch mit etwas fein gehackter Petersilie.

Aepfel mit Butter. — Man schäle und reinige mit einem Apfelmesser schöne Aepfel, Reinetten, theile sie wie zu einem Compot, lasse sie dreiviertel Stunden kochen und dann abtropfen. Wenn sie gekocht sind, so thue man sie auf eine Schüssel, füge eine Lage Confituren, welche man will, hinzu und auf diese Marmelade lege man die Aepfel. Mit dem Apfelmesser fülle man jede Oeffnung mit Butter, glacire es mit Zucker und schiebe die Aepfel in den Ofen, um sie Farbe annehmen zu lassen, dann nehme man sie heraus und lege in jede Oeffnung eine Kirsche oder andere Confiture.

Butter von Hummer. — Man stößt mit feiner Butter die Eier von Hummern, in Ermangelung derselben Hummerschalen, und rührt es durch ein Haarsieb. Diese Butter muß eine schöne rothe Farbe haben.

———

20. Februar.

Suppe von weißen Rüben mit Sahne.
Barbe marinirt.
Bouchées von Hummer mit Bechamelle.
Pilets (nordische Ente) gebraten.
Artischoken à l'italienne.
Mandelkuchen.

Barbe marinirt. — Nachdem man die Barbe geputzt und ausgenommen hat, macht man einen kleinen Einschnitt am Rücken, wo man die Marinade hineinthun kann, welche zusammengesetzt ist aus Oel mit Salz, Pfeffer, Zwiebeln, Lorbeer und Citronensaft, zwei Stunden lasse man sie in dieser Marinade liegen, dann wälze man sie in geriebener Semmel oder belege sie mit Semmelrinde. Nachdem man sie dann in geschmolzener Butter hat durchziehen lassen und sie mit Salz bestreut, lasse man sie in einer Pfanne im Ofen braten und gebe sie mit einem Purée von Tomate oder Sauerampfer.

Bouchées von Hummer mit Bechamelle. — Man bereite diese Bouchées wie es angegeben ist bei den Bouchées von Austern (siehe das Recept). Man schneide das Fleisch des Hummers, der in Court-Bouillon gekocht ist, in kleine Stücke (siehe das Recept), vermische sie mit Bechamelle, welche mit Hummerbutter vermengt ist und garnire sie mit Bouchées.

Pilets gebraten. — (Siehe gebratene wilde Ente.)

Artischoken à l'italienne. — Man schneide Artischoken in vier Theile, nachdem man sie vorher gereinigt und von den trockenen Blättern befreit hat, wasche sie mehrere Male, lasse sie abtropfen und lege sie in eine Kasserolle mit Butter, Weißwein und dem Saft einer Citrone. Wenn sie gar sind, lasse man sie von Neuem abtropfen, und nachdem sie angerichtet sind, gebe man eine magere Sauce italienne darüber.

21. Februar.

Suppe von Bohnen-Purée.
Kabeljau mit Kartoffeln.
Kalbsnuß als Fricandeau.
Terrine de Nérac.
Blumenkohl gratinirt.
Omelette-Auflauf.

Kabeljau mit Kartoffeln. — Nachdem der Kabeljau gekocht ist, lasse man ihn in einer Bechamelle-Sauce dämpfen und richte ihn an mit einer Garnirung von in Butter gebratenen Kartoffeln.

Kalbsnuß als Fricandeau. — Man nehme eine schöne Kalbsnuß, spicke sie von der einen Seite mit grobem, von der andern Seite mit feinem Speck, thue in eine Kasserolle Stücke Kalbsmilch und Speck, sowie Zwiebeln, Carotten, Bouquet und Nelken, lege darauf die Nuß, thue Bouillon dazu und lasse sie zwei oder drei Stunden kochen, nur sorge man, daß das Fleisch von Zeit zu Zeit mit seinem Fond begossen wird. Sobald das Fricandeau gar ist, nehme man es zurück, lege es auf eine Schüssel, rühre die Brühe durch ein Sieb, nachdem das Fett davon abgenommen ist, lege nun das Fleisch in eine andere Kasserolle und lasse es einkochen bis es glacirt ist; die Seite mit dem fein geschnittenen Speck lege man oben auf. Wenn es gut gebräunt ist, richte man es an, koche, was sich noch in der Kasserolle befindet, mit sehr wenig und durchgegossener Bouillon ab, gieße diese Sauce über das Fricandeau, oder bewahre sie auf zu einem Ragout von Chicorien, Sauerampfer, Spinat 2c., welches man unter das Fricandeau legt.

22. Februar.

Suppe mit Reis von Kari.
Maifisch geröstet mit Sauerampfer.
Hammelbrust braisirt.
Wilde Ente gebraten.
Eier mit Sahne gefüllt.
Aepfel in einer Kruste.

Maifisch geröstet mit Sauerampfer. — Man nehme einen schönen Maifisch, schuppe ihn, nehme ihn aus, wasche ihn mehrere Male, schneide ihn leicht auf beiden Seiten ein und lasse ihn eine viertel Stunde in Oel mit Salz, Pfeffer und Lorbeer liegen, fülle dann die Oeffnung mit ein wenig Butter und fein gehackten Kräutern, röste ihn auf dem Rost oder im Bratofen und gebe ihn mit einem Purée von Sauerampfer. Man kann den Fisch auch einfach braten, aber dann füllt man ihn nicht.

Eier gefüllt. — Man lasse Eier hart kochen, mache die Schale ab, schneide sie der Länge nach in zwei Theile, nehme das Gelbe heraus, thue es in eine Reibesatte nebst in Sahne getauchten Weißbrodes, so viel Butter, wie es Eigelb ist, gehackte Petersilie und feine Kräuter, gestoßene Muskatenuß, zwei oder drei rohe Eier, reibe das Alles und rühre es dann durch ein Sieb à quenelles, fülle die Hälfte der Eier mit dieser Farce und gebe ihnen die frühere Form wieder. Man richte sie auf einer Schüssel an, die vorher mit derselben Farce bestrichen ist, setze sie auf eine heiße Stelle und bringe sie dann in den Ofen. Wenn die Eier eine schöne Farbe angenommen haben, gebe man sie mit einer Sauce von Kalbs-Jus, welche mit Sahne vermischt ist.

---

23. Februar.

Suppe von Gerstenschleim.
Roche mit brauner Butter.
Hühner à la bonne femme.
Rostbeef à l'anglaise.
Kartoffeln sautirt.
Eier mit Schnee.

Hühner à la bonne femme. — Nachdem zwei Hühner gepflückt und gesengt sind, schneide man sie in Stücke, dann nehme man 100 Gramm Carotten, dieselbe Anzahl Zwiebeln mit Butter, lasse sie leicht bräunen und lege nun die Stücke Hühner darauf, streue Salz, Pfeffer und gestoßene Muskatennuß darüber, lasse sie damit zehn Minuten ziehen, füge noch einen guten Löffel Mehl hinzu und nach fünf Minuten vier Dekaliter Bouillon, ein Dekaliter Weißwein, ein Bouquet Petersilie, 250 Gramm Tomate, von denen man die Haut abschälen und die Kerne ausnehmen muß, dann lasse man das Ganze auf mäßigem Feuer fünf und zwanzig Minuten kochen, füge nun eine Hand voll geputzter großer Champignons, die man vorher gewaschen und in Stücke von der Stärke eines Zweithalerstücks geschnitten hat, hinzu, dann koche man dies noch zehn Minuten, nehme das Bouquet heraus, füge noch fünf Gramm Petersilienblätter hinzu, richte die Hühner übereinander an und thue die Sauce und die Garnitur darüber.

Purée von Zwiebeln à la bretonne. — Auf ein mäßiges Feuer setze man die Zwiebeln mit Butter und Salz. Sobald sie sich leicht bräunen, füge man ein wenig Mehl, welches mit Bouillon angefeuchtet ist, hinzu, lasse es zusammen schwitzen und rühre es dann durch ein Sieb. Zur Suppe vermische man das Purée mit Bouillon und richte sie an mit gebratenen Croutons.

---

24. Februar.

Suppe à la julienne.
Forelle in Court=Bouillon.
Schinken von York à l'anglaise.
Tauben gebraten.
Champignons gefüllt.
Sahnen=Kuchen.

———

Forelle in Court=Bouillon. — Man nehme eine schöne Forelle aus, binde den Kopf zusammen und koche sie in Court=Bouillon und Weißwein mit Zwiebeln, welche zerschnitten worden sind, Thymian, Lorbeer, Petersilie, Nelken und Salz. Sobald der Fisch gar ist, richte man ihn auf einer Serviette an, die erst mit recht frischer Petersilie belegt ist. Zu der Forelle gebe man Court=Bouillon, die mit ein wenig Braunmehl verbunden ist.

Schinken von York à l'anglaise. — Er wird wie der Schinken am Spieß zubereitet (siehe das Recept) und mit Spinat gegeben.

Hammelkeule braisirt. — Man nehme die Knochen aus der Keule, mit Ausnahme des Hauptknochens, spicke sie mit grobem Speck, bestreue sie mit feinem Gewürz, Salz, Pfeffer, Petersilie und gehackten Zwiebeln, binde das Fleisch zusammen und gebe ihm seine ursprüngliche Form wieder. Nun lege man in eine Bratpfanne einige Stücke gutes Fleisch, fünf oder sechs Carotten und eben so viel Zwiebeln, lege die Keule darauf, thue etwas gute Bouillon dazu, sowie ein halbes Glas Cognac, Thymian, Lorbeer, drei Nelken und zwei Stückchen Knoblauch, bedecke das Ganze mit einem Butterpapier und lasse es fünf Minuten auf gleichmäßig gelindem Feuer oben und unten kochen. Dann tropfe man die Keule ab, glacire sie und richte sie entweder auf einem Purée von Chicorien oder auf ihrem eigenen Jus an.

25. Februar.

Suppe mit Kohl.
Pökelfleisch mit Kohl.
Kalbszunge mit Sauce tomate.
Kiebitze gebraten.
Krabben mit Rindermark.
Madelaine.

Suppe mit Kohl. — Man setze Speck in einem eisernen oder kupfernen Topf aufs Feuer; nachdem derselbe eine Stunde gekocht hat, thue man einen Kopf Weißkohl, Carotten, weiße Rüben, Lauch, Sellerie, eine Zwiebel mit Nelken gespickt, Pfeffer und ein Stück Cervelat-Wurst hinzu, lasse das Alles vier Stunden auf mäßigem Feuer kochen, richte dann den Speck und die Gemüse auf einer Schüssel an und gieße die Bouillon auf Brod, welches schon in der Terrine liegt.

Kalbszunge mit Sauce tomate. — Nachdem man eine Kalbszunge gereinigt und blanchirt hat, läßt man dieselbe abkühlen, spickt sie dann recht fein mit Speck, streut Gewürze und feine Kräuter darüber, legt sie in eine Kasserolle mit einem Bouquet, zwei Carotten und drei Knöllchen Knoblauch, thue dazu etwas Kraftbrühe und lasse sie vier Stunden kochen, dann ziehe man die Haut von der Zunge ab, spalte sie in zwei Theile und gebe eine Sauce tomate darüber.

Grillvögel gebraten. — Man nehme sie nicht aus, wickele sie in Speck, umhülle sie noch mit einem Butterpapier, stecke sie an den Spieß und richte sie auf geröstetem Brode an, welches schon vorher mit an dem Spieße geröstet ist.

Chicorien mit Sahne. — (Siehe Chicorien als Purée und füge noch Sahne, Butter und eine Messerspitze Mehl hinzu).

26. Februar.

Suppe von Erbsen-Purée mit Reis.
Brandade von Kabeljau.
Lendenbraten braisirt à la royale.
Huhn gebraten.
Artischoken gebraten.
Bisquit mit Chokolade glacirt.

Suppe von Purée mit Erbsen und Reis. — Kurz vor dem Anrichten füge man zu dem Erbsen-Purée, welches mit Bouillon verdünnt wird, noch Reis, der vorher apart gekocht ist.

Sauerkohl mit Austern. — Man blanchire einige Minuten Sauerkohl in kochendem Wasser, lasse ihn recht abtropfen, indem man ihn dabei mit einem Löffel drückt und koche ihn nun mit Bouillon mit dem Fett des Suppentopfes und einigen Pfefferkörnern. Man richte den Sauerkohl kranzförmig auf einer Schüssel an und thue in das Innere ein Ragout von Austern.

Lendenbraten braisirt à la royale. — Man richte das Filet wie gewöhnlich zu und spicke es fein, dann binde man es, gebe ihm dabei die Form, die man haben will, lege es in eine Bratpfanne und lasse es schnell kochen. Hierauf lege man Kohlen auf den Deckel, damit es nur langsam weiter koche. Nach vier Stunden ziehe man den Lendenbraten zurück, koche den Fond mit Tafelbouillon ab, entfette ihn und gieße ihn durch. Dann lege man nochmals den Lendenbraten in seine Sauce, um ihn wieder heiß werden zu lassen und richte ihn mit der Sauce darüber an.

Spinat mit Zucker. — Man koche den Spinat mit einem guten Stück Zucker, füge ein wenig Salz, Zucker, Citronenschale und einige zerstoßene Makronen hinzu und richte dies Zwischengericht mit einer Garnirung von Löffelbisquit an.

27. Februar.

Suppe mit Zwiebeln-Purée à la bretonne.
Ein Viertel vom Lamme gefüllt.
Gans gedämpft.
Gründlinge gebraten.
Spargel lang gekocht.
Fladen von Sahne à la frangipane.

Suppe mit Reis. — Man rühre durch ein Sieb Reis, der schon vorher eine Stunde in Bouillon von Geflügel gekocht hat, verdünne ihn mit einer hinreichenden Quantität gleicher Bouillon, lasse ihn einen Augenblick darin aufkochen und richte die Suppe an.

Gans gedämpft. — Man nehme eine Gans aus, reinige und senge sie, stecke die Pfoten in die Gans, wickele sie in Speck, bestreue sie mit Petersilie, kleinen Zwiebeln, Schalotten, ein wenig Knoblauch und Salbei, Alles dies recht fein gehackt, sowie Pfeffer und gestoßene Muskatennuß; damit fülle man die Gans und lege sie in eine Bratpfanne, Speck oben und unten, etwas Wasser oder Bouillon und Wein dazu. Nun thue man noch einen in Stücke geschnittenen Kalbsfuß hinzu, vier Carotten, vier Zwiebeln, von welchen jede mit drei Nelken gespickt ist, eine Pastinake, ein Bouquet, Salz, Pfeffer und Gewürz. Man lasse die Gans auf mäßigem Feuer drei Stunden kochen, ziehe sie dann zurück, nehme das Fett von der Brühe, gieße dieselbe durch, lasse sie nochmals mitkochen und abkühlen, damit sich ein Gelée bildet und lege nun die gedämpfte Gans auf eine Schüssel und das Gelée herum und darüber.

Fladen von Sahne à la frangipane. — Man mache eine Kruste von mürbem Teig, thue die Frangipane hinein, lasse sie im Ofen heiß werden und bestreue sie mit feinem Zucker.

28. Februar.

Suppe mit Lactuke.
Makrele gekocht.
Hammel=Cotelettes à la jardinière.
Junge Enten gebraten.
Lactuke à la flamande.
Kuchen von Paſtinaken.

Suppe mit Lactuke. — Man blanchire Lactuke, laſſe ſie ſorgfältig abtropfen und koche ſie mit Bouillon auf mäßigem Feuer. Wenn die Lactuke ganz gar gekocht iſt, nehme man neue Bouillon, ſo viel als man nöthig hat, laſſe die Lactuke darin ziehen und gebe ſie mit etwas Weißbrod in der Terrine.

Hammel=Cotelettes à la jardinière. — Nachdem man die Cotelettes zugerichtet hat, laſſe man Butter in eine Schüſſel, die man der Hitze ausſetzen kann, zergehen, lege die Cotelettes hinein, beſtreue ſie mit Salz, Pfeffer und geriebener Muskatennuß, bedecke ſie mit einem Butterpapier und ſchiebe die Schüſſel in den Ofen. Wenn die Cotelettes auf einer Seite gar ſind, ſo drehe man ſie um und laſſe ſie auch auf der andern Seite gar werden. Nachdem ſie ſo gedämpft ſind, laſſe man ſie abtropfen, lege ſie kranzförmig auf eine Schüſſel und thue in die Oeffnung Gemüſe, welche folgendermaßen zubereitet werden: Man nehme Champignons, grüne Erbſen, weiße Bohnen, kleine Erbſen ꝛc. ꝛc., laſſe Alles zuſammen in Kraftbrühe kochen, füge ein kleines Roux mit etwas Kraftbrühe hinzu, thue die Gemüſe hinein, laſſe ſie darin ziehen, nehme das Fett ab, verbinde ſie noch mit einem Stückchen Butter und füge noch eine Meſſerſpitze Zucker hinzu. Wenn es angerichtet iſt, kröne man das Ganze mit einem Stück recht weißem Blumenkohl.

29. Februar.
Menu für Fasten.

Suppe von grünen Erbsen mit Reis.
Kabeljau à la hollandaise.
Sauerkohl mit Austern.
Krebse en buisson.
Salat von Gemüsen mit geräuchertem Lachs garnirt.
Blanc-manger.

Suppe mit grünen Erbsen und Reis. — Sie wird wie die Suppe mit Erbsen-Purée zubereitet.

Blanc-manger. — Man putze 500 Gramm süße und 20 Gramm bittere Mandeln, lege sie in kaltes Wasser, daß sie sich leicht blanchiren, dann stoße man sie, feuchte den Teig nach und nach mit Milch an und drücke ihn dann durch ein Tuch, aber so, daß der ganze Saft herausgepreßt wird. Nun löse man in einem Liter Wasser 60 Gramm Gelatine und 2 Hectogr., sowie 50 Gr. Zucker auf; dann ziehe man es zurück, und sobald es abgekühlt ist, thue man die Mandelmilch dazu, sowie einen Kaffee-löffel Orangen-Wasser. Nun stelle man es in einer Form nach Belieben in Eis, kehre dieselbe nach zwei Stunden um und gebe sie zu Tisch.

Croute von Champignons. — Man mache die Champignons zurecht, lege sie in eine Kasserolle mit Butter, Petersilie und kleinen Zwiebeln, stelle sie auf einen Ofen, lasse sie mit fetter oder magerer Bouillon sautiren und bestreue sie mit Salz, Pfeffer und ein wenig Muskatennuß. Dann nehme man die Croute, welche mit einem Deckel von Brod bedeckt ist, entferne die Brodkrumen, bestreiche sie mit Butter und lasse sie rösten, sei es in einem Ofen oder auf heißer Asche. Kurz vor dem Anrichten nehme man das Bouquet Petersilie heraus, verbinde die Sauce mit dem Gelben vom Ei, füge noch Citronensaft hinzu und gebe die Croute recht heiß zu Tisch.

Die dreihundert sechs und sechzig Menus.

1. März.

Suppe von Erbsen-Purée.
Karpfen gedämpft.
Rinderrippenstück gedämpft mit Maccheroni.
Accolade von gebratenen jungen Kaninchen.
Artischoken à la bonne femme.
Törtchen mit Aepfeln.

Karpfen gedämpft. — Man schuppe einen Karpfen, nehme ihn aus und schneide ihn in längliche Stücke, lasse etwas Mehl in Butter bräunen, dazu einige Zwiebeln, Butter, Petersilie, kleine Zwiebeln, Schalotten, Thymian, Lorbeer, Champignons und geriebene Muskatennuß, thue etwas Bouillon und Rothwein hinzu, lege den Karpfen in diese Zurichtung und lasse ihn auf starkem Feuer kochen. Dann richte man ihn auf einer Schüssel mit Croutons garnirt an und gieße die Sauce darüber.

Rinderrippenstück braisirt mit Maccheroni. — Man nehme die Rippen heraus, binde das Stück und lasse es braisiren, indem man zu den gewöhnlichen Zuthaten noch ein Glas Weißwein hinzufügt, gieße dann die Brühe durch, nehme das Fett ab, thue die Hälfte davon in eine Saucière, mit der anderen mische man die Maccheroni, die folgendermaßen bereitet sind: Man kocht sie in Wasser mit Salz, Pfeffer, Butter, dem Jus des Rippenstücks, Parmesankäse und gestoßenem Kräuterkäse. Das Rippenstück richte man auf den Maccheronis an.

Artischoken à la bonne femme. — Nachdem man sie geputzt hat, kocht man sie in heißem Wasser mit etwas Salz; wenn sie gar sind, ziehe man sie zurück, um sie in kaltes Wasser zu werfen, schneide dann alles Trockene ab und mache sie wieder in kochendem Wasser heiß. Zum Anrichten lasse man sie abtropfen, lege sie auf eine gewärmte Schüssel und gieße eine weiße Sauce darüber, mit der man die Zwischenräume der Blätter, sowie den Grund ausfüllt.

---

2. März.

Braune Suppe mit italienischen Pastetchen.
Châteaubriand geröstet.
Croquettes von Fischen.
Gänseleberpastete.
Spargel lang.
Chartreuse von Aepfeln.

Châteaubriand geröstet. — Der Châteaubriand ist ein Stück Rinder-Filet, welches dick geschnitten, geölt, geröstet und angerichtet wird mit einer Sauce Châteaubriand, umgeben von Kartoffeln oder Trüffeln.

Chartreuse von Aepfeln. — Man nehme ungefähr zwanzig schöne Aepfel, Reinetten, nehme aus der Mitte das Kernhaus, vermittelst eines kleinen Apfelstechers und gebe ihnen so eine gleiche Form. Nun koche man Zucker und Saffran, thue einen Theil der Aepfel da hinein, lasse sie darin, bis der Zucker Blasen wirft, ziehe sie dann zurück und lasse sie abtropfen; dem zweiten Theil der Aepfel gebe man eine Färbung mit Cochenille und den dritten Theil koche man mit weißem Syrup. Dann nehme man grünen Angelique (ein Getränk), eben so viel wie ein Drittel der übrigen Theile beträgt, garnire eine Form mit weißem Papier und ziere sie mit den Aepfeln und Angelique; wie man die Theile ordnen will, bleibt dem Geschmack überlassen. Die Mitte füllt man mit einer Marmelade aus, welche aus dem Abgang der Aepfel gekocht ist. Beim Anrichten kehre man die Speise auf einer Schüssel um und nehme sowohl die Form als das Papier zurück. Will man eine Chartreuse ganz weiß haben, so thue man die Aepfel in Wasser, welches mit Citronensaft säuerlich gemacht ist.

Himmelsspeise. — Neun Eiweiß, ein halbes Pfund Zucker und fünf Eßlöffel Gelée werden in einem Topf eine gute Stunde geschlagen, dann auf eine Schüssel gethan und mit einer Vanille-Sauce zu Tisch gegeben.

Die dreihundert sechs und sechzig Menus. 63

3. März.

Kraftbrühe mit gefülltem weißen Brode (profiteroles).
Hecht mit Kapernsauce.
Kohl farcirt.
Hammelrücken gebraten.
Purée von Bohnen.
Omelette-Auflauf.

Kohl farcirt. — Man nehme einen großen, runden, leichten und recht weißen Kohlkopf, der französische ist der vorzüglichste, schneide die grünen und harten Blätter ab, blanchire ihn, nehme das Herz heraus und lasse ihn im Wasser liegen; hierauf nehme man gut gemischtes und gehacktes Wurstfleisch, füge vier Eigelb und Rindermark hinzu, fülle mit dieser Farce die Oeffnung, welche durch das Herausnehmen des Herzens in dem Kohl entstanden ist, hebe dann sorgsam Blatt für Blatt in die Höhe und thue mit einem Löffel Farce hinein, welche man darin ein wenig ausbreitet. Die Blätter bringe man in ihre ursprüngliche Lage zurück und zwar so, daß, wenn die Füllung beendet ist, der Kohl ganz zu sein scheint. Nun binde man ihn zusammen, aber ohne ihn zu drücken oder zu beschädigen, thue ihn in eine Kasserolle mit einem Stück Cervelat, einem Bouquet, Zwiebeln, Carotten, geriebener Muskatennuß und Pfeffer, bedecke den Kohl mit Speckstreifen, feuchte ihn mit Bouillon an und lasse ihn ganz sacht schmoren. Zum Anrichten mache man ein kleines Roux und nehme von der Brühe dazu, worin der Kohl gekocht ist. Dann ziehe man den Kohl zurück, binde ihn auf, lege ihn auf eine Schüssel und thue die Sauce darüber, die aber sorgfältig entfettet sein muß. Man achte genau darauf, daß der Kohl während des Kochens in der Kasserolle nicht anhakt, und ebenso auch, daß er beim Anrichten gar ist.

4. März.

Suppe à la française.
Rindfleisch gekocht mit Sauce Robert.
Poularde als Zwischengericht statt Hecht.
Karpfen gebraten.
Kohl von Brüssel mit Butter.
Bisquit mit Chokolade glacirt.

Sauce Robert. — Man lasse in Würfel geschnittene Zwiebeln in einer Kasserolle in Butter schwitzen. Wenn sie braun sind, so füge man Mehl hinzu, lasse sie kochen, thue dann Bouillon, Weißwein oder Essig hinzu und lasse sie hiermit noch eine halbe Stunde kochen, dann nehme man das Fett ab, salze sie, füge noch Mostrich hinzu und richte sie an.

Poularde als Zwischengericht statt Hecht. — Man nehme eine schöne Poularde, senge sie leicht, reinige sie, nehme sie aus durch die Höhlung und sehe sich vor, daß man nicht die Galle zerdrückt. Darauf nehme man ein gutes Stück Butter, Citronensaft und ein wenig Salz, thue dies in die Oeffnung der Poularde, befestige die Beine auswendig, knicke die Flügel, stecke sie an den Spieß mit einem Hatelet, reibe den Magen mit einer Citrone, bestreue ihn mit Pfeffer und Salz, belege ihn mit Citronenscheiben ohne Kerne, umwickele ihn mit Speckstreifen und Butterpapier, welche man auf den Hatelets festbindet und bringe ihn an dem Spieß auf der Seite des Rückens an, lasse Alles eine Stunde braten, binde es dann auf, lasse es abtropfen und richte es mit einer Sauce Tomate oder einer beliebigen Sauce an.

Barbe à la béchamel. — Nachdem man eine Barbe zugerichtet hat, setze man sie in Wasser und Salz auf gelindes Feuer, doch ohne sie zu stark kochen zu lassen, damit sie nicht zerfällt. Wenn sie gar ist, ziehe man sie zurück, lasse sie abtropfen und richte sie an mit einer Sauce béchamel.

---

5. März.

Braune Suppe.
Maifisch mit holländischer Sauce.
Tauben-Ragout mit Krebsen.
Rostbeef am Spieß.
Haberwurzel gebraten.
Torte (meringues) mit Sahne.

Maifisch mit holländischer Sauce. — Man nehme den Maifisch aus, lege ihn, ohne ihn zu schuppen, in einen Fischkessel mit Wasser und Salz, gebe dazu zwei oder drei Löffel Bouillon, lege dann Kohlen auf den Deckel, so daß man den Fisch nur ziehen, nicht kochen läßt. Man richte den Maifisch auf einer Serviette an, lege gekochte Kartoffeln herum und gebe hierzu eine holländische Sauce.

Tauben-Ragout mit Krebsen. — Nachdem man die Tauben gebrüht und blanchirt hat, nehme man sie aus und lasse sie mit Bouillon, einem Glase Weißwein, einem Bouquet Petersilie, Zwiebeln, Nelken, Salz und Pfeffer kochen. Wenn sie weich sind, lege man sie in eine Kasserolle mit Butter, Champignons und einem Dutzend ausgenommener Krebse, lasse Alles zusammen ziehen, füge dann ein wenig Mehl, welches mit Taubenbouillon klar gerührt ist, hinzu und lasse damit das Ragout eine halbe Stunde kochen. Darauf nehme man es zurück, ziehe die Sauce mit Sahne und dem Gelben vom Ei ab und thue noch eine Messerspitze sehr fein gehackter Petersilie und geriebener Muskatennuß hinzu. Man richtet die Tauben auf einer Schüssel an und thut die Garnirung darüber.

6. März.

Suppe mit Fadennudeln.
Geschnittener Zungenfisch à l'italienne.
Grillvögel gebraten als Zwischengericht für Hecht.
Kalbsniere gebraten.
Spargel mit weißer Sauce.
Auflauf von Reis.

Grillvögel gebraten als Zwischengericht für Hecht. — Man nehme recht schöne, goldgelbe, junge und fette Grillvögel, mache eine Farce von ihren Eingeweiden, aus gehacktem Speck, Petersilie, Schalotten, Salz und Pfeffer, wickele sie in Speckstreifen und Butterpapier und stecke sie an den Spieß. Wenn sie gut sind, nehme man den Speck und das Papier ab, lege sie auf eine Schüssel und thue ein Ragout von Champignons darüber.

Spargel mit weißer Sauce. — Man schäle und wasche großen Spargel, binde ihn in kleine Bündel zusammen, lasse ihn eine halbe Stunde in siedendem Wasser und Salz kochen, ziehe ihn zurück und lasse ihn noch in dem heißen Wasser stehen, bis er ganz weich ist. Man giebt dazu apart eine gute „weiße Sauce".

Auflauf von Reis. — Man nehme Reismehl, lasse es ganz dick einkochen, bestreue es mit Zucker und gestoßenen Makronen, gebe ihm einen feinen Geschmack durch Vanille, Kaffee 2c., füge noch vier oder fünf Eigelb hinzu, schlage das Weiße zu Schnee, thue das Ganze in eine Tortenform, bestreue sie mit Zucker und schiebe sie in den Ofen. Zu dem Auflauf von Kartoffeln nehme man auch Reismehl, um ihn mehr bindend zu machen.

7. März.

Suppe paysanne.
Lampreten à l'italienne.
Rinderschwanzstück braisirt.
Geflügel gebraten.
Kartoffeln à l'anglaise.
Vanille-Crême.

Lampreten à l'italienne. — Man nehme eine schöne Lamprete, schneide sie in zwei Stücke und lege sie in eine Kasserolle mit kleinen Zwiebeln, welche in Würfel geschnitten werden, vier oder fünf Stücken Knoblauch, feinen Kräutern, einem Glase Wein und zwei Löffeln Olivenöl und lasse Alles mit guter Bouillon kochen. Wenn die Sauce durchgerührt ist, füge man Citronensaft hinzu, Knoblauch ist nicht unbedingt nöthig.

Kartoffeln à l'anglaise. — Die Kartoffeln werden, nachdem sie in Salz und Wasser gekocht sind, abgeschält und in Scheiben geschnitten; dann thut man in eine Kasserolle ein Stück vorzüglicher Butter, legt die Kartoffeln hinein mit Salz und Pfeffer, läßt sie darin schwitzen und richtet sie dann an.

Garnitur à la flamande. — Sie besteht aus kleingeschnittenem Schinken, Speck, Würstchen, abgewellten Carotten, weißen Rüben und glacirten Zwiebeln; als Zierde fügt man noch Brüsseler Blumenkohl hinzu. Die Hauptgrundlage der Garnitur besteht aus Kohl, welcher in einer Kasserolle allein abgekocht wird, um zu vermeiden, daß er dem übrigen Gemüse beim Kochen schadet, und den man nach dem Kochen abtropfen läßt. Diese Garnitur paßt zu einem Schwanzstück oder einem Rinder-Filet, wie sie sich auch zu einem Schinken eignet.

8. März.

Suppe von Reis à la Crécy.
Hammelkeule mit Kapernsauce.
Aal à l'anglaise.
Kibitze gebraten.
Selleriestauden halb glacirt.
Pfannkuchen mit Aepfeln à la d'Orleans.

Aal à l'anglaise. — Man marinire einen in Stücke geschnittenen Aal 24 Stunden in Essig, Salz, Pfeffer und Citronenschalen, trockne dann die Stücke mit einem Tuche ab, hülle sie in einen dünnen Teig oder lasse sie von einem Teige durchziehen und damit in der Pfanne braten. Zu dieser Speise giebt man eine Sauce, die aus einem Roux besteht, welches mit Bouillon verdünnt wird, und zu dem man Citronensaft oder Sardellenbutter fügt.

Kibitze gebraten. — Der Kibitz wird nicht ausgenommen, man brät ihn mit Speckstreifen und richtet ihn auf Brodstücken an, welche mit in der Bratpfanne gebraten sind und in die der Jus des Kibitz eingezogen ist. Die Eier des Kibitz sind vorzüglich und werden hart gekocht gegessen.

Roche mit brauner Butter. — Nachdem der Roche gekocht ist, giebt man eine Sauce von brauner Butter darüber, zu der man gehackte Pfeffergurken und eine Garnirung von gebratener Petersilie thut.

Kalte Mehlspeise. — Hierzu gehören 1½ Liter Milch, 1½ Stangen Vanille, ¼ Pfund süße gestoßene Mandeln, ¼ Pfund Kraftmehl, 8 Eier und Zucker nach Belieben. 1 Liter Milch wird zuerst mit den Mandeln, dem Zucker und der Vanille aufgekocht, dann thut man das halbe Liter noch hinzu, welches mit den acht Eidottern und dem Mehl gut durchgequirlt ist; zuletzt wird der Schnee von sieben Eiern hinzugefügt und muß die Masse auf dem Feuer durchziehen. Die Speise wird zum Erkalten in eine Form gethan, dann auf eine Schüssel gestürzt und mit einer Himbeer- oder Kirsch-Sauce gegeben.

Die dreihundert sechs und sechzig Menus.

9. März.

Suppe à la Condé.
Karpfen garnirt mit einem Ragout von Karpfenmilch.
Schinken mit Sauerkraut.
Enten gebraten.
Artischoken in der Pfanne gebraten.
Törtchen mit Vanille.

—

Artischoken in der Pfanne gebraten. — Nachdem man die Artischoken mitten durch in Stücke geschnitten, das Trockene davon entfernt, das Harte am Ende der Blätter abgeschnitten und sie geputzt hat, wäscht man sie in mit etwas Essig vermischtem Wasser, läßt sie dann abtropfen und legt sie in eine Terrine, in die bereits ein dünner Teig, bestehend aus Eiern, Mehl, Sahne, Pfeffer, Salz und einem Löffel guten Cognac, gethan ist. Mit diesem Teig läßt man die Artischoken durchziehen und brät sie dann mit Oel oder Schmalz, dann läßt man sie abtropfen, garnirt sie mit frischer Petersilie und bestreut sie mit feinem Salz.

Törtchen mit Vanille. — Man reibe 125 Gramm trockene Mandeln und 125 Gramm Zucker, siebe dieses durch ein gewöhnliches Haarsieb, füge noch 30 Gramm gesiebtes Mehl, sowie ein wenig geriebene Vanille hinzu, schlage dann das Weiße von sechs Eiern zu Schnee, gieße das vorher Präparirte darauf und rühre es zusammen. Nachdem die Formen mit einem Teig, der aus 100 Gramm Butter, 200 Gramm Mehl, 10 Gramm Zucker, 5 Gramm Salz und einem Tropfen Wasser besteht, ausgestrichen sind, gießt man den Tortenteig in die Formen und läßt ihn auf gelindem Feuer backen. Wenn die Törtchen gut sind, bestreut man sie mit Zucker und glacirt sie. Man kann sie kalt oder warm geben.

10. März.

Suppe à la Monaco.
Aal geröstet mit Sauerampfer.
Salmis de pilets.
Hecht farcirt und gebraten.
Eier à la tripe.
Kuchen von Reis.

Suppe à la Monaco. — Man schneide Brod in Stücke, von welcher Form man will, bestreue sie mit Zucker, lasse sie auf dem Rost sich schön bräunen, aber nur ganz hell, lege sie dann in eine Terrine mit ein wenig Salz, gieße kochende Milch oder Sahne darüber und verbinde dieselbe mit dem Gelben vom Ei.

Aal geröstet mit Sauerampfer. — Nachdem man den Aal abgezogen und marinirt hat, röstet man ihn, indem man ihn mit seiner Marinade begießt. Wenn er gar ist, giebt man ihn mit einem Purée von Sauerampfer.

Hecht farcirt und am Spieß gebraten. — Nachdem man einen großen Hecht zubereitet, ihn geschuppt, ausgenommen und mit Sardellen und Pfeffergurken gespickt hat, thut man in den Bauch eine magere Farce, breitet dann auf einem Butterpapier feine Kräuter mit feinen Gewürzen und Salz aus, wickelt den Hecht in dies Papier, steckt ihn an den Spieß mit großen Hateletten, die zu dem Hecht gehören, unterstützt ihn von der anderen Seite noch mit einem Hatelet und begießt ihn von Zeit zu Zeit während des Bratens mit Weißwein oder mit zerlassener Butter. Man giebt dazu eine „piquante Sauce".

11. März.

Kraftbrühe mit gerösteten Croutons.
Huhn gekocht.
Kaninchen sautirt.
Rostbeef gebraten.
Blumenkohl gratinirt mit Parmesankäse.
Chokoladen-Crême.

———

Huhn gekocht. — Wenn der Suppentopf geschäumt ist und das Grün darin bereits gekocht hat, thue man ein schönes Huhn dazu, welches vorher ausgenommen, gesengt und zusammengebunden ist und lasse es mit dem Uebrigen nicht zu scharf kochen. Wenn es weich ist, ziehe man es zurück, richte es an und bestreue es mit Salz.

Kaninchen sautirt. — Man ziehe ein Kaninchen ab, nehme es aus, schneide es in Stücke und sorge, ihm auf folgende Art das Weichliche zu nehmen: Man trockne es sorgfältig ab, so daß kein Blut daran bleibt, lasse Butter in einem Tiegel zergehen, thue die Stücke von dem Kaninchen mit Pfeffer und Gewürz hinein und lasse sie auf mäßigem Feuer schwitzen. Wenn sie gut sind, thue man noch Petersilie und recht fein gehackte Schalotten hinzu und lasse sie noch eine kurze Zeit damit ziehen. Man kann nur junge Kaninchen sautiren.

Chokoladen-Crême. — Zu einem Liter Sahne nehme man drei Eigelb, 60 Gramm Chokolade und 50 Gramm Zucker, mische die Sahne und den Zucker zusammen, lasse es bis auf ein Viertel der früheren Quantität einkochen und dann erkalten. Nun füge man die recht fein geriebene Chokolade hinzu, rühre Alles zusammen, bis es recht vermischt ist und koche es in bain-marie.

12. März.

Suppe von Tapioca.
Kabeljau mit holländischer Sauce.
Huhn à la bourgeoise.
Lammskeule gebraten.
Champignons gratinirt.
Kuchen von italienischen Nudeln (Semoule) mit Sahne.

Kabeljau mit holländischer Sauce. — Nachdem ein Kabeljau geschuppt, ausgenommen und gewaschen ist, läßt man ihn abtropfen, bestreut ihn auf beiden Seiten mit feinem Salz und läßt ihn so mehrere Stunden liegen, nur muß man Sorge tragen, ihn an einem luftigen Orte recht frisch zu erhalten. Zwei Stunden vor dem Serviren des Kabeljau wasche man ihn, binde den Kopf, mache einige Einschnitte auf dem Rücken, reinige ihn in kaltem Wasser, wozu man auch Milch thun kann, und lege ihn dann in einen Fischkessel mit siedendem Wasser und Salz. Man kann auch noch ein Liter heiße Milch hinzufügen. Nun lasse man je nach der Größe des Kabeljau denselben dreiviertel Stunden oder kürzere Zeit kochen; wenn er vollständig gar ist, richte man ihn auf einer Schüssel, welche mit einer Serviette belegt ist, an, umgebe ihn mit Kartoffeln, welche in Wasser und Salz gekocht sind, und kleinen Bündeln Petersilie und gebe ihn mit einer Sauce von recht frischer Butter, welche in bain-marie zerlassen ist mit Salz, gestoßener Muskatennuß und Citronensaft.

Garnitur à la Godard. — Sie wird aus einigen Dutzend Trüffeln, Kalbshirn, welches mit Trüffeln reichlich gekocht ist, einigen Dutzend Quenelles und eben so vielen Hahnenkämmen zusammengesetzt. Eine solche Garnitur eignet sich nur zu einer jungen kalefutischen Henne, einer Poularde und einem Rinder-Filet.

13. März.

Suppe mit Macchcroni und Parmesankäse.
Vorderblatt von einem Hammel als Ballon mit glacirten Zwiebeln.
Huhn à la chasseur.
Pastete von Lachs oder gebratenen Fischen.
Kartoffelsalat.
Krausgebackenes.

———

Vorderblatt von einem Hammel als Ballon mit glacirten Zwiebeln. — Man löse bis auf den Hauptknochen die Knochen aus einem Hammelvorderblatt, spicke es mit in Salz und Pfeffer gewälztem Speck, runde es ab, halte es zusammen, indem man es bindet, wobei man ihm so viel als möglich die Form eines Ballons giebt. Nun thue man in eine Bratpfanne Speckstreifen, lege das Vorderblatt darauf mit Carotten, Zwiebeln, Nelken, Lorbeerblättern und Thymian, die Knochen, wie den Fleischabgang thue man dazu, gieße Bouillon oder Wasser darauf, bedecke Alles mit Speckstreifen und einem Butterpapier und lasse es auf mäßigem Feuer kochen. Wenn das Fleisch weich ist, nehme man die Fäden ab, richte das Vorderblatt an und lege einen Kranz von glacirten Zwiebeln herum.

Huhn à la chasseur. — Man verwende nur junge Hühner dazu, nehme sie aus und bereite sie vor, wie zum Braten. Sind dieselben sehr groß, so zerschneide man sie in Stücke, marinire sie eine Stunde lang mit Salz, Zwiebeln, Oel, Petersilie und Citronensaft, panire sie ein wenig und röste sie. Beim Anrichten lege man sie, wenn sie in Stücke geschnitten sind, aufeinander und gebe eine Sauce Madeira darüber, in welche man in Scheiben geschnittene gebratene Zwiebeln, eine Julienne, sowie gekochten Schinken thut.

———

14. März.

Suppe mit Sahne, Reis und Körbel.
Stör in Court-Bouillon.
Rinderzunge gratinirt.
Wilde Enten gebraten.
Spargel mit Oel.
Omelette mit Rum.

Stör in Court-Bouillon. — Sei es, daß man einen kleinen Stör oder ein Stück eines großen hat, so legt man ihn gut vorbereitet in einen Fischkessel mit Court-Bouillon, wozu noch Wein, Speck, Gewürze ꝛc. gethan werden, läßt ihn kochen mit Feuer unten und auf dem Deckel und begießt ihn oft. Wenn der Fisch gar ist, läßt man ihn abtropfen und richtet ihn an mit einer „Sauce italienne", zu der man noch einen Theil der sehr eingekochten Court-Bouillon fügt, sowie eine Messerspitze Cayenne-Pfeffer.

Rindszunge gratinirt. — Nachdem die Zunge schon genügend vorbereitet ist, kocht man sie in einer Kohlenpfanne, dann zieht man die Haut ab, läßt sie abkühlen und schneidet sie in Stücke. Nun hacke man Petersilie, Zwiebeln, einige Schalotten, ein wenig Estragon, Kapern und Sardellen, weiche Weißbrod in Bouillon ein, thue Alles zusammen in eine Reibesatte und reibe es mit einem Stückchen Butter. Mit der Hälfte dieser Farce bestreiche man den Boden einer Schüssel, die man dem Feuer aussetzen kann, lege darauf die in Stücke geschnittene Zunge, die man mit der anderen Hälfte der Farce bedeckt, gieße über das Ganze ein wenig zerlassene Butter, sowie Bouillon, schiebe die Schüssel in den Bratofen und setze sie mäßigem Feuer aus. Wenn die Zunge gratinirt ist, gebe man sie zu Tisch.

15. März.

Suppe à la parisienne.
Boeuf à la mode.
Grillvögel eingekocht (in Salmis).
Aal gebraten.
Kleine junge Erbsen à l'anglaise.
Kuchen.

Maifisch gebraten. — Hat man einen schönen großen Maifisch, so brate man ihn folgendermaßen: Man nehme ihn aus, ziehe die Haut ab, mache am Rücken einen Einschnitt, etwas quer und ziemlich tief, und marinire dann den Fisch mit Oel, weißem Salz, Petersilie, einigen Zwiebeln und Thymian. Nachdem man denselben länger als eine Stunde in dieser Marinade hat liegen lassen, von welcher er ganz durchzogen sein muß und worin man ihn öfter umwendet, stecke man ihn an den Spieß, begieße ihn sorgfältig und richte ihn auf einer Serviette an, welche mit grüner Petersilie garnirt ist. Beim Schneiden des Maifisches, welcher auf der Serviette liegt, stelle man ihn so vor denjenigen, der ihn schneidet, daß der Kopf zur Linken ist und die Seite des Rückens nach vorn, mache dann einen tiefen Schnitt vom Kopfe bis zum Schwanze und schneide die Stücke nach Belieben grade oder schräg. Sind es wenig Gäste, so giebt man nur die Theile des Rückens; nach der Anzahl der Gäste macht man die Portionen größer oder kleiner, je nach dem Bedarf. Von einem Maifisch von 40 oder 50 Centimeter kann man zehn gute Portionen machen. Vor dem Anrichten beputzt man noch einmal die Flossen, der Schwanz bleibt ganz.

Zungenfisch in Stücken à l'italienne. — Man wasche und sautire in Butter den in Stücke geschnittenen Zungenfisch und gebe beim Anrichten eine „Sauce italienne" darüber.

16. März.

Suppe mit italienischen Pastetchen.
Plattfisch (carrelets) geröstet.
Lendenbraten geröstet.
Flügel gebraten.
Sellerie mit Jus.
Parfait mit Kaffee.

Plattfisch (carrelets) geröstet. — Die Plattfische werden ausgenommen, gewaschen, geölt und mit Salz und Pfeffer bestreut, dann legt man auf den Rost Pfeifen von Stroh, darauf die Fische, läßt sie langsam rösten und richtet sie dann mit einer Kapernsauce darüber an.

Lendenbraten (Rind) à la Godard. — Man putze den Lendenbraten, spicke ihn mit gesalzenem Speck, binde ihn sorgfältig, erhalte ihn in seiner gewöhnlichen Form und lege ihn dann in eine Bratpfanne mit Carotten, einem Bouquet von feinen Kräutern, Zwiebeln, guter Bouillon, einem Glase Madeira, Pfeffer und Salz und lasse ihn damit auf gelindem Feuer kochen. Wenn der Lendenbraten fast weich ist, entfette man ihn, gieße den Bodensatz durch ein Sieb und thue den Braten in eine Kasserolle mit dem Fleisch-Jus und Kalbsmilch, welche in Stücke geschnitten ist, den Stücken des unteren Theiles von Artischoken, Champignons und frischen Eiern. Auf dieser Garnitur richte man den Lendenbraten an.

Quenelles mit Sahne. — Sie werden ebenso bereitet, wie der Teig zum Kohl mit Sahne. Wenn der Teig vollständig trocken ist, fügt man noch Eier, ein wenig Mehl, eine Messerspitze voll Pfeffer und ein wenig Muskatennuß hinzu. Den Teig sticht man mit einem Eßlöffel ab und läßt ihn langsam in das kochende Wasser fallen. Währenddessen zieht man die Kasserolle vom Feuer zurück. Den Teig nimmt man nur in der Größe einer Mandel, und läßt ihn eben so lange kochen, wie die gewöhnlichen Quenelles.

---

17. März.

Kraftbrühe mit Quenelles.
Forelle à la Chambord.
Kaninchen en papillote.
Lammsrücken gebraten mit Kresse.
Spinat au velouté.
Torte mit Mandel-Crême.

Forellen à la Chambord. — Man lege die Forellen in heißes Wasser, ziehe ihnen die Haut ab und wasche sie dann mehrere Male; wenn sie abgetropft sind, koche man sie in einer Marinade mit Wein. Beim Anrichten lasse man sie wieder abtropfen, lege sie auf eine Schüssel, garnire sie mit gespickter und glacirter Kalbsmilch und Krebsen und gebe dazu ein Ragout à la financière.

Kaninchen en papillote. — Man zertheile ein Kaninchen, nehme die größten Knochen heraus, thue die Stücke in eine Farce, welche aus geriebener Semmel, gehacktem Speck, Petersilie, Schalotten, Champignons, ein klein wenig gehacktem Knoblauch, Salz und Pfeffer besteht, hülle jedes Stück in kleine Speckstreifen, wickele es in geöltes Papier, lasse es auf mäßigem Feuer auf dem Rost braten und gebe es in dem Papier zu Tisch.

Lammsrücken gebraten. — Den Rücken theile man von den Seiten, schneide dann die Keulen von dem Schwanze an und schräg gegen die Seiten, welche man aufrollt und am Spieß mit den Hatelets hält. Man steckt den Rücken an den Spieß und nach anderthalbstündigem Braten richtet man ihn mit seinem eigenen Jus an. Das übrige Fleisch bleibt zurück, es hat nur dazu gedient, den Braten saftiger zu erhalten.

18. März.

Suppe mit Brod.
Rindfleisch mit Sauce tomate.
Aal au soleil.
Perlhuhn gebraten.
Kleine Erbsen mit Butter.
Törtchen (meringues) mit Sahne.

Aal au soleil. — Nachdem der Aal zerschnitten ist, koche man ihn in einer Marinade, lasse ihn erkalten und abtropfen, wälze dann die Stücke in geriebener Semmel, sowie dem Gelben von Eiern mit Salz und Pfeffer. Man richte den Aal mit einer „Sauce ravigote" an.

Törtchen (meringues) mit Sahne. — Man schlage das Weiße von Eiern zu Schnee, dann füge man feinen Streuzucker und beliebigen Fruchtsaft hinzu; auf zwölf Eier rechnet man 500 Gramm Zucker. Nachdem der Teig gehörig gequirlt ist, lege man auf unverzinnte Blechplatten Papier und auf dieses den Teig, streue recht fein gestoßenen Zucker darüber und lasse ihn bei gelindem Feuer backen. Wenn die Kuchen (meringues) gut sind, nehme man sie mit Vorsicht von dem Papier, steche leicht mit einem Löffel hinein und lasse sie auf einem Sieb auf einer warmen Stelle trocknen. Beim Anrichten fülle man zwei und zwei der Törtchen mit Sahne.

Garnitur à la financière. — Das ist eine Zusammenstellung von fetten Lebern, Nieren und Kämmen der Hähne, Trüffeln und Quenelles vom Geflügel, mit einer Espagnole- oder Madeira-Sauce. Die Garnitur nimmt man zu Poularden, Hühnern und Rinder-Filets.

Die dreihundert sechs und sechzig Menus.

19. März.

Kraftbrühe mit verlorenen Eiern.
Schleie in Court=Bouillon.
Ein ganz junges Lamm mit geschnittenem Spargel.
Rostbeef à l'anglaise.
Kartoffeln sautirt.
Mandel=Crême.

Schleie in Court=Bouillon. — Nachdem die Schleie zubereitet, ausgenommen ꝛc. sind, koche man sie in Court=Bouillon mit Wein, salze sie etwas und richte sie mit einer weißen Kapernsauce an.

Junges Lamm mit geschnittenem Spargel. — Man koche zwei Bruststücke vom Lamm in einer Bratpfanne, lasse sie abkühlen und schneide sie dann in Stücke. Kurz vor dem Anrichten thue man die Stücke in eine Kasserolle mit gut entfetteter Bouillon und lasse sie glaciren. Wenn sie gut sind, richte man sie auf einer Schüssel an mit gebratenen Croutons zwischen jedem Stück und einem Ragout von geschnittenem Spargel in der Mitte.

Mandel=Crême. — Nachdem man 65 Gramm süße Mandeln, denen man drei bittere Mandeln hinzugefügt hat, gereinigt und gestoßen hat, thue man Alles in kochende Sahne und rühre es durch ein Sieb; dann füge man das Gelbe von Eiern, sowie Orangenwasser hinzu und lasse es in bain-marie ziehen. Dies Zwischengericht kann man auch mit einem Kranz von gebrannten Mandeln umgeben.

Garnitur à la chipolata. — Sie wird zusammengesetzt aus kleinen Würstchen, chipolata genannt, kleinen Speckstreifen, gerösteten Kastanien, Carotten, Birnen und Champignons. Das Ganze wird gemischt mit einer „Sauce espagnole".

20. März.

Menü für Fasten.

Julienne maigre.
Forellen mit Sauce genevoise.
Maccheroni in Timbale.
Kriechente gebraten.
Rothe Bohnen à la bourguignonne.
Kuchen von Reis mit gebräuntem Zucker.

Maccheroni in Timbale. — Die Maccheroni kocht man in Wasser und Salz und läßt sie abtropfen, fügt dann Pfeffer, Butter und gestoßenen Schweizer- und Parmesankäse hinzu, von dem einen so viel, wie von dem andern, und lasse es so lange kochen, bis sich der Käse verkocht hat. Nun streiche man eine Form mit Butter aus, sowie mit einem recht feinen Teig, thue dann die Maccheroni hinein und nochmal Teig darüber, lege, damit es nicht brennt, ein rundes Butterpapier darauf und setze die Form in den Ofen, welcher nicht zu heiß sein darf. Nach dreiviertel oder einer Stunde, je nach der Größe der Form, kehre man sie auf einer Schüssel um und gebe die Maccheroni in Timbale zu Tisch.

Rothe Bohnen à la bourguignonne. — Man koche die rothen Bohnen in einer Bouillon von Wurzeln mit einem Stück Butter, einem Bouquet und Zwiebeln mit Nelken gespickt. Nachdem die Bohnen gar sind, nehme man die Zwiebeln und das Bouquet heraus, thue Wein, Pfeffer und Salz hinzu und richte sie an.

Quenelles mit italienischen Nudeln (Semoule). — Man mische nach und nach 150 Gramm Butter, fünf Eigelb, dann 150 Gramm feine italienische Nudeln, Salz und Muskatennuß. Dann steche man den Teig mit einem Eßlöffel ab und lasse ihn nach und nach in kochendes Wasser fallen. Diese Quenelles, so zubereitet, abgetropft und zugestutzt, sind nun fertig und können so gebraucht werden.

21. März.

Suppe à la Crécy.
Barbe in Wasser und Salz.
Schweine=Cotelettes frisch, geröstet mit Pfeffersauce (poivrade).
Puter gebraten.
Spargel lang.
Brod de la Mecque.

Barbe in Wasser und Salz. — Nachdem die Barbe ausgenommen und gereinigt ist, kocht man sie in einem Fischkessel, worin sich schon kochendes Wasser und Salz befindet. Wenn das Wasser wieder anfängt zu kochen, zieht man den Fischkessel zurück, läßt ihn so zwanzig Minuten stehen und nimmt ihn dann ganz vom Feuer, der Fisch aber bleibt im heißen Wasser, bis er angerichtet wird. Dann läßt man die Barbe abtropfen und richtet sie auf einer Serviette mit Petersilie umgeben an. Man kann auch die Garnirung von Petersilie und kleinen Pyramiden von in Wasser und Salz abgekochten Kartoffeln machen.

Pfeffersauce (poivrade). — Man thue in eine Kasserolle ein Glas Weinessig, sechs Gramm Lorbeer, sechs Gramm Thymian, sechs Gramm Zwiebeln, 25 Gramm Petersilie und dieselbe Quantität Schalotten mit Salz und Pfeffer. Das Alles setze man aufs Feuer und lasse es einkochen, bewahre es aber vor dem Anbrennen; dann thue man dreißig Gramm Butter, zwei Gramm leicht gebräuntes Mehl und Bouillon dazu, lasse es eine Viertelstunde kochen, rühre es mit einem Löffel um und richte es an.

Sauce Châteaubriand. — Man löse Fleisch=Jus in Weißwein auf, füge „Sauce espagnole" hinzu, lasse die Sauce einen Augenblick aufkochen und mische sie beim Anrichten mit „Sauce à la maître d'hôtel".

22. März.

Suppe von Kartoffeln mit Körbel.
Maifisch à la hollandaise.
Hammel-Cotelettes mit geschnittenem Spargel.
Bekassinen gebraten.
Artischoken à la barigoule.
Bisquit mit Butter.

Suppe von Reis mit Körbel. — Man koche den Reis, wie es in der braunen Suppe angegeben ist, verdünne ihn mit Bouillon und thue die feinsten Blätter vom Körbel dazu.

Hammelkeule à la provençale. — Man lasse das Fleisch einer Hammelkeule erst mürbe werden, spicke sie dann abwechselnd mit Sardellen und Knoblauch, fülle die leeren Stellen dazwischen mit in Salz und Pfeffer gewälztem Speck, hülle dann die Keule in ein Papier, welches mit Fett bestrichen ist, und lasse sie nun am Spieß braten. Man giebt eine piquante Sauce dazu.

Artischoken à la barigoule. — Zu diesem Gericht muß man sehr junge Artischoken, sowie solche von mittlerer Größe aussuchen. Nachdem sie geputzt und die trockenen Blätter abgeschnitten sind, blanchirt man sie. Vorher muß man schon eine Farce gemacht haben von Petersilie, Champignons, gehackten Schalotten, die in Butter geschwitzt sind, gehacktem Speck und so viel Gewürz als nöthig. Mit dieser Farce füllt man die Artischoken, bindet sie zusammen, damit sie ihre Form nicht verlieren, legt sie in eine Kasserolle, deren Deckel gut schließt, und fügt noch Speckstreifen, sowie gutes Olivenöl hinzu. Man lasse die Artischoken ganz gelinde kochen und richte sie mit ihrer Sauce oder einer „Sauce italienne" an.

23. März.

Kraftbrühe mit Bandnudeln.
Gründling gebraten.
Fricassée von Hühnern.
Hammelkeule gebraten.
Purée von weißen Rüben.
Kuchen von Reis.

Fricassée von Hühnern. — Nachdem man die Hühner gesengt, gereinigt und ausgenommen hat, schneide man sie in Stücke, lege dieselben in laulichtes Wasser, um sie zu reinigen, thue sie dann in kaltes Wasser und lasse sie abtropfen. Ebenso werden die Lebern, nachdem man die Galle entfernt hat, die Magen, nachdem dieselben gespalten sind, die Pfoten, nachdem sie leicht geröstet, von ihrer Haut befreit und die Sporn abgeschnitten sind, sowie auch der Hals, von dem man die Hälfte des Kopfes abgeschnitten hat, behandelt. Das Alles lasse man in Butter schwitzen, ohne es braun werden zu lassen, bestreue es mit Mehl, füge etwas Bouillon hinzu, sowie Zwiebeln mit Nelken gespickt, die Kämme, Kalbsmilch, Champignons, Morcheln, ein Bouquet, Salz und Pfeffer. Man lasse Alles zusammen ziehen, und wenn das Fleisch gar ist, ziehe man die Brühe mit dem Gelben vom Ei, sowie mit Sahne und Citronensaft ab. Beim Anrichten lege man auf das Fleisch die Keulen, oben auf die Flügel und thue die Sauce darüber. Einige schöne Krebse vollenden noch den Ausputz dieses vorzüglichen Zwischengerichts.

Butter à la maître d'hôtel. — Man mische ein Viertel frischer Butter mit Salz, geriebener Muskatennuß und einem Löffel voll fein gehackter Kräuter folgendermaßen zusammengesetzt: die Hälfte Petersilie, ein Viertel Körbel, ein Viertel Gartenkresse und Pimpernelle, dem Gelben von Eiern, der Schale und dem Saft einer Citrone. Man mische nicht gleich Alles mit der Butter, sondern lasse je nach Geschmack etwas davon zurück.

24. März.

Suppe à la Faubonne.
Lachs mit Sauce genevoise.
Huhn à la Grimod.
Rinder-Filet gebraten.
Spargel (eingemacht in Büchsen).
Eier mit Schnee.

Huhn à la Grimod de la Reynière. — Man reinige, senge und nehme eine schöne Poularde aus, klopfe die Brust, damit der Knochen nicht so hoch steht, fülle sie dann mit einer Farce, welche aus der Leber des Geflügels, Trüffeln, Champignons, Petersilie, Zwiebeln, Salz, Pfeffer, Rindermark, ein wenig Butter und Speck bereitet ist, und welches gut mit einander vermischt werden muß. Dann schneide man von einem frischen Schinken ein Dutzend Stücke von der Stärke eines Fingers und so lang, wie das Geflügel, und eben so viele Stücke Weißbrod. Nachdem die Poularde in Butter geschwitzt ist, stecke man sie an den Spieß, bedecke sie aber vorher mit Brodstreifen, lege darüber die Schinkenstreifen und hülle das Ganze in ein Papier. Wenn die Poularde weich ist, so richte man sie auf ihrem Jus an.

Champignons gratinirt. — Siehe Champignons farcirt.

Eier mit Schnee. — Man lasse in einer Kasserolle ein halbes Liter Milch kochen, thue dazu zwei Löffel Orangenwasser mit 60 Gramm Zucker und das Weiße von sechs Eiern, welches zu Schnee geschlagen ist, hinzu, rühre es mit einem Schaumlöffel um, damit es überall kocht und richte es auf einer Schüssel an, die nicht am Feuer steht. Dann ziehe man andere Milch mit gut gequirltem Eigelb ab und gieße sie über die Eier mit Schnee; man giebt diese Schüssel kalt.

---

25. März.

Suppe mit Brod.
Rindfleisch gekocht mit Kohl garnirt.
Seefasan mit Parmesankäse.
Schinken gebraten.
Spinat mit Jus.
Darioles à la duchesse.

Seefasan mit Parmesankäse. — Nachdem man das Fleisch eines Seefisches losgelöst hat, lege man es in eine dicke Bechamelle und lasse es damit heiß werden, dann thue man es auf eine Schüssel, wobei darauf zu achten ist, daß der obere Theil des Kopfes noch gut erhalten ist, bestreue den Fisch mit geriebener Semmel und fein geriebenem Parmesankäse, schiebe die Schüssel in den Bratofen, lasse den Fisch sich bräunen und gebe ihn gleich zu Tisch.

Darioles à la duchesse. — Zu achtzehn Darioles nimmt man 32 Gr. Mehl, in das ein ganzes Ei geschlagen ist, fügt noch das Gelbe von sechs Eiern, 125 Gr. geriebenen Zucker, sechs gestoßene Makronen, ein wenig Salz und noch ein ganzes Ei hinzu. Nachdem Alles gehörig durchgerührt ist, thue man noch ein halbes Liter Sahne, gebrannte Orangenblume, eingemachte Citronenschale, einen Löffel voll Korinthen, eine Messerspitze voll gehackter Angelike und einige kleine eingemachte Kirschen hinzu, streiche dann die Formen reichlich mit Butter aus, thue dann den Teig hinein und schiebe die Kuchen in den Ofen. Man giebt die Darioles sehr heiß und weiß glacirt. Dies Gericht ist sehr wohlschmeckend.

26. März.

Frühlingssuppe.
Aal à la bordelaise.
Kalbs-Cotelettes à la milanaise.
Wilde Ente gebraten.
Croute mit Champignons.
Compot von Birnen.

Französische Bouillon. — Vollständig gute Bouillon des Suppentopfes (pot-au-feu) erhält man nur, wenn dieselbe in einem irdenen Topfe, der nicht neu sein darf, oder in einem gut verzinnten Papinischen Topfe gekocht wird. Um gute Bouillon zu erhalten, muß man das Mittelschwanzstück eines Ochsen nehmen. Man schneide das Fleisch in Stücke, haue die Knochen durch, gieße so viel Liter Wasser darauf, als man Kilo Fleisch hat, salze es und setze es aufs Feuer. Wenn das Fleisch geschäumt ist, thue man Carotten, weiße Rüben, Pastinaken, ein Bouquet von Petersilie, Sellerie, Porrée, Lorbeerblätter und Nelken dazu. Nach sieben Stunden (natürlich je nach der Größe des Fleisches) gleichmäßigen Ziehens, ohne Wasser hinzuzugießen, ist die Bouillon vollkommen gut. Wenn man zur Abwechselung eine andere Suppe haben will, so thue man ein Huhn zu gleicher Zeit mit dem Rindfleisch in den Topf. Diese Suppe muß mit Sorgfalt behandelt werden.

Frühlingssuppe. — Man schneide Carotten, weiße Rüben und Lauch in Stücke, lasse sie unter fortwährendem Umrühren, damit sie nicht haken, in Butter schwitzen, thue dann so viel Bouillon wie man nöthig hat dazu und lasse die Suppe damit kochen. Darauf füge man geschnittenen Spargel, kleine Erbsen und grüne Erbsen, die in Wasser gekocht sind, sowie eine hinreichende Quantität Bouillon hinzu, nehme dann das Fett von der Suppe und gieße sie heiß über die Croutes.

27. März.

Suppe von Erbsen=Purée.
Eingesalzener Kabeljau à la maître d'hôtel.
Hammel=Cotelettes mit Sauce tomate.
Pastete von Bekassinen.
Macédoine von Gemüsen und Salat.
Nonnenfreuden.

Eingesalzener Kabeljau à la maître d'hôtel. — Man wässere den Kabeljau 24 Stunden ein, gebe ihm aber in dieser Zeit öfter frisches Wasser, dann putze man ihn, schuppe ihn ab und setze ihn mit kaltem Wasser auf. Wenn er fast weich ist, lasse man ihn abtropfen, thue hinreichend Butter in eine Kasserolle, füge noch Pfeffer, gestoßene Muskatennuß, Petersilie, ein wenig gehackte Petersilie und eine Messerspitze Mehl hinzu, rühre es zusammen um und thue den Kabeljau nebst einem Löffel voll entfetteter Brühe hinein. Dann setze man die Kasserolle aufs Feuer und rühre unaufhörlich, bis sich die Butter mit der Bouillon verkocht hat. Wenn der Kabeljau recht heiß und die Sauce recht sämig ist, richte man ihn auf einer Schüssel an und füge noch Citronensaft hinzu.

Hammel=Cotelettes mit Sauce tomate. — Wenn die Cotelettes gut vorbereitet sind, lege man sie in zerlassene Butter, salze und pfeffere sie und setze sie auf den Rost, wo man sie umwendet, wenn sie auf einer Seite gut sind. Nach sechs Minuten des Röstens richte man sie mit einer Sauce tomate an.

Glace von Fischen. — Man thue in Wasser, wovon ein Fünftel Weißwein ist, den Kopf und einzelne Stücken einer Steinbutte, eines Stockfisches und eines Dorsches mit Carotten, Zwiebeln, Lauch, einem Bouquet und Knoblauch, lasse Alles zusammen langsam ziehen, rühre es durch ein Sieb, lasse es dann nochmals in einer Kasserolle kochen, bis es zu einer gewissen Consistenz eingekocht ist, ziehe dann die Kasserolle von dem Feuer zurück und erhalte die Glace warm, bis sie gebraucht wird.

28. März.

Kraftbrühe mit Körbel.
Schuppenbuttfisch gebraten mit Sauce Colbert.
Kalbsleber à l'italienne.
Ein farcirtes Lammviertel gebraten.
Artischoken gefüllt.
Mandelkuchen.

Kraftbrühe mit Körbel. — Der Körbel wird ausgepreßt, und wendet man den Saft hauptsächlich zu einer Bouillon an, deren Geschmack man damit zu heben sucht.

Kalbsleber à l'italienne. — Die Leber wird in Scheiben geschnitten und etwas gepfeffert, dann gieße man ein wenig Provencer-Oel in eine Kasserolle, lege Speckstreifen hinein, sowie Petersilie, kleine Zwiebeln und Champignons, welche gehackt und mit Salz und Pfeffer gemischt werden, und gieße Weißwein dazu. Nachdem der Boden der Kasserolle mit alledem bedeckt ist, lege man schichtweise die geschnittene Leber darauf und oben über von den gehackten Sachen. Ueber das Ganze wird nochmals Speck gelegt und die Leber bei mäßigem Feuer, welches auch auf dem Deckel der Kasserolle sein muß, gekocht. Man kann die Leber mit einer „Sauce italienne" oder mit dem eingekochten und entfetteten Jus geben.

Gefülltes Lammviertel. — Man mache eine Oeffnung unter dem Schulterblatt von dem Viertel eines Lammes, nehme sich aber in Acht, daß die Haut nicht zerreißt und thue in die Oeffnung eine Farce, welche aus dem Lammfett, welches in Stücke geschnitten ist, drei oder vier Würstchen, einem Glase Sahne, geriebener Semmel, gehackten feinen Kräutern und drei Eigelb, welche gut mit verbunden werden müssen, besteht. Sobald das Viertel gefüllt ist, nähe man es zu und stecke es, mit einem Butterpapier umwickelt, an den Spieß. Man giebt dazu eine „Sauce poulette" oder ein Ragout von Artischoken.

Die dreihundert sechs und sechzig Menus.

29. März.

Garbures gratinirt.
Roche mit brauner Butter.
Rostbeef mit Kartoffeln.
Gänseleber-Pastete.
Selleriestaude mit Jus.
Törtchen mit Birnen.

Garbures gratinirt. — Man lege in eine Kasserolle Speckstreifen, auf welche man dann Kohl und kleinen Speck legt, füge Carotten, Zwiebeln und ein Bouquet hinzu und lasse es auf gelindem Feuer mit Bouillon, von welcher nicht das Fett abgenommen ist, kochen. Der Kohl, welcher bereits gekocht ist, wird mit in Bouillon eingeweichter Semmel, wie zu einer Panade, ebenso mit einer gleichen Mischung von geriebenem Parmesan- und Kräuterkäse bestreut. Dann thut man ihn in eine Terrine, die das Feuer verträgt, legt eine Lage Kohl, welche mit Käse bestreut ist, hinein, dann eine Lage durchweichtes Brod, welches ebenfalls mit Käse bestreut ist, und fahre so fort, schichtweise zu ordnen, bis die Terrine voll ist, indem man es so einrichtet, daß oben auf eine Lage Kohl kommt, auf welche dann mehr Käse gestreut wird, als auf die vorhergehenden. Die Terrine, welche bis zum Rande gefüllt ist, läßt man nun im Ofen langsam gratiniren, oder, wenn man keinen Ofen heizen will, kann man sie auch mit Feuer oben und unten gratiniren. Man giebt dies Gericht heiß zu Tisch. Zu gleicher Zeit gebe man auch gute warme Bouillon, für diejenigen, welche nicht zu steif gekochtes Gemüse lieben.

Sauce mit Krausemünze. — Man läßt Essig und eine gleiche Quantität Wasser einkochen und fügt dann gehackte Krausemünze hinzu. Sobald die Sauce sämig ist, richtet man sie an.

30. März.
Menu für Fasten.

Suppe von Grünkohl.
Maifisch mit Court=Bouillon.
Timbale von Maccheroni à l'italienne.
Karpfen gebraten.
Spargel mit Sahne.
Kuchen von Reis.

Maifisch mit Court=Bouillon. — Man nehme den Maifisch aus, binde ihm den Kopf zusammen und koche ihn in Court=Bouillon. Sobald er gekocht ist, lasse man ihn abtropfen und richte ihn auf einer Serviette an mit einer Garnitur Petersilie. Man gebe eine weiße Sauce apart, oder Oel und Essig. Man kann auch, nachdem die Court=Bouillon durch ein Seidensieb gerührt ist, vor dem Anrichten ein Viertel Butter dazuthun, und wenn diese Sauce gekocht und abgeschmeckt ist, füge man noch Sardellen hinzu und gebe sie in einer Saucière apart.

Spargel mit Sahne. — Man schneide den Spargel in Stücke, blanchire ihn, tropfe ihn ab, setze ihn mit guter Butter aufs Feuer, füge hinreichend „Sauce béchamel" hinzu und richte ihn damit an.

Reiskuchen. — Man blanchire, verlese und wasche 250 Gr. Reis und lasse ihn in gekochter Milch mit etwas Citronenschale ausquellen. Nachdem er erkaltet ist, füge man noch ein wenig Salz hinzu, 125 Gramm Zucker, vier ganze Eier und vier Eigelb, von denen das Weiße zurückbleibt. Wenn man das gethan hat, bestreiche man eine Kasserolle mit Butter, bestreue sie mit geriebener Semmel, schlage das Weiße zu Schnee und mische es nach und nach unter den Reis, thue das Ganze in die Kasserolle und lasse es im Ofen eine halbe Stunde backen. Sobald der Kuchen gut ist, lege man ihn auf eine Schüssel und gebe ihn zu Tisch.

---

31. März.

Frühlingssuppe.
Rothfisch mit Austernsauce.
Marinade von Gehirn.
Rinder-Filet mit Madeira-Sauce.
Kleine junge Erbsen à l'anglaise.
Erdbeertörtchen.

Rothfisch mit Austernsauce. — Man schuppt die Rothfische und nimmt sie aus, theilt sie bei der großen Gräte voneinander, bindet den Kopf zusammen, legt sie in einen großen Schmortopf, gießt hinreichend Court-Bouillon darüber und thut noch Folgendes dazu: zwei Zwiebeln, eine zerschnittene Carotte, ganze Petersilie, Salz, anderthalb Liter Wasser und ein wenig Weinessig, läßt dies während zwanzig Minuten sacht kochen, gießt es durch ein Sieb und läßt es erkalten. Dann bringe man die Rothfische kurze Zeit auf starkes Feuer, nehme sie dann ab und lasse sie so noch während einiger Minuten stehen. Kurz vor dem Anrichten tropfe man die Fische ab, binde sie auf und lege sie auf eine Schüssel, indem man eine Austernsauce darüber giebt. (Siehe Austernsauce.)

Rinder-Filet mit Madeira-Sauce. — Man muß es am Spieß braten. In den Jus der Bratpfanne gieße man zwei Gläser Madeira und füge eine Messerspitze voll Nelken (mignonnette) hinzu. Man entfette den Jus vor dem Eingießen in die Saucière.

Portulak in der Pfanne gebraten. — Man weiche die Stiele von Portulak in Citronensaft, in welchem Streuzucker und Zimmt gethan wird, ein. Nachdem sie ein oder zwei Stunden darin gelegen haben, thue man den Portulak in einen Teig, der mit Cognac angefeuchtet ist, und lasse ihn auf mäßigem Feuer backen. Beim Anrichten giebt man Streuzucker darüber.

1. April.

Suppe mit Sauerampfer.
Schleie geröstet.
Rindszunge mit Parmesankäse.
Kalbsnierenbraten.
Purée von Linsen.
Kuchen (meringues) mit Sahne.

Purée von Linsen. — Man lasse die Linsen mit einem Stück Speck kochen, rühre sie mit der Brühe durch, nehme dann zu dem Purée etwas Fleisch-Jus und lasse es so weit als nöthig einkochen, nur bewahre man es vor dem Anhaken in der Kasserolle. Man gebe das Purée mit Croutons.

Schleie geröstet. — Man nehme drei oder vier schöne Schleien, lege sie einen Augenblick in kochendes Wasser, schuppe sie, sei aber so sorgsam, nicht die Haut zu zerreißen, nehme sie aus, lege sie in eine Marinade von Oel, Petersilie, Zwiebeln, gehackten Schalotten, Thymian, Lorbeer, Salz und Pfeffer, wickele dann die Schleien in zwei Blätter Papier, welche mit der vorher angegebenen Marinade bestrichen sind, und lasse sie rösten. Vor dem Anrichten nehme man das Papier ab und gebe eine „piquante Sauce" über die Fische.

Rindszunge mit Parmesankäse. — Nachdem eine Zunge gereinigt und blanchirt ist, kocht man sie in gut gesalzener Bouillon, zieht dann die Haut ab, schneidet die Zunge in Stücke und thut sie nochmals in die Kasserolle mit einem Glase Weißwein und zwei Löffeln Bouillon und läßt dies bis auf die Hälfte einkochen. Dann gießt man auf eine Schüssel einen Theil der Sauce und streut Parmesankäse darüber, darauf wird die in Scheiben geschnittene Zunge gelegt, der Rest der Sauce darüber gegossen und nochmals geriebener Parmesankäse darüber gestreut. Hiermit läßt man die Schüssel im Ofen glaciren.

Die dreihundert sechs und sechzig Menus.

2. April.

Suppe mit Brod.
Rindfleisch mit Gemüsen garnirt.
Marinade von Geflügel.
Hecht blau.
Maccheroni mit Sauce tomate.
Aepfel mit Reis.

Suppe mit gerösteten Croutes. — (Siehe Suppe mit Brod.)

Maccheroni mit Sauce tomate. — Man lasse 500 Gr. Maccheroni in heißem Wasser kochen, thue ein Stück Butter hinzu, sowie ein wenig Salz und eine mit Nelken gespickte Zwiebel, dann lasse man die Maccheroni abtropfen, thue sie in eine Kasserolle mit ein wenig Butter, 125 Gramm geriebenem Kräuterkäse, eben so viel Parmesankäse, Muskatennuß, Pfeffer und einige Löffel voll Sahne und lasse sie damit schwitzen, aber sobald die Maccheroni weich sind, richte man sie in erhöhter Form auf einer Schüssel an und gebe eine recht sämige „Sauce tomate" darüber.

Aepfel mit Reis. — Man schäle schöne Aepfel, Reinetten, nehme das Kernhaus aus, koche sie in Zuckersyrup und quelle zu gleicher Zeit guten Reis aus, mit etwas Salz, Zucker und Citronenschale dazu. Sobald der Reis weich und etwas steif ist, nehme man die Citronenschale heraus, thue ihn auf eine Schüssel, lege die Aepfel darauf und lasse diese Speise im Ofen sich bräunen.

Compot von Johannisbeeren. — Man streife die Körner von den Johannisbeeren, wasche sie, lasse sie abtropfen, thue sie dann in eine Terrine und gieße darüber heißen weißen Syrup.

3. April.

Suppe mit Tapioca.
In Stücke geschnittener Zungenfisch gratinirt.
Hammel-Cotelettes à la jardinière.
Huhn gebraten mit Kresse.
Blumenkohl mit Butter.
Pfannkuchen mit Aprikosen und Cognac.

Zungenfisch in Stücke geschnitten und gratinirt. — Man nimmt die Zungenfische aus, spaltet sie auf dem Rücken, wäscht sie, schneidet sie in vier Stücke, zieht die Haut ab, legt auf jedes Stück eine Farce und rollt es dann zusammen. Das Innere einer Schüssel füllt man mit derselben Farce vier oder fünf Millimeter hoch aus, legt darauf die Stücke Zungenfisch in Form eines Kranzes, garnirt sie mit dem Rest der Farce, panirt sie und läßt sie im Ofen sich schön bräunen.

Aal à la bordelaise. — Nachdem der Aal zugerichtet ist, spalte man ihn in zwei Theile, nehme die Gräten heraus und setze ihn auf das Feuer mit Court-Bouillon, Weißwein, rund geschnittenen Zwiebeln, Petersilie, Salz und Pfeffer. Nachdem der Aal gekocht ist, lasse man ihn abtropfen, theile ihn in Stücke, welche man nochmals in einen Schmortopf mit der durchgegossenen Brühe darüber legt und auch wenn es zu wenig ist, mit dem Glace von Fisch verlängert (siehe Glace von Fisch), lasse Alles nochmals heiß werden, richte die Stücke in Form eines Kranzes an, gebe die Sauce darüber und thue in die Mitte ein Purée von weißen Zwiebeln.

Pfannkuchen mit Aprikosen und Cognac. — Nachdem man Aprikosen hat abtropfen lassen, theile man sie in zwei Theile, feuchte dann Oblate in der Größe der Früchte an und hülle die halben Aprikosen ganz darin ein, dann wickele man sie in einen Teig und lasse sie braun backen Wenn die Aprikosen, die man aber auch glaciren kann, braun sind, bestreue man sie mit Zucker.

4. April.

Suppe von Reis mit Erbsen-Purée.
Steinbutte gratinirt.
Boeuf à la mode.
Enten gebraten.
Artischoken à la lyonnaise.
Kuchen mit Confituren.

———

Steinbutte gratinirt. — Die Steinbutte koche man in Salz und Wasser und lasse sie erkalten, dann löse man das Fleisch ab, lege es in eine dünne Bechamelle, lasse es damit heiß werden, thue es auf eine Schüssel, welche die Hitze vertragen kann, bestreue es mit geriebener Semmel und geriebenem Parmesankäse und gieße zerlassene Butter darüber. Nun schiebe man die Schüssel in einen nicht zu heißen Bratofen, und wenn der Fisch gelbbraun ist, gebe man ihn zu Tisch.

Kuchen mit Confituren. — Man nehme Blätterteig in der Stärke von sechs bis acht Millimeter und forme daraus zwei Kuchen. Auf den einen lege man Confituren, wie zwei Finger hoch, feuchte den Rand, auf welchen keine Confiture kommt, mit etwas Wasser an, und lege nun das zweite Stück Blätterteig auf den Kuchen, worin die Aprikosen sind, passe genau das eine Stück auf das andere, glätte den Kuchen ein wenig, bestreiche ihn mit geschlagenen Eiern und schiebe ihn in den Ofen. Sobald der Kuchen gut ist, bestreue man ihn mit Zucker und glacire ihn.

Kuchen von Pistazien. — Ein halbes Kilogramm Pistazien brühe man ab, hacke sie recht fein, mische ein wenig Eiweiß dazu, füge eine kleine Quantität geriebener Citronenschale, sowie 250 Gramm Zucker und zehn Eier, von denen man das Weiße zu Schnee schlägt, hinzu, rühre das Ganze gut durcheinander, thue es in eine kleine Kasserolle, welche mit Butter ausgestrichen ist, und lasse es eine Stunde auf mäßigem Feuer kochen.

———

5. April.

Suppe mit verlorenen Eiern.
Forelle mit Sardellenbutter.
Stücke vom Lamm mit geschnittenem Spargel.
Rinder-Filet gebraten.
Blumenkohl mit holländischer Sauce.
Blanc-manger mit Kaffee.

Forellen mit Sardellenbutter. — Zu der Forelle, welche in Court-Bouillon fertig gekocht ist, giebt man Sardellenbutter apart.

Sauce mit Sardellenbutter. — Man wäscht die Sardellen, nachdem man die Gräten herausgenommen und die Flossen abgeschnitten hat, trocknet sie ab, thut sie in einen Teig und reibt sie dann in einer Reibesette mit doppelt so viel frischer Butter, als es Sardellen sind. Um mit dieser Butter eine Sauce zu machen, muß man noch etwas Roux hinzufügen, welches mit sehr guter Bouillon verlängert wird. Die Kasserolle muß fleißig geschüttelt werden, damit die Sardellenbutter nicht haft.

Lamm mit geschnittenem Spargel. — Man nehme Rippen- und Bruststück eines Lammes, putze die Cotelettes und thue sie mit dem Bruststück zusammen in eine Pfanne. Wenn das Fleisch gekocht ist, nehme man es vom Feuer, löse die Knochen aus dem Bruststück, lasse das Fleisch abkühlen, und wenn es erkaltet ist, theile man es in Stücke, denen man die Form von Cotelettes giebt. Um sie noch täuschender zu formen, füge man an Jedes einen von den ausgelösten Knochen. Nun salze und pfeffere man das Fleisch, lasse es in einer „deutschen Sauce" ziehen (siehe das Recept), bestreue es dann mit geriebener Semmel, bestreiche es mit Eigelb, bestreue es nochmals mit geriebener Semmel und lasse es in Butter in der Pfanne braten. Wenn die Cotelettes gut sind, richte man sie kranzförmig an und wechsele dabei mit den Cotelettes und den Bruststücken ab. In die Mitte lege man geschnittenen Spargel, welcher in Wasser und Salz abgekocht und mit einer Bechamelle durchzogen ist.

---

6. April.

Suppe à la Faubonne.
Meeraal geröstet.
Hammelkeule braisirt und mit Rissoles garnirt.
Kibitz gespickt und gebraten.
Carotten glacirt.
Törtchen mit Kirschen.

Meeraal geröstet. — Man schuppt und wäscht den Meeraal, marinirt ihn eine halbe Stunde in Oel, Salz, Pfeffer, Zwiebeln in Scheiben geschnitten und ganzer Petersilie, läßt ihn dann auf mäßigem Feuer rösten und giebt ihn mit einer „Sauce à la maître d'hôtel" oder mit einer „grünen Sauce".

Grüne Sauce. — Man läßt Scheiben Schinken und Kalbfleisch schwitzen, gießt etwas Bouillon, sowie Weißwein hinzu, läßt Alles zusammen kochen und nimmt es dann vom Feuer. — Man hackt eine Anzahl feiner Kräuter recht fein, thut sie in den Jus, welchen man mit der gekochten Brühe, die durchgegossen ist, verbindet, salzt die Sauce und zieht sie mit dem Gelben von vier Eiern, worin etwas Citronenschale, ab.

Carotten glacirt. — Man lasse ganz junge rothe Carotten bräunlich werden, blanchire sie während einiger Minuten, lasse sie abtropfen, ohne sie erkalten zu lassen, schwitze sie dann in frischer Butter und füge Streuzucker, sowie Kraftbrühe hinzu. Wenn sie genug gekocht haben, lasse man sie auf schnellerem Feuer kochen, damit die Brühe bald einkocht, dann glacire man die Carotten und richte sie an.

Gekochte Farce. — Man hacke einzeln mit dem Hackemesser weißes Geflügel, einen gleichen Theil Kalbs-Euter und einen gleichen Theil Panade, welche in Bouillon gekocht und recht ausgetrocknet ist, hacke dann Alles zusammen durch und thue noch Eigelb, sowie hinreichend Salz, Pfeffer und Muskatennuß hinzu. Diese Farce eignet sich vorzüglich zu den Sachen, die gratinirt werden.

7. April.

Suppe mit Sauerampfer.
Makrelen à la maître d'hôtel.
Beefsteak garnirt mit Kartoffeln.
Gänseleberpastete.
Morellen à l'italienne.
Mandelkuchen.

Beefsteak. — Man darf nur Rinder-Filet zu einem guten Beefsteak nehmen, welches in schräge Stücke von ungefähr sechs Centimeter Dicke geschnitten wird. Diese Stücke werden geklopft und geglättet, bis sie nicht mehr als vier Centimeter stark sind, dann mit Pfeffer und Salz bestreut und ungefähr drei oder vier Minuten auf den Rost gelegt, aber während dieser Zeit auch umgewandt. Wenn man bemerkt, daß sich oben auf Jus zeigt, nimmt man die Beefsteaks vom Rost, richtet sie auf einer erwärmten Schüssel an und thut auf jedes ein Stückchen Butter, wie eine Nuß groß. Man garnirt die Schüssel mit Kartoffeln. Auch werden die Beefsteaks à la maître d'hôtel mit Sardellensauce angerichtet und in Madeira sautirt, mit Sauerkraut, Essiggurken, Oliven und säuerlich gemachter Kresse.

Morellen à l'italienne. — Nachdem die Morellen blanchirt sind, lasse man sie in Butter mit Petersilie, Salz, Pfeffer und Muskatennuß schwitzen, thue dann ein Glas Weißwein hinzu und lasse sie eine halbe Stunde auf mäßigem Feuer darin kochen. Wenn die Morellen weich sind, thue man einige Löffel Kraftbrühe hinzu, sowie etwas „Roux", von einer halben Citrone den Saft und etwas Glace vom Geflügel. Man richte die Morellen mit einer Garnitur von in Butter geschwitzten kleinen Croutons an, die man rund um die Morellen legt.

Die dreihundert sechs und sechzig Menus.

8. April.

Suppe von Reis.
Roche (raie) à la Sainte-Menehould.
Kalbs-Ragout à la bourgeoise.
Wilde Enten gespickt und gebraten.
Haberwurzel (salsifis) in Butter gebraten.
Erdbeerkuchen.

Roche à la Sainte-Menehould. — Man koche auf mäßigem Feuer ein oder zwei Stücke Roche in Milch, wozu etwas gebräuntes Mehl kommt, sowie Petersilienwurzel, ein Bouquet, ganze Petersilie, Knoblauch und eine gute Messerspitze Gewürz, schüttele dies Alles in der Kasserolle, bis es anfängt zu kochen und thue dann den Rochen hinein. Wenn er weich ist, ziehe man die Kasserolle zurück, lasse ihn abtropfen, gieße zerlassene Butter darüber, bestreue ihn mit geriebener Semmel, wiederhole dasselbe, röste ihn auf mäßigem Feuer und richte ihn dann mit einer „Remuladen-Sauce" an.

Kalbsragout à la bourgeoise. — Man thue in eine Kasserolle Butter und Mehl. Wenn das Ragout braun werden soll, lasse man das Mehl auch braun werden, nach der Farbe desselben richtet sich die Farbe des Ragouts; soll dasselbe hell bleiben, so thue man das Gelbe von Eiern hinzu. Nun thue man das Fleisch in etwas Roux, lasse es so lange darin liegen, bis es ganz damit durchzogen ist, füge dann Salz, Pfeffer, Thymian, Lorbeer, Zwiebeln, Champignons, Morellen, kleine Carotten, Erbsen ꝛc. hinzu, lasse Alles kochen und richte es an.

9. April.

Suppe mit Quenelles und Geflügel.
Rindfleisch mit Sauce Robert.
Kalbsmilch mit Butter in der Pfanne gebraten.
Poularde gebraten.
Stangenspargel.
Reiskuchen.

Suppe mit Quenelles und Geflügel. — Man mache eine Farce von Quenelles und Geflügel, steche dieselbe mit einem Theelöffel ab und bereite sie in derselben Weise wie die gewöhnlichen Quenelles. (Siehe Quenelles).

Kalbsmilch in der Pfanne gebraten. — Nachdem die Milch geputzt und blanchirt ist, lege man sie in eine laulichte Marinade von Bouillon, zerlassener Butter, feinen Kräutern, Zwiebeln, gehackten Schalotten, Citronensaft, Salz und Pfeffer. Hat die Kalbsmilch in dieser Marinade lange genug gelegen, so lasse man sie abtropfen, hülle sie in einen Teig und brate sie gelbbraun, dann richte man sie mit gebratener Petersilie und einer „Sauce tomate" an.

Reiskuchen. — Man lasse erst in Wasser und dann in Milch 125 Gramm guten Reis ausquellen und wenn er gequollen ist, erkalten, mache dann einen Teig von einem Liter Mehl, Salz, vier Eiern, 250 Gramm Butter und dem Reis, bestreiche denselben mit gequirltem Ei und lasse ihn, nachdem man erst ein rundes Butterpapier darüber gelegt hat, eine Stunde im Ofen in einer Tortenpfanne braten.

10. April.
Menu für Fasten.

Suppe mit Zwiebeln.
Matelote von Aal und Karpfen.
Rührei mit geschnittenem Spargel.
Krebse en buisson.
Morellen à l'andalouse.
Kuchen von Käse (Kluskis) mit Sahne.

Morellen à l'andalouse. — Nachdem die Morellen blanchirt sind, schneide man Schinken in Würfel, welche man mit einem halben Glase guten Olivenöls braun werden läßt, thue dazu die Morellen, lasse sie auch bräunen, gieße dann ein halbes Glas Xeres-Wein und einige Löffel Malaga-Wein darüber und füge noch Salz, Nelken (mignonettes), Muskatennuß, nicht zu scharfen rothen spanischen Pfeffer und gehackte Petersilie hinzu. Nachdem die Morellen dreiviertel Stunden gekocht haben und die Sauce abgeschmeckt ist, füge man noch ein wenig Glace und Citronensaft hinzu.

Kuchen (Kluskis) mit Sahnenkäse. — Man nehme 250 Gramm gute Butter, füge sechs Eier, sechs Löffel weißen Käse, Muskatennuß, Salz, geriebene Semmel und Sahne in hinreichender Quantität hinzu, mische Alles zu einem Teig, von welchem man kleine kugelrunde Klößchen macht, koche dieselben in Wasser und Salz, und wenn sie gut sind, lasse man sie abtropfen, bestreiche sie mit brauner Butter und gebe sie zu Tisch.

Pfeffersauce (poivrade). — Man thue in eine Kasserolle etwas ganze Petersilie, Zwiebeln, Thymian, Lorbeer, gestoßenen Pfeffer, ein Glas Essig und ein wenig Butter, lasse Alles zusammen ziehen, und wenn es recht eingekocht ist, nehme man ein wenig Roux mit etwas Bouillon, füge die Sauce hinzu, lasse sie aufkochen und gieße sie durch ein Sieb.

11. April.

**Frühlingssuppe mit verlorenen Eiern.
Ein Stück Pöckelfleisch à la bretonne.
Flügel einer kalekutischen Henne (dinde) mit Chicorien.
Pastete von Lachs.
Salat von Gemüsen.
Baba mit Rum.**

Pastete von Lachs. — Zuerst muß man eine Farce von Fischen machen. Man nehme dazu 500 Gramm Fleisch vom Hecht oder Stockfisch, ein halbes Pfund Butter und 100 Gramm eingeweichte Semmel, die aber recht abgetropft sein muß, schneide dann das Fleisch der Fische recht fein und lasse es ganz wenig in Butter schwitzen; wenn das geschehen ist, thue man in eine Reibesatte Butter, die eingeweichte Semmel, Salz und Pfeffer und reibe es, bis es ein glatter Teig wird. Darauf thue man das Fischfleisch hinzu, ein ganzes Ei und von drei Eiern das Gelbe, welche man eins nach dem andern in die Farce schlägt, reibe dann die Farce tüchtig und koste sie, ob sie salzig genug ist. Jetzt schneide man ein Kilogramm (2 Pfd.) Lachs in Stücke von der Stärke wie zwei Finger, nehme die Gräten heraus, ziehe die Haut ab, bestreiche dann eine Form mit Butter und dem Teig, thue 250 Gramm Butter und 250 Gramm Mehl hinein, und wenn die Form angesetzt hat, lege man einen fingerdick Farce darauf, dann eine Lage Lachs und fahre so abwechselnd fort, bis der Rand der Form noch zwei Finger übersteht; decke dann einen Deckel von Teig darauf, indem man vorher den Rand der Form etwas angefeuchtet hat. Endlich lege man noch einen leichten Deckel von „Blättergebackenes" darauf. Anderthalb Stunden reichen hin, um die Pastete zu backen.

---

12. April.

Suppe mit italienischen Pasteten.
Kabeljau gratinirt.
Hammelkeule von sieben Stunden.
Bekaffinen gebraten.
Junger Spinat mit Sahne.
Torte mit Erdbeeren.

Kabeljau gratinirt. — Nachdem der Kabeljau gesalzen und gekocht ist, nehme man die Gräten heraus und theile ihn in kleine Stücke. Hierauf setze man eine Kasserolle aufs Feuer mit Butter, Mehl, Salz, Pfeffer, gestoßener Muskatennuß und guter Sahne, rühre es unaufhörlich um, bis sich Fettaugen bilden, gieße es dann über den Kabeljau, achte aber darauf, daß es gut übersteht und lasse es dann erkalten. Nachdem dies geschehen, lege man den Kabeljau auf eine Schüssel und arrangire die Stücke so hoch als möglich. Diesen Aufbau zusammenzuhalten, garnire man ihn das erste Mal mit geriebener Semmel, wozu man nach Belieben Parmesan- oder anderen Käse thun kann, gieße dann zerlassene Butter darüber und wiederhole es abwechselnd mit Semmel und Butter. Dann schiebe man die Schüssel in den Ofen, und wenn die Speise bräunlich ist, gebe man sie mit einer Garnitur von gebratenen Croutons zu Tisch.

Hammelkeule von sieben Stunden. — Man löse die Knochen aus einer Hammelkeule und lasse sie in einer Kasserolle mit Butter braun werden. Dann gieße man ein wenig Wasser hinzu und füge drei Stückchen Knoblauch, vier oder fünf Zwiebeln, zwei Carotten und Salz hinzu, lasse es auf gleichmäßigem Feuer sechs bis sieben Stunden kochen, nehme nun von der Sauce das Fett ab, vermische sie mit dem Saft von ausgepreßten feinen Kräutern und gieße sie über die Hammelkeule. Man giebt dazu ein Purée von Chicorien, Bohnen oder Kastanien.

---

13. April.

Purée von Kartoffeln mit Körbel.
Accolade von Aal am Spieß.
Rückenstück mit Pfeffersauce.
Vorderviertel vom Lamme gebraten.
Gebratene Kartoffeln.
Russischer Kuchen.

Accolade von Aal am Spieß. — Man nehme zwei Aale von gleicher Größe, richte sie zu, schneide Kopf und Schwanz ein und binde sie Rücken an Rücken zusammen, aber so, daß der Kopf des einen Aals mit dem Schwanz des andern zusammen kommt und hefte sie mit kleinen eisernen Hatelets fest. So vorbereitet, lege man die Aale in einen Fischkessel, lasse sie mit einem halben Liter Weißwein und gutem Jus von Wurzeln im Ofen eine halbe Stunde durchziehen und stecke sie dann mit einem Butterpapier umwickelt an den Spieß. Nach zwanzig Minuten nehme man sie ab und lege sie auf eine Schüssel mit einer Sauce, welche von dem glacirten Jus von Wurzeln, einem Glase Xeres- oder Madeirawein, sowie Pfeffer und Muskatennuß gekocht ist. Man gebe dies Gericht heiß zu Tisch.

Vorderviertel vom Lamm am Spieß. — Man spicke ein Lammvorderviertel von der Schulter bis zu den Brusttheilen, befestige die Vorderblätter mit einem großen Hatelet an das Bruststück, stecke die beiden Theile an den Spieß, wickele es in Butterpapier und lasse es braten. Beim Anrichten hebe man das Vorderblatt vorsichtig vom Bruststück etwas in die Höhe, thue ein Stückchen Butter à la maître d'hôtel hinein und gebe es mit seinem Jus.

14. April.

Suppe mit Maccheroni.
Grenadin von Stücken eines Zungenfisches (soles).
Tauben mit kleinen Erbsen.
Rinder-Filet gebraten und mit Madeira-Sauce.
Spargel mit Butter.
Omelette-Auflauf.

Grenadin von Stücken eines Zungenfisches — Man belege den Boden einer Kasserolle mit Speckstreifen und in die Mitte kranzförmig Trüffeln (deutsche), welche man mit vier schönen Stücken Zungenfisch untermischt; die Stücke werden fein gespickt, kleine Speckstreifen kommen darunter, der Rand wird mit kleinen Krebsen garnirt, welche ausgenommen sind. Die Zwischenräume fülle man mit einer Farce à quenelles aus, breite über das Ganze eine ebensolche Farce, ungefähr einen Finger dick, fülle die Kasserolle mit dem Salpicon mit Trüffeln, (siehe Salpicon) und bedecke das Ganze mit einer Lage Blätterteig. Dann schiebe man die Schüssel in den Ofen, die Zeit des Garwerdens richtet sich nach der Größe des Grenadins; sobald es gar ist, kehrt man den Inhalt der Kasserolle auf einem Deckel um, um den Speck herauszunehmen, läßt ihn dann abtropfen und glacirt ihn mit Fleisch-Jus. Man giebt dies Gericht mit einer „Sauce espagnole", welche noch durch Glace von Fleisch verbessert ist.

Rinder-Filet mit Madeira-Sauce. — Man putze ein Rinder-Filet, spicke es, marinire es in Oel, Zwiebeln, welche in Scheiben geschnitten sind, ganzer Petersilie, Salz und Pfeffer, lasse es braten, hülle es aber vorher in ein Butterpapier, welches man fünf Minuten vor dem Anrichten abnimmt. Funfzehn Minuten reichen hin, um ein Filet von zwei und einem halben Kilo zu braten. Eine Madeira-Sauce gebe man apart.

15. April.

Suppe mit mageren Fadennudeln.
Rothfisch mit Sauce tartare.
Kalbs-Cotelettes à la milanaise.
Gebratene Enten.
Kleine Erbsen à l'anglaise.
Törtchen (meringue) mit Sahne.

Rothfisch mit Sauce tartare. — Man richtet diese Rothfische wie die Rothfische in Kästchen zu, röstet sie auf dem Rost und richtet sie mit einer „Sauce tartare" an.

Kalbs-Cotelettes à la milanaise. — Man schneide die Cotelettes einen Centimeter dick und glätte sie so viel als möglich, aber ohne den Knochen los zu machen, denn ohne denselben würden die Cotelettes nur ein gewöhnliches Stück Fleisch sein, salze und pfeffere sie dann, lasse sie mit zerlassener Butter durchziehen, bestreue sie mit recht fein gestoßenem Parmesankäse, bestreiche sie mit Ei, sowie geriebener Semmel und wiederhole dasselbe nochmals, wenn es das erste Mal nicht genug ist. Dann lasse man die Cotelettes in der Pfanne in Butter braten, lasse sie abtropfen und gebe sie mit einer Sauce „à la maître d'hôtel" oder besser noch mit einer „Sauce tomate"; zu beiden Saucen giebt man eine Citrone.

Kleine Erbsen à l'anglaise. — Man setze eine Kasserolle mit Wasser und Salz auf das Feuer und wenn es kocht, thue man kleine Erbsen hinein, sowie Zwiebeln, ein Bouquet Petersilie und lasse es kochen. Wenn die Erbsen gar sind, lasse man sie abtropfen, lege dann auf eine Schüssel ein gutes Stück recht feine Butter, thue die Erbsen darüber, bestreue sie mit etwas gehackter Petersilie und gebe sie recht heiß zu Tisch. Man giebt zu gleicher Zeit Streuzucker mit herum, für diejenigen, welche denselben zu den Erbsen wünschen.

16. April.

Suppe mit Brod.
Gekochtes Rindfleisch mit Sauce Robert.
Vol-au-vent mit Quenelles.
Huhn gebraten.
Spinat mit Jus.
Geriebener Napfkuchen.

Geriebener Napfkuchen. — Man nehme drei Viertel Pfund zu Sahne geriebene Butter, ein Pfund Mehl, ein halbes Pfund Zucker, neun Eier. Dies Alles wird mit drei Tassenköpfen voll guter Bärme und einem Tassenkopf Milch gut durchgerührt, etwas Muskatennuß, sowie die abgeriebene Schale einer Citrone hinzugefügt.

Roux hellbraun. — Das Roux ist die Grundlage zu fast allen Saucen. Man thue in eine Kasserolle Butter mit feinem Mehl gemischt, lasse einen festen Teig daraus werden, stelle die Kasserolle in den Ofen und lasse da recht schnell, indem man sie fortwährend schüttelt, das Mehl sich schön bräunen, thue dann Wasser oder Bouillon dazu unter fortwährendem Rühren und beim ersten Fett, was sich zeigt, nehme man die Kasserolle zurück.

Roux ganz hell. — Man verfährt wie bei dem hellbraunen Roux, nur läßt man das Mehl nicht braun werden. Dieses Helle ist dasjenige, was eigentlich Roux genannt wird und dient als Bindemittel für die Saucen, die nicht braun werden sollen.

17. April.

Suppe à la paysanne.
Aal aux montants mit Lactuke.
Schweineohren à la lyonnaise.
Rostbeef gebraten.
Grüne Bohnen à la poulette.
Fladen von Birnen.

Schweineohren à la lyonnaise. — Man braisirt die Schweineohren, schneidet sie in Stücke, thut sie in eine Sauce, welche aus Zwiebeln, die in Butter und Mehl geschwitzt und dann mit Bouillon verdünnt sind, besteht. Die Brühe gießt man durch und nimmt das Fett ab, läßt sie einkochen, thut dann kurz vor dem Anrichten etwas Citronensaft über die Ohren und garnirt sie mit gebratenen Croutons.

Grüne Bohnen à la poulette. — Nachdem die Bohnen abgezogen sind, thue man sie in kaltes Wasser, dann in kochendes mit Salz, lasse sie schnell weich kochen, thue sie wieder in kaltes Wasser und hierauf abtropfen. Nun schneide man Zwiebel in Würfel, lasse sie in Butter schwitzen und wenn sie fast weich sind, füge man eine Messerspitze Mehl hinzu, lasse dasselbe sich darin bräunen, thue einen Löffel voll Bouillon dazu, sowie Salz, Pfeffer, Petersilie und gehackte kleine Zwiebeln, lasse Alles zusammen aufkochen und thue die Bohnen hinein. Wenn sie von der Sauce durchzogen sind, ziehe man dieselbe mit dem Gelben vom Ei und Citronensaft ab. Die Sauce darf nicht zu lang sein.

Spargel mit Butter. — Dieser wird lang gekocht und mit einer Buttersauce angerichtet.

---

18. April.

**Suppe mit Purée von Erbsen und Reis.
Hecht mit Court-Bouillon.
Ein Vorderblatt vom Lamm glacirt.
Perlhuhn gebraten.
Kartoffeln sautirt.
Confituren von Kirschen.**

Court-Bouillon. — Dies ist eine Zuthat, welche in jedem Augenblick in der Küche nützlich ist, man bewahrt sie zu diesem Zweck auf und vermischt sie nur mit Weißwein. Man fülle eine Fischschüssel mit gewöhnlichem Weißwein, füge ein gutes Glas Cognac und ein Glas Madeira, sowie Salz, Pfeffer, Muskatennuß, Nelken, Knoblauch, Carotten, in Scheiben geschnittene Zwiebeln, geriebene Semmel, eine weiße Rübe, Sellerie, Porrée, Körbel, Petersilie, Thymian, Lorbeer, fetten Speck und Butter oder feines Olivenöl, wenn es frisch ist, hinzu und stelle den Fischkessel auf helles und starkes Feuer, womöglich auf Spiritus. Die Court-Bouillon wird besser sein, je schneller sie einkocht; man lasse sie bis auf ein Drittel einkochen. Beim Kochen von Fischen oder Krebsen sorge man, daß die Court-Bouillon schon vor dem Gebrauch heiß gemacht und daß sie beim Kochen von Krebsen oder Fischen übersteht. Die Court-Bouillon kann dadurch vereinfacht werden, daß man zur Hälfte Wasser und Essig, und nur zur Hälfte Wein nimmt und indem man einige Gewürze fortläßt.

Ein Vorderblatt vom Lamm glacirt. — Man nimmt die Knochen heraus, spickt das Vorderblatt oben auf, bindet es zusammen und giebt ihm die Form, welche man will. Man brät es wie ein Fricandeau und glacirt es mit dem Fond aus der Bratenschüssel.

19. April.

Suppe mit Purée von Lauch.
Kabeljau in Brandade.
Hammel=Cotelettes à la jardinière.
Huhn gebraten.
Maccheroni gratinirt.
Spinat mit Zucker.

Kabeljau in Brandade. — Nachdem man ein schönes Stück Kabeljau 24 Stunden eingewässert hat, setzt man es in einer Kasserolle mit kaltem Wasser auf das Feuer. Sobald das Wasser zu kochen anfängt, nimmt man die Kasserolle ab, putzt den Fisch sorgfältig und schneidet ihn in kleine Stücke, legt diese dann in eine Kasserolle, worin man Butter hat zergehen lassen, mit Olivenöl, Petersilie und gehacktem Knoblauch und stellt sie auf das Feuer. Unter beständigem Umrühren mit einem hölzernen Löffel fügt man von Zeit zu Zeit Oel, Butter oder Milch hinzu; je aufmerksamer man rührt, je schneller wird die Sauce des Kabeljau zu einer Crême eingekocht sein. Die Vorzüglichkeit der Brandade hängt lediglich von der Aufmerksamkeit ab, welche man in der ersten Zeit verwendet, wo der Fisch in der Kasserolle liegt. Nachher sorge man, daß der Fisch gleichmäßig durchzogen wird, wovon die bessere Crême abhängt.

Hammel=Cotelettes à la jardinière. — Man putze die Cotelettes, wickele sie in Speckstreifen ein und lasse sie in einer Bratpfanne mit guter Bouillon kochen. Wenn sie gekocht sind, nehme man sie heraus, thue in den Jus der Bratpfanne Haberwurzel, das Innere der Artischoken, weiße Rüben und einige andere Wurzeln, welche sorgsam blanchirt sind, lasse sie in dem Jus schwitzen, nehme das Fett ab und thue sie auf die Cotelettes.

20. April.
Menu für Fasten.

Suppe mit Purée von weißen Rüben.
Koche mit brauner Butter.
Vol-au-vent von Gemüsen.
Gründlinge gebraten.
Grüne Bohnen à l'anglaise.
Aepfel in einer Rinde.

Kabeljau mit brauner Butter. — Man koche den Kabeljau in Wasser, wie es für den Kabeljau in Brandade angegeben ist, thue ihn auf eine Schüssel, gieße braune Butter darüber und lege einen Kranz von gebratener Petersilie rund herum.

Grüne Bohnen à l'anglaise. — Nachdem die Bohnen gekocht und abgetropft sind, thue man ein Stück Butter auf die Gemüseschüssel, schütte die Bohnen darüber, umgebe sie mit gehackter Petersilie, sorge, daß die Schüssel heiß bleibt und gebe sie gleich zu Tisch.

Aepfel in einer Rinde. — Man fülle mit Fladenteig eine Form, so groß, wie man sie braucht, streue Mehl hinein, bestreiche sie mit Eigelb, lasse sie im Ofen ein wenig backen und nehme nun den Teig heraus. Dann fülle man ihn zur Hälfte mit Apfel-Marmelade, lege darauf gekochte Aepfel, die ganz geblieben sind und von denen in der Mitte das Kernhaus herausgenommen ist, thue in diese Oeffnung Aprikosen-Marmelade und zuletzt noch Kirschsaft darauf, über das Ganze lege man noch dünne Streifen von Aepfeln, glacire den Rand mit derselben Aprikosen-Marmelade und gebe sie zu Tisch.

21. April.

**Suppe mit Brodrinde.
Schinken am Spieß mit Spinat.
Salmis von gekochten jungen Enten.
Aal gebraten mit grüner Sauce.
Stangenspargel.
Pudding à la d'Orleans.**

Schinken am Spieß. — Nachdem der Schinken 12 Stunden gewässert hat, thue man ihn in eine Terrine mit Zwiebeln, Carotten, welche in breite runde Scheiben geschnitten sind, ganzer Petersilie, Lorbeerblättern, Thymian ꝛc., thue Wein dazu, Weißwein ist vorzuziehen, und lasse nun den Schinken 24 Stunden in gut zugedeckter Terrine mariniren. Dann stecke man den Schinken an den Spieß, begieße ihn mit der Marinade, nehme ihn vom Spieß, wenn er weich ist, bepuhe ihn und richte ihn auf einer Unterlage von Spinat an.

Salmis von gekochten jungen Enten. — Die gekochten zahmen Enten gelten mit Recht für den delikatesten Bissen von allem zahmen Geflügel, auch in großen Küchen macht man Salmis und benutzt den Rest des Geflügels dazu, die Saucen zu verbessern. Nehmen wir hier an, daß wir das, was von den Enten gekocht werden soll, mit dem Braten, welcher Tags vorher übrig geblieben ist, vermischen. Man richtet das Gekochte zu und nimmt alle übrigen Stücke der Enten mit dazu. Diese Stücke thut man mit einem Glase Rothwein in eine Kasserolle, mit eben so viel Bouillon, Schalotten, gehackter Petersilie, Salz und Pfeffer, setze sie auf das Feuer und lasse es einkochen. Dann nehme man etwas Roux, vermische es mit dem Eingekochten, lasse es damit ziehen, gieße es durch ein Sieb, setze dann das Durchgegossene mit dem Entenfleisch wieder auf, lasse es darin heiß werden, aber ohne zu kochen und richte es mit dieser Sauce an. Das Fleisch lege man in Form eines Kranzes, umgebe es mit gebratenen Croutons und thue Citronensaft darüber.

22. April.

Suppe mit Maccheroni.
Huhn mit Salz.
Zungenfisch en turban.
Hammelkeule gebraten.
Bohnen à la bretonne.
Sahnekuchen.

Kraftbrühe mit Bandnudeln aux lazagnes. — (Siehe Suppe mit Maccheroni.)

Zungenfisch en turban. — Man schneide ein Stück Brod von der Form eines Pfropfens, lege dasselbe in die Mitte einer Schüssel, umgebe es mit Speckstreifen, worüber eine Art Dach aus der Farce von Fischen gemacht wird, und lege auf diese Farce die Stücke des Zungenfisches, von dem die Haut abgezogen und der zugerichtet ist. Man lege sie in der Weise, daß sie einen Turban bilden, thue auf denselben kleine Trüffeln, die von größeren umgeben sind, gieße zerlassene Butter darüber, presse Citronensaft darauf aus, bedecke das Ganze mit Speckstreifen, sowie mit einem Butterpapier und schiebe es in den Ofen. Wenn es gar ist, nehme man das Papier und die Speckstreifen ab, nehme das Brod heraus und gieße in die Oeffnung eine „Sauce tomate".

Sahnekuchen. — Man nehme ein Liter gutes Mehl, mache in die Mitte desselben ein Loch, thue 25 Centiliter gute Sahne und eine Messerspitze Salz hinein, knete den Teig durch und lasse ihn eine halbe Stunde stehen. Dann füge man noch 250 Gramm guter Butter hinzu, mache den Teig so dünn, wie zu Blätterteig, forme einen oder mehrere Kuchen davon, bestreiche sie mit Eigelb und schiebe sie in den Ofen.

23. April.

Suppe mit Brod.
Rinderschwanzstück mit Croutons garnirt.
Huhn à la d'Escars.
Gebratene Stinte.
Sauerampfer als Purée.
Aepfel=Törtchen (meringues).

———

Huhn à la d'Escars. — Man nehme ein fettes Huhn aus, senge es, binde außen die Pfoten zusammen, spicke es mit mittelgroßen Speckschnittchen, lege in die Kasserolle Speckstreifen und das Huhn darauf, füge noch einen Streifen Schinken bei, sowie eine in runde Scheiben geschnittene Carotte, eine Zwiebel, welche mit Nelken gespickt ist, und ein Bouquet dazu, bedecke das Ganze mit Speckstreifen, thue einen Suppenlöffel voll Consommé und ein Glas Madeira dazu und lasse es auf mäßigem Feuer kochen, sorge aber dafür, daß auch auf dem Deckel der Kasserolle Feuer ist, damit sich der Speck bräunt und glacirt. Wenn das Huhn gar ist, richte man es auf einer Schüssel an, nachdem man es vorher hat abtropfen lassen und die Fäden, mit welchen es gebunden war, abgenommen sind. Dann gießt man die Brühe durch ein Sieb, nimmt das Fett ab, läßt sie einkochen, mischt sie mit ein wenig „Roux" und giebt sie zu Tisch.

Purée von Sauerampfer. — Man setze in einer Kasserolle gehackten Sauerampfer, eben solche Lactuke und ein wenig Körbel mit Birnenmost auf, rühre es um, bis es sich verdickt, füge dann ein Stück guter Butter hinzu, sowie Salz und Pfeffer, verbinde die Sauce mit Sahne und Eigelb und richte es an.

Gebratene Kalbsnieren. — (Siehe gebratener Kalbsrücken.)

Die dreihundert sechs und sechzig Menus.

24. April.

Suppe mit Tapioca.
Makrelen à la maître d'hôtel.
Huhn mit Salz.
Gebratene Leber.
Pataten (westindianisches Gewächs) mit Butter.
Blätterkuchen.

Gebratene Leber. — Man nimmt hierzu eine Leber von einem fetten weißen Kalbe, spickt sie mit in Salz und Pfeffer gewälztem Speck, ein wenig Knoblauch, feinen Kräutern und Gewürzen, hüllt die Leber in Speckschwarte und läßt sie auf gelindem Feuer braten. Man giebt sie mit ihrem eigenen Jus, von dem das Fett abgenommen ist und zu welchem noch Citronensaft hinzugefügt wird. Man kann die Leber, wenn sie gebraten ist, auch mit einer piquanten Sauce geben, zu der man Kapern und Pfeffergurken hinzufügt.

Blätterkuchen. — Man weiche 500 Gramm Mehl mit Wasser an, thue etwas Salz dazu und mache daraus einen weichen Teig. Nachdem man denselben anderthalb Stunden hat stehen lassen, mangelt man ihn, thut frische Butter darüber, legt ihn dann zusammen, um ihn nochmals zu mangeln und wechselt so vier oder fünfmal ab; dann bildet man den Kuchen daraus, mangelt ihn und läßt ihn schnell backen.

Pataten mit Butter. — Nachdem man die Pataten von ihrer Umhüllung losgemacht hat, kocht man sie auf Dampf, schneidet sie in Stücke und läßt sie dann in Butter mit ein wenig Salz schwitzen.

25. April.

Suppe mit Brod.
Gekochtes Rindfleisch garnirt mit Flamande.
Flügel von Putern à la Sainte-Menehould.
Hummer mit Court-Bouillon.
Kartoffel-Purée gratinirt.
Brioches mit Früchten.

Flügel von Putern à la Sainte-Menehould. — Man nimmt acht oder zehn Flügel in eine Kasserolle zusammen, thut Bouillon und ebensoviel Weißwein, dann ein garnirtes Bouquet, Salz, Pfeffer und gestoßene Muskatennuß hinzu und läßt es so lange kochen, bis die Sauce in die Flügel eingezogen ist. Hierauf läßt man die Flügel abkühlen, legt sie in feines Oel und wenn sie damit durchzogen sind, bestreut man sie mit geriebener Semmel, röstet sie dann und wenn sie braun sind, richtet man sie mit ausgepreßtem Citronensaft darüber an.

Hummer mit Court-Bouillon. — Der Hummer wird in Court-Bouillon mit frischer Butter, Petersilie, indianischem Pfeffer, zwei oder drei Blättern Lauch, Salz und Essig gekocht. Man koche ihn 25 Minuten, lasse ihn dann erkalten und gebe ihn mit der folgenden Sauce.

Sauce zum Hummer. — Man nehme das Innere und das weiße Fleisch der großen Schnecke, sowie den Crême, der sich darin befindet, füge dazu Eier und rühre dies mit hinreichendem Oel, einem Löffel voll Mostrich, einer Messerspitze feiner Kräuter, zwei Schalotten, kleinen Nelken, zehn oder zwölf Tropfen chinesischem Soya, einem halben Glase Anisette von Bordeaux und dem Jus von zwei Citronen.

26. April.

Suppe von Reis mit Purée von Sauerampfer.
Rothfische in Kästchen.
Junges Kalb mit geschnittenem Spargel.
Accolade von gebratenen jungen Kaninchen (lapereaux).
Neue Kartoffeln mit Sahne.
Deutscher Kuchen.

Rinderschwanzstück braisirt. — (Siehe Rinderrippenstück braisirt.)

Neue Kartoffeln mit Sahne. — Man thue in eine Kasserolle ein Stück Butter, füge Mehl, Petersilie, gehackte Zwiebeln, Salz, Pfeffer und Muskatennuß hinzu; wenn Alles gut verbunden ist, gieße man gute Sahne dazu und rühre es um, bis es kocht. Dann thue man vorher in Scheiben geschnittene Kartoffeln in die Sauce, lasse sie mit derselben durchziehen und richte sie an.

Accolade von gebratenen jungen Kaninchen. — Man mache zwei Kaninchen zurecht, nehme sie aus, lasse aber die Leber darin, spicke den Rücken und die Keulen, stecke sie an den Spieß in Accolade und gebe sie mit einer „Sauce italienne".

Deutscher Kuchen. — Zu diesem beliebten Kuchen nimmt man ein halbes Pfund Butter, zwei Eier, Hefe, einen Theekopf lauwarme Milch, ein und ein viertel Liter Mehl, geriebenen Zucker und ein wenig Salz. Der Kuchen wird in einer mit Butter ausgestrichenen Form gebacken, in welche man den Teig gießt. Er ist delikat, locker und von vortrefflichem Geschmack.

27. April.

Frühlingssuppe.
Karpfen gedämpft.
Huhn à la estragon.
Rostbeef gebraten.
Gefüllte Zwiebeln.
Blanc-manger mit Kaffee.

Gefüllte Zwiebeln. — Man nehme große Zwiebeln, putze sie, blanchire sie, lasse sie abtropfen und erkalten, scheide das Kernhaus mit einem Apfelstecher aus und fülle in diese Oeffnung eine Farce von Quenelles. Wenn die Zwiebeln in die Kasserolle zum Sautiren gelegt werden, legt man eine Zwiebel über die andere, bedeckt sie mit Speckstreifen, bestreut sie mit ein wenig Salz und Zucker und läßt sie auf scharfem Feuer kochen. Wenn sie gekocht sind, nehme man sie zurück und lasse nach und nach die Brühe einkochen.

Speckeierkuchen. — Man schneide 250 Gramm recht wenig gesalzenen Speck in Würfel und lasse sie mit einem Stück fettem Speck oder in Butter braten; wenn sie weich sind, füge man die geschlagenen Eier und etwas Salz hinzu, mache davon eine Omelette und gebe sie mit einer „piquanten Sauce".

Blanc-manger mit Kaffee. — Man röste 75 Gramm Moccakaffee auf einer Platte, gieße, wenn er gut ist, ein Glas kochendes Wasser darauf, weiche ihn darin ein und wenn die Kraft ausgezogen ist, gieße man das Wasser ab und thue 190 Gramm Zucker und 15 Gramm aufgelöste Hausenblase hinein. Dann stoße man 500 Gramm Mandeln, welche man mit drei Gläsern filtrirtem Wasser mischt, gieße diese Mandelmilch durch eine Serviette und theile sie in zwei Theile; zu dem einen Theil füge man den Kaffee mit der Hausenblase und in den anderen Theil thue man 15 Gramm Hausenblase mit einem Glase lauem Wasser und 192 Gramm gesiebtem Zucker. Die Form garnire man, wie es Brauch ist.

28. April.

Suppe mit Einlauf.
Kabeljau à la hollandaise.
Hühner à la Marengo.
Kalte Pastete.
Geschnittener Spargel mit Jus.
Crême mit Kaffee.

Kalte Pastete. — Man macht die kalte Pastete von Kalbfleisch, Schinken, Geflügel, Wild, Fischen, fetten Lebern ꝛc.

Anweisung, wie die kalte Pastete gemacht wird. — Man bestreiche den Grund und die ganze Form zu der Pastete mit dem Teig, den man gewöhnlich zum Bestreichen der Formen nimmt. Man lege auf diesen Teig eine Lage Farce und darauf Fleisch, Wild oder Fisch dicht aufeinander, salze es, bestreue es mit feinem Gewürz, lege Speckstreifen darauf, thue Butter darüber und bedecke das Ganze mit einer dünnen Lage Teig, der aber fast eben so dicht sein muß, wie der zum Deckel bestimmte. Dann bestreiche man die Pastete zwei Mal mit gequirltem Ei und wenn sie gebacken ist, lasse man sie erkalten.

Geschnittener Spargel mit Jus. — Man thue den geschnittenen Spargel in zerlassene Butter mit weißem Pfeffer, Muskatennuß, Salz, Petersilie und gehacktem Körbel, füge Kraftbrühe hinzu und lasse ihn mäßig kochen. Beim Anrichten garnire man die Schüssel mit Braten-Jus und gebe sie zu Tisch.

29. April.

Frühlingssuppe.
Makrelen in Wasser und Salz gekocht.
Marinade von Hirn.
Rinder=Filet gebraten.
Maccheroni à l'italienne.
Schlagsahne mit Erdbeeren oder Himbeeren.

Makrelen in Wasser und Salz gekocht. — Man nehme die Makrelen aus, lasse aber die Lebern darin, mache am Rücken einen leichten Einschnitt, binde den Kopf zusammen und koche sie mit Wasser, Salz, ganzer Petersilie und Zwiebeln. Nachdem die Fische gekocht sind, lasse man sie abtropfen und gebe sie mit einer Sauce von Wassermuscheln oder einer Kapernsauce.

Schlagsahne mit Erdbeeren und Himbeeren. — Man nehme ein Liter Schlagsahne, schlage sie zu Schaum, presse dann von einem halben Kilo Erdbeeren und Himbeeren, nachdem dieselben vorher sorgsam gereinigt sind, den Saft aus, und thue zu diesem so viel geriebenen Zucker als nöthig ist. Erst wenn angerichtet werden soll, schlage man den Saft mit der Sahne nochmals durch und gebe es gleich zu Tisch.

Sauce von kleinen Krebsen (crevettes). — Man nimmt zur Hälfte Buttersauce und zur Hälfte weiße Pfeffersauce, dazu Krebsbutter, ein wenig Sardellen und Krebsschwänze, welche vorher zubereitet und gekocht sind und giebt die Sauce heiß in einer Saucière. Die Butter dieser Krebse wird wie die gewöhnliche Krebsbutter gemacht.

30. April.
Menu für Fasten.

Suppe à la julienne.
Barbe geröstet.
Eier mit Zwiebeln.
Hecht mit Oel.
Weiße Rüben à la poulette.
Auflauf von Mandeln (warm).

———

Barbe geröstet. — Man mache einen leichten Einschnitt am Rücken der Barbe, fülle denselben mit Butter und Salz, röste sie und richte sie dann mit einer Sardellen-Sauce an. Man kann auch zur Barbe eine grüne Sauce mit Pfeffer, Salz, Sardellen, Knoblauch und Oel geben.

Eier mit Zwiebeln. — Man lasse Zwiebeln in Butter schwitzen, aber ohne sie braun werden zu lassen, füge dann Mehl, Sahne, Salz, Pfeffer und gestoßene Muskatennuß so viel, als zu der Zahl der Eier nöthig ist, hinzu und lasse es einkochen. Dann thue man die hartgekochten Eier, welche in Scheiben geschnitten sind, hinein, lasse sie in der Sauce warm werden und richte sie darin an.

Weiße Rüben à la poulette. — Man putze und blanchire die Rüben, nehme etwas Roux und Bouillon, thue die Rüben hinein und lasse sie damit kochen. Wenn die Brühe hinreichend eingekocht ist, thue man etwas Zucker an die Rüben, sowie kurz vor dem Anrichten recht frische Butter und drei Eigelb.

1. Mai.

Suppe mit Purée von grünen Erbsen.
Barbe mit feinen Kräutern.
Huhn à la diable.
Spanferkel gebraten.
Neue Carotten mit weißer Sauce.
Gebackenes.

Spanferkel gebraten. — Nachdem dasselbe ausgeblutet hat, wird es in kochendem Wasser gebrüht, die Borsten werden sorgfältig abgerieben und die etwa zurückbleibenden mit Papier abgesengt; dann wird das Ferkel ausgenommen und das Innere mit zerlassener Butter, worin Salz, Pfeffer und feine Kräuter sind, ausgerieben. Nun lege man es in kaltes Wasser, lasse es dann abtropfen, trockne es wieder aus und brate es am Spieß, indem man es mit Olivenöl dann und wann begießt. Wenn das Ferkel gar ist, nehme man es vom Spieß, richte es an und gebe dazu eine Pfeffersauce apart. Zuweilen farcirt man auch das Spanferkel, indem man die Farce aus seiner Leber, gehacktem Speck, Champignons, Kapern, feinen Kräutern, Salz und Pfeffer bereitet. Wenn der Bauch mit dieser Farce gefüllt ist, näht man denselben zu und läßt das Ferkel wie oben angegeben braten.

Warme Pastete. — Nachdem der Teig für die kalte Pastete schon nach früherer Vorschrift bereitet ist, füllt man die Form mit Mehl und geriebener Semmel und läßt sich dieselbe im Ofen bräunen. Dann nimmt man das Mehl und die Semmel aus der Form heraus und thut dafür ein Ragout hinein.

Pastete von Spanferkel. — (Siehe kalte Pastete.)

2. Mai.

Suppe à la Faubonne.
Zander geröstet.
Fricassée von Kaninchen.
Kalbsnieren gebraten.
Kleine Erbsen mit Jus.
Törtchen mit Erdbeeren.

Fricassée von Kaninchen. — Man schneide ein Kaninchen in Stücke und ebenso einen Mittelaal, nehme dann etwas „Roux", lege das Kaninchen, sowie den Aal mit Champignons und kleinen Zwiebeln hinein, und wenn Beides gut durchzogen ist, gieße man Weißwein und Bouillon dazu und thue noch Salz, Pfeffer, Thymian, Petersilie und Zwiebeln hinein. Nachdem dies zusammen gezogen hat, nehme man den Aal und die Zwiebeln heraus, lasse das Kaninchen schnell kochen, bis die Sauce bis auf ein Drittel eingekocht ist, thue dann den Aal wieder hinzu und lasse nun Alles zusammen auf mäßigem Feuer ziehen. Vor dem Anrichten nehme man das Fett ab. Man kann auch den Aal in diesem Fricassée fortlassen, nehme dann aber das Innere von Artischoken, Croutons 2c.

Eierkuchen. — Man schlage in eine Assiette zwölf frische Eier, thue Salz, Pfeffer, ein wenig Wasser und einige Stückchen Butter hinzu und quirle es recht zusammen. Dann thue man in eine Pfanne ein Stück Butter, lasse sie aber nur zergehen, nicht braun werden, gieße das Gequirlte hinein und schüttele die Pfanne, daß es nicht anhakt. Wenn der Eierkuchen fast gut ist, lege man noch ein kleines Stückchen Butter oben auf, lasse es zergehen und richte nun den Eierkuchen heiß an.

3. Mai.

Suppe mit italienischen Nudeln.
Forellen à la Husar.
Huhn gebraten.
Hammel-Cotelettes mit Champignon-Purée.
Kleine junge Erbsen à l'anglaise.
Omelette mit Eingemachtem.

Forelle à la Husar. — Man nehme die Forellen aus, fülle sie mit Butter, welche mit feinen Kräutern vermischt ist, marinire die Forellen, röste sie und gebe sie mit einer Pfeffersauce.

Kaninchen à la vénitienne. — Man schneide die Keulen und Nieren in Stücke, lege die Vorderblätter und das Filet dazu, spicke die großen Stücke und lasse sie in einem Schmortopf mit einem Glase Weißwein, einem halben Glase Oel, vier Stückchen Knoblauch, Salz und Pfeffer kochen, und damit dieses nicht zu schnell geschieht, decke man den Schmortopf zu. Wenn das Kaninchen weich ist, richte man es auf einer Schüssel an und gebe es recht warm mit seinem eigenen Jus zu Tisch.

Kapernsauce. — Man thue in eine Kasserolle 100 Gramm Butter, 100 Gramm Mehl, vier Deciliter Wasser, sowie Salz und Pfeffer, rühre Alles fleißig um, bis sich Fettaugen oben auf zeigen, nehme dann die Kasserolle vom Feuer, füge noch 250 Gr. Butter hinzu und rühre es so lange, bis es anfängt, sich anzusetzen, dann gieße man das Ganze in eine Saucière, in der bereits die Kapern sind. Diese Sauce darf erst kurz vor dem Anrichten gemacht werden und muß die Consistenz von Fleischbrühe haben.

Die dreihundert sechs und sechzig Menus.

4. Mai.

Suppe à la paysanne.
Gekochtes Rindfleisch mit Petersilie garnirt.
Huhn mit Sauce tomate.
Rinderbraten.
Kartoffeln à la parisienne.
Törtchen mit Erdbeeren.

Garnitur zum Rindfleisch. — Diese Garnitur besteht nur aus ganzer Petersilie, die um das Fleisch gelegt wird.

Huhn mit Sauce tomate. — Man senge, putze und nehme zwei Hühner aus, lasse die Magen zurück, thue dann in eine Kasserolle Butter, Salz, Pfeffer und Citronensaft, mische es gut, fülle damit die Hühner und binde sie zu. Das gethan, lege man Speckstücke in eine Kasserolle, darauf recht fein geschnittene Citronen, die Magen, sowie die Hühner, decke wieder Speck oben auf und lasse es dreiviertel Stunden kochen. Beim Anrichten lasse man die Hühner auf einem weißen Tuche abtropfen und gebe sie, nachdem die Fäden entfernt sind, mit einer Sauce tomate.

Kartoffeln à la parisienne. — Man thue in eine Kasserolle Butter oder Fett, eine oder mehrere in Stücke geschnittene Zwiebeln, nehme letztere nach kurzer Zeit wieder heraus und thue Wasser oder Bouillon dazu. Dann thue man die Kartoffeln mit Salz, Pfeffer und einem Bouquet hinein, lasse sie darin kochen und richte sie an.

Pastete mit Kohl. — Diese Pastete besteht aus Sahne, Butter, Mehl, Salz, Zucker und Eiern.

5. Mai.

Suppe mit italienischen Pasteten und Maccheroni.
Stückenfisch mit grüner Sauce.
Kalbsmilch als Fricandeau.
Ein Stück gespicktes Schweinefleisch gebraten.
Kleine Erbsen à l'anglaise.
Magdalenenkuchen.

Kalbsmilch als Fricandeau. — Nachdem man eine Kalbsmilch gereinigt und blanchirt hat, spicke man sie mit feinem, in Pfeffer und Salz gewälztem Speck, thue sie in einen Schmortopf und lasse sie darin dreiviertel Stunden kochen. Dann gieße man die Brühe durch und lasse sie nochmals einkochen, füge noch etwas Streuzucker hinzu, glacire darin die Kalbsmilch und richte sie auf einem Purée von Sauerampfer, Tomate, Kastanien oder Champignons, oder auf einem Ragout von Gurken, Spinat oder auf Chicorien an.

Magdalenenkuchen. — Man mische in einer Kasserolle 300 Gramm gestoßenen Zucker, 250 Gramm Mehl, sechs ganze Eier, vier Eigelb, zwei Löffel Cognac, ein wenig Salz und geriebene Citronenschale. Sobald der Teig genug gerührt ist, und das ist nöthig für das Gelingen des Kuchens, streiche man mit zerlassener Butter 32 Formen zum Magdalenenkuchen; man rechnet zu diesem Zweck 350 Gramm Butter, was davon bleibt, nimmt man noch zum Teig. Man stelle denselben auf eine warme Stelle, rühre ihn aber beständig, damit er nicht anhakt, dann fülle man ihn mit einem Löffel in die Formen und lasse ihn in mäßiger Hitze backen.

Die dreihundert sechs und sechzig Menus.

6. Mai.

Suppe à la Condé.
Barbe mit holländischer Sauce.
Kalbs=Cotelettes à la Gingarat.
Junge Enten gebraten.
Halb glacirte Gurken.
Pudding à la d'Orleans.

Kalbs=Cotelettes à la Gingarat. — Nachdem man die Cotelettes beputzt hat, schneide man von einer recht rothen Zunge Scheiben, vermische sie mit feingeschnittenem Speck und lasse sie dann mit feinem Pfeffer und ein wenig Muskatennuß ziehen. Dann lasse man den Speck erkalten, spicke die Cotelettes durch und durch, glacire sie in Butter, lege dann in eine Kasserolle die in Scheiben geschnittene Zunge, Streifen Speck und einige Scheiben Schinken, darauf die Cotelettes, lege Speckstreifen darüber, sowie Zwiebeln und einige in Scheiben geschnittene Carotten, gieße Bouillon dazu und lasse sie auf mäßigem Feuer ungefähr zwei Stunden kochen. Wenn die Cotelettes weich sind, lasse man sie abtropfen, glacire sie, gieße die Brühe durch ein Haarsieb, thue etwas Roux dazu, lasse sie damit bis auf die Hälfte einkochen, lege die Cotelettes auf eine Schüssel und gieße die Sauce darüber.

Gebratene Hammelkeule. — Nachdem man die Keule beputzt und geklopft hat, stecke man sie an den Spieß, thue zu dem Jus der Bratpfanne ein wenig Bouillon, nach dem Braten gieße man die Sauce durch und thue sie in eine Saucière, welche vor allen Dingen mit heißem Wasser erwärmt sein muß.

7. Mai.

Kraftbrühe mit neuen Carotten.
Rochen (Seefisch) mit Muskatennuß.
Kalbsohren mit Champignons.
Perlhuhn gebraten.
Austern mit Eiern in Schalen.
Torte à la Frangipane.

— —

Rochen (Seefisch) mit Muskatennuß. — Man schneide den Rochen in zwei Theile, koche ihn in Wasser und Salz, lege ihn dann auf eine Schüssel und gieße eine Buttersauce darüber, zu welcher noch die blanchirte und gehackte Leber des Rochen, ein Löffel voll Estragon, Essig und eine starke Messerspitze voll gestoßener Muskatennuß hinzukommt.

Austern mit Eiern in Schalen. — Man thue in eine Kasserolle frische Butter, sowie Petersilie, Zwiebeln, fein gehackte Morcheln, Salz, Pfeffer und gestoßene Muskatennuß. Nun nehme man fünf oder sechs hartgekochte Eier, sowie vier Dutzend Austern, welche aus ihren Schalen gebrochen sind, thue die Austern in die Kasserolle, schmecke sie ab, füge dann die in Scheiben geschnittenen Eier hinzu, lasse Alles eine gute Viertelstunde zusammen ziehen, fülle die Austernschalen damit, bestreue sie mit geriebener Semmel und lasse sie im Ofen gelbbraun werden.

Frangipane. — Diese wahrhaft kulinarische Zubereitung, sagt man, hat ihren Namen von einem italienischen Fürsten, César Frangipane. Derselbe that in Crème oder in Milch eine kleine Quantität geriebener Kartoffeln, das Gelbe von Eiern, und nach Belieben jeglichen Fruchtsaft oder andere aromatische Zuthat und ließ dies Alles unter beständigem Umrühren in bain-marie kochen. Mit diesem Crème macht man die Torten à la Frangipane, die Darioles, die Törtchen ꝛc.

8. Mai.

Suppe mit Wirsing-Kohl.
Steinbutte mit Bechamelle-Sauce.
Junges Kaninchen à la chasseur.
Roftbeef à l'anglaise.
Morcheln in einer Kruste.
Chokoladen-Crême.

Suppe mit Wirsing-Kohl. — (Siehe Suppe mit Kohl.)

Junges Kaninchen à la chasseur. — Man schneide das Kaninchen so viel als möglich in Stücke von gleicher Länge, schneide guten Schinken in Würfel, lasse Beides in Butter schwitzen, mit in Würfel geschnittenen Zwiebeln, geriebenem Knoblauch, einem Bouquet, Petersilie und kleinen gehackten Zwiebeln, streue etwas Mehl darüber und lasse es gelbbraun werden; nachdem dann Weißwein und Bouillon dazu gegossen, füge man noch eine Handvoll geputzter Champignons hinzu und lasse es einen Augenblick damit aufkochen. Vor dem Anrichten nehme man das Bouquet heraus und sorge, daß die Sauce nicht zu lang ist.

Morcheln in einer Kruste. — Man schwitze die Morcheln in Butter mit Petersilie, Zwiebeln, einer Messerspitze Mehl und füge dann Kraftbrühe hinzu. Wenn die Sauce eingekocht ist, nehme man das Bouquet Petersilie heraus und ziehe erstere mit Eigelb und Sahne ab, füge noch eine Messerspitze Zucker hinzu und thue nun die Morcheln in die Kruste, welche folgendermaßen bereitet wird: Man schneide die Rinde von einem frischen Brode ab, bestreiche dieselbe inwendig und auswendig mit Butter, lasse sie auf einer heißen Platte hart werden, thue sie dann auf eine Schüssel und gieße das Ragout von Morcheln hinein.

9. Mai.

Suppe à la parisienne.
Mewe (colin) gebraten.
Hammelkeule à la Durand.
Pastete von Bekassinen.
Rührei mit Spargel.
Aepfel mit Reis.

Mewe (Colin) gebraten. — Der Colin ist ein Seefisch von der Familie des Kabeljaus, der mit Unrecht vernachlässigt wird. Nachfolgendes Recept ist eine vorzügliche Art seiner Zubereitung. Man schneide die Mewe in Stücke von zwei oder drei Centimeter Stärke, marinire dieselben eine oder zwei Stunden mit Oel, Salz, Pfeffer und feinen Kräutern, brate dann den Fisch auf beiden Seiten auf mäßigem Feuer mit zwei oder drei Löffeln Olivenöl und richte nach dieser Zeit die Stücke auf einer Schüssel an, die aber warm gestellt werden muß. Nun nehme man zu dem Jus, in welchem der Fisch gekocht ist, etwas Citronensaft, Salz und Pfeffer, rühre ihn fleißig, bis er sich verdickt und thue ihn dann auf den Fisch.

Aepfel mit Reis. — Man schäle eine Anzahl schöner Aepfel, nehme das Kernhaus aus, lasse sie in geläutertem Zucker schwitzen und blanchire sie dann. Zu gleicher Zeit koche man den Reis, übergieße ihn nach und nach mit etwas Milch, bis er ausgequollen ist und thue so viel Zucker als nöthig und ein wenig Salz hinzu. Sobald der Reis gut ist, breite man ihn auf einer Schüssel aus, lege die Aepfel darauf, fülle die Zwischenräume zwischen den Aepfeln mit Reis aus, lasse sie im Ofen sich bräunen und gebe sie zu Tisch.

Die dreihundert sechs und sechzig Menus.

10. Mai.

Menu für Fasten.

Suppe mit Purée von weißen Rüben.
Zungenfische à la parisienne.
Vol-au-vent (dünne Pastete) mit Ragout (quenelles) von Fischen.
Hummer am Spieß.
Spargel mit weißer Sauce.
Käsekuchen (Talmouse) à la Saint-Denis.

Zungenfische à la parisienne. — Man nehme die Zungenfische aus, putze sie, schneide ihnen Kopf und Schwanz ab, sautire sie in einer Kasserolle, bestreue sie dann mit Petersilie, gehackten Zwiebeln, Salz und Pfeffer und gieße über das Ganze eine hinreichende Quantität zerlassener Butter. Die Zungenfische müssen auf hellem Feuer braten; man wende sie um und sorge, daß sie nicht anhaken. Wenn sie gar sind, richte man sie auf einer Schüssel an und gieße eine „Sauce italienne" darüber.

Käsekuchen (Talmouses) à la Saint-Denis. — Man nehme eine gute Handvoll gesiebten Weizenmehls, 250 Gramm Käse, 125 Gramm gut geputzten Käse von Brie und ein wenig Salz. Wenn dieser Teig gut durchgeknetet ist, füge man 125 Gr. zerlassene Butter hinzu, knete den Teig noch mit Eiern durch, lasse ihn ein Weilchen stehen, forme dann die Kuchen und lasse sie schnell backen.

Butter mit Knoblauch. — Man stoße in einem Mörser sechs Stück Knoblauch, siebe sie durch ein Haarsieb, thue sie dann in eine Reibesatte mit 75 Gramm Butter und reibe sie so lange, bis die Knoblauch-Butter so gut als möglich wird.

11. Mai.

Suppe à la julienne.
Lachs geröstet.
Rostbeef mit kleinen Pasteten garnirt (rissoles).
Huhn gebraten.
Chicorien mit Jus.
Citronen-Gelée.

Lachs geröstet. — Man nehme vom Lachs ein schönes Schwanzstück, schneide es quer in gleiche Stücke, putze es und marinire es mit gutem Oel, Salz, Thymian, Lorbeer, Zwiebeln und ganzer Petersilie. Nachdem der Fisch marinirt ist, röste man ihn und übergieße ihn von Zeit zu Zeit mit seiner Marinade. Ist er gar, so ziehe man die Haut ab, lege ihn auf eine Schüssel und gieße eine weiße Kapernsauce darüber.

Kalbs-Fricandeau. — Man spicke eine gute Kalbsnuß auf der einen Seite mit starkem, auf der andern mit feinem Speck, thue dann in eine Kasserolle Speck, Kalbfleisch, Zwiebeln, Carotten, Bouquet und Nelken, lege die Kalbsnuß darauf, gieße etwas Bouillon dazu und lasse sie zwei oder drei Stunden kochen, während man sie von Zeit zu Zeit mit ihrer Brühe begießt. Wenn die Kalbsnuß weich ist, lege man sie auf eine Schüssel, gieße die Brühe, in der sie gekocht ist, durch ein Sieb, nehme das Fett ab, thue sie nochmals in eine Kasserolle und lasse sie auf dem Feuer verdicken. Ist der so gewonnene Jus recht braun, so gieße man ein klein wenig Bouillon dazu, koche den Fond der Kasserolle damit ab und gieße nun diese Sauce über das Fricandeau.

---

12. Mai.

Suppe von Reis und Erbsen-Purée.
Forellen mit Sauce genevoise.
Hammelbrust braisirt.
Junges Kaninchen gebraten.
Bohnen à la maître d'hôtel.
Törtchen (meringues) à la Chantilly.

Hammelbrust braisirt. — Die beste Art, sie zuzubereiten, ist diejenige, daß man sie in einen Schmortopf mit kleinen Zwiebeln, Speckstreifen, Salz, Pfeffer, feinen Gewürzen und ein wenig Estragon legt. Sobald die Hammelbrust warm wird, gieße man zwei Gläser Bouillon hinzu und lasse sie auf mäßigem Feuer darin weich kochen. Man richte sie mit ihrer eigenen oder einer anderen passenden Sauce an.

Bohnen à la maître d'hôtel. — Man koche grüne und weiße Bohnen, jede allein, in Wasser und Salz, lasse sie abtropfen und halte sie warm. Dann lasse man ein Stück Butter zergehen, thue feine Kräuter, sowie Salz und Pfeffer hinein, gieße die Butter über die Bohnen, lasse dieselben einen Augenblick darin schwitzen und richte sie an.

Glace von Fischen. — Man thue in Wasser und Weißwein den Kopf und einzelne Stücke von der Steinbutte, dem Stockfisch und dem Dorsch mit Carotten, Zwiebeln, Lauch, Bouquet, ein wenig Salz und Knoblauch. Alles dies lasse man langsam kochen, gieße dann die Sauce durch ein Sieb, setze dieselbe nochmals auf das Feuer, lasse sie einkochen und gebe sie so zu den Fischen.

13. Mai.

Suppe mit Körbel.
Kalbsbrust (Tendrons).
Jungenfisch in Stücken mit Sauce tomate.
Hammelkeule gebraten.
Purée von Bohnen.
Bavarois von Früchten.

Kalbsbrust (Tendrons). — Man schneide eine Kalbsbrust in viereckige Stücke, blanchire sie und lasse sie erst abkühlen, dann abtropfen und sautire sie in einer Kasserolle mit einem Stück Butter und Mehl. Hierzu gieße man von dem Wasser, worin das Fleisch blanchirt und welches durchgegossen ist, und thue ein Bouquet Petersilie, Zwiebeln, Thymian, Lorbeer, Carotten, Champignons und Pfeffer hinzu. Wenn das Fleisch fast weich ist, läßt man es noch mit weißen Zwiebeln ganz weich kochen. Beim Anrichten nimmt man das Bouquet heraus, zieht die Sauce mit Eigelb und Citronensaft, oder statt dessen mit etwas Essig ab, gießt sie durch und thut sie über die Kalbsbrust.

Purée von weißen Rüben. — Man schneide die Rüben recht klein, blanchire sie, lasse sie abtropfen, thue in eine Kasserolle ein gutes Stück Butter, Salz, Pfeffer und ein wenig Bouillon und lasse sie gleichmäßig darin kochen. Wenn die Rüben weich sind, rühre man sie durch und richte sie an. Wenn das Purée zu dünn ist, vermische man es mit einigen Kartoffeln.

Weiche Eier. — Man lasse Wasser in einer Kasserolle kochen und lege die Eier drei Minuten hinein, oder noch besser, man gieße kochendes Wasser auf die Eier, decke sie eine Weile zu und gebe sie so zu Tisch.

Die dreihundert sechs und sechzig Menus. 135

14. Mai.

Suppe mit italienischen Pastetchen.
Gekochtes Rinderschwanzstück mit Sauce tomate.
Vive (ein Fisch) gratinirt.
Enten gebraten.
Kleine Erbsen à la française.
Eier mit Pistazien.

Vive gratinirt. — Man putze acht schöne Vives und nehme sie aus, habe aber Acht, sich nicht an den Flossen, welche sich am Rücken befinden, zu ritzen, da dieselben giftig sind. Dann thue man ein Stück Butter von der Größe eines Zweithalerstücks auf eine Schüssel, streue Pfeffer und Salz darüber, lege die Vives darauf, lasse die Butter zergehen, thue Mehl daran, ein Glas Weißwein, und je nachdem die Vives mager oder fett sind, Bouillon oder Wasser und lasse Alles zwanzig Minuten kochen, rühre es aber beständig, um es vor dem Anhaken zu bewahren. Sobald die Sauce fertig ist, gieße man sie über die Vives, welche man mit geriebener Semmel bestreut, und auf die man hier und da ein Stückchen Butter von der Größe einer Nuß thut. Hierauf schiebt man die Schüssel in den Ofen und zwanzig Minuten reichen zum Garwerden der Fische hin.

Kalbsohren mit Champignons. — Nachdem man die Ohren abgekocht hat, schwitzt man sie in Butter mit Champignons, nimmt etwas Roux und etwas Kraftbrühe dazu, läßt Alles einkochen und zieht die Brühe mit Eigelb ab. Beim Anrichten lege man die Kalbsohren auf eine Schüssel und gieße die Sauce darüber.

15. Mai.

Braune Suppe mit Croutons.
Hecht mit Sardellen-Sauce.
Purée von jungen Kaninchen mit einer Einfassung von Reis.
Lamms-Viertel gebraten.
Spargel mit Butter.
Citronen-Gelée.

Purée von jungen Kaninchen (lapereaux). — Nachdem die Kaninchen gebraten sind, löse man das Fleisch von den Knochen, hacke es sorgfältig, thue es dann in eine Reibesatte mit so viel Butter, als ein Viertel des Fleisches beträgt, reibe es tüchtig und rühre es dann durch ein Haarsieb. Man verdünne das Purée mit der Brühe, worin die Knochen und der Abgang der Kaninchen mit etwas Roux gekocht sind. Dies Purée soll nicht kochen, sondern nur in bain-marie erwärmt werden. Sobald es zum Anrichten fertig ist, thue man es in eine Kruste, umgebe es mit Reis und lege so viel pflaumenweich gekochte Eier darauf, wie Tischgäste sind.

Citronen-Gelée. — Man nehme 25 Gramm Gelatine, 250 Gramm Zucker, den Saft von drei Citronen und die Schale von zweien, thue dies in eine Kasserolle, welche zu zwei Theilen mit Wasser gefüllt ist, lasse es kochen, gieße es durch ein Sieb und lasse es in einer Salatschüssel erkalten. Dann mache man einen Zuckerguß, und sobald das Gelée dicht geworden ist, thue man es in eine Form, auf deren Boden auch Zuckerguß ist, garnire es mit demselben gleichmäßig, auch oben auf, und stürze dann das Ganze auf einer Schüssel um.

---

16. Mai.

Suppe mit Sauerampfer.
Zungenfisch farcirt mit feinen Kräutern.
Pasteten (rissoles) von Hahnenkämmen und Trüffeln.
Rinder-Filet gebraten.
Chicorien mit Jus.
Auflauf glacirt mit Erdbeeren.

Zungenfisch farcirt mit feinen Kräutern. — Man mache einen leichten Einschnitt am Rücken des Zungenfisches, nehme ihn aus, aber ohne das Fleisch zu beschädigen, lasse ihn mit einem Glase Weißwein halb weich kochen, nehme ihn dann zurück und lasse ihn erkalten. Dann thue man zu einem Stück Butter Petersilie, Zwiebeln, Champignons, Schalotten, Alles fein gehackt, Salz und Pfeffer und fülle mit dieser Farce den Zungenfisch, stelle ihn mit etwas Bouillon wieder auf das Feuer, lasse ihn kochen und richte ihn mit einer kurz eingekochten Sauce oder Citronensaft an.

Pasteten (rissoles) von Hahnenkämmen und Trüffeln. — Man brühe mehrere Dutzend gewöhnlicher Hahnenkämme ab, putze sie, lasse sie halb abkühlen, schneide sie in Würfel und mische sie mit einer kurz eingekochten deutschen Sauce; ebenso verfahre man mit einer gleichen Anzahl Trüffeln, welche in Würfel geschnitten und in Madeira gekocht sind. Nun mache man einen dünnen Pastetenteig von acht oder zehn Centimeter Durchmesser, backe ihn nur auf einer Seite, forme daraus verschiedene Törtchen, lege dieselben auf ein Blech und fülle die Mitte mit der oben angegebenen Farce aus. Den Rand der Pasteten bestreiche man mit dem Gelben vom Ei. Vor dem Braten muß man diese Pasteten mit gequirlten Eiern, wozu etwas Salz gethan wird, bestreichen, sie dann aber sofort braten, und wenn sie gelbbraun sind, eine über der anderen mit gebratener Petersilie anrichten.

17. Mai.

Suppe mit Purée von grünen Erbsen.
Makrelen mit Stachelbeeren.
Huhn à la Marengo.
Schweinebraten.
Salat von Gemüsen.
Mandelkuchen (croquantes).

Makrelen mit Stachelbeeren. — Man mache eine Farce von nicht ganz reifen Stachelbeeren, welche vorher sorgfältig gereinigt und von den Stacheln befreit sind, sowie ein wenig Fleisch von Aal oder frischem Hering, feinen Kräutern, Salz und Cayenne-Pfeffer. Mit dieser Farce fülle man die Makrelen und lasse sie in Salzwasser mit Zwiebeln und einigen Wurzeln kochen. Wenn die Fische gekocht sind, lasse man sie abtropfen und gebe sie mit einer Stachelbeer-Sauce zu Tisch.

Stachelbeer-Sauce von grünen Stachelbeeren. — Nachdem man zwei Hände voll halbreifer Stachelbeeren gereinigt hat, blanchirt man sie in Salzwasser, läßt sie abtropfen und thut sie in eine „Buttersauce", zu welcher man etwas gute Sahne, sowie ein wenig gestoßene Muskatennuß hinzufügt. Diese Sauce ist sehr beliebt, und ihr verdanken die Makrelen den Ruf ihres Wohlgeschmacks.

Mandelkuchen (croquantes). — Man nennt so diejenigen Kuchen, welche von im Ofen getrockneten Mandeln gemacht sind. Man legt sie nach verschiedenen Mustern und schmückt sie auch verschieden aus.

Sardellenbutter. — Das Fleisch von einigen Sardellen wird fein gehackt, durch ein Sieb gerührt und dann mit einer gleichen Quantität Butter vermischt.

18. Mai.

Suppe von Purée à la Crécy.
Dorsch geröstet.
Lamms-Vorderblatt glacirt.
Huhn gebraten.
Erbsen mit Speck.
Pasteten (croquenbouche).

Dorsch geröstet. — Man putze und nehme die Dorsche aus, binde sie zusammen, salze und pfeffere sie und lasse sie in Olivenöl schwitzen. Dann lege man sie auf den Rost und lasse sie bei mäßigem Feuer rösten, wende sie aber öfter um. Sobald die Fische geröstet und die Fäden vorsichtig abgenommen sind, lege man erstere auf eine Schüssel und gieße eine „weiße Sauce" oder eine „Sauce tomate" darüber.

Erbsen mit Speck oder Schinken. — Man nehme etwas Roux und schwitze darin klein geschnittenen Speck oder in Würfel geschnittenen Schinken. Wenn der Speck gar ist, gieße man etwas Bouillon dazu, thue die Erbsen hinein und koche sie auf mäßigem Feuer, indem man noch Zwiebeln, Salz und Pfeffer hinzufügt.

Pasteten (croquenbouche). — Diese Pasteten gehören zu dem knuppringen Gebäck, wie das der Brezeln, der Makronen, des Mandelkuchens 2c. Diese Pasteten eignen sich zu jeder Art von Form, deren man ihnen viele verschiedene und zierliche geben kann und dienen hauptsächlich zur Ausschmückung des Buffets, oder noch besser zur Vervollständigung der Tafel.

19. Mai.

Suppe mit Nudeln.
Barbe mit holländischer Sauce.
Tauben mit geschnittenem Spargel.
Hammelkeule gebraten.
Blumenkohl gratinirt.
Vorzüglicher Pudding.

Tauben mit geschnittenem Spargel. — Man bereite die Tauben ebenso zu, als wenn sie mit kleinen Erbsen gekocht werden, nur nehme man statt der Erbsen geschnittenen Spargel, der aber vorher blanchirt ist. Da der Spargel zum Weichwerden natürlich weniger Zeit gebraucht, als die Tauben, so thue man ihn erst dazu, wenn die Tauben schon ziemlich gar sind.

Vorzüglicher Pudding. — Man nehme ein halbes Kilo fettes, fein gehacktes Rindfleisch, ein halbes Kilo Korinthen, ein halbes Kilo Traubenrosinen, von denen aber die Kerne ausgemacht werden, acht Eigelb, vier Eiweiß, etwas geriebene Semmel, eine halbe geriebene Muskatennuß, einen Löffel voll gestoßenen Ingwer, ein wenig Salz, den dritten Theil eines Glases Rum oder Cognac, recht fein geschnittene Citrone, sowie eingemachte Orange und abgeriebene Citronenschale. Dann schlage man die Eier, mische sie mit Milch und füge nach und nach Mehl und die anderen Ingredienzen hinzu; ist der Teig zu dick, so nehme man noch etwas Milch. Dieser Pudding braucht fünf oder sechs Stunden zum Kochen. Man giebt dazu eine Butter-, Madeira- oder Rum-Sauce. (Englische Küche.)

20. Mai.

Menu für Fasten.

Suppe mit Kräutern.
Kabeljau mit Bechamelle.
Eierkuchen mit geschnittenem Spargel.
Pastete von Lachs.
Marinade von dem Innern der Artischoken.
Fladen von Kirschen.

Suppe mit Kräutern. — Man zerlasse Butter in einer Kasserolle, thue dann Kräuter, welche vorher gewaschen und abgetrocknet sind, hinein, als: Lactuke, Portulak, Sauerampfer und Lauch, mische sie mit etwas Mehl, thue etwas Wasser dazu und lasse Alles auf mäßigem Feuer kochen. Beim Anrichten ziehe man die Suppe mit Eigelb ab und gieße sie in die Terrine auf Croutons. Einen Theil der Kräuter reservire man, um sie auf die Suppe als Garnirung zu legen.

Kabeljau mit Bechamelle. — Man thue in eine Kasserolle ein großes Stück Butter, einen Löffel voll Mehl, Salz, Pfeffer, gestoßene Muskatennuß, Petersilie und ein wenig gehackte Zwiebeln und füge dazu ein Glas Sahne, sowie Bouillon. Wenn die Sauce zu dick wird, nehme man noch etwas Sahne dazu und gieße sie über den Kabeljau. Dann werden auf einer Schüssel die Stücke desselben über einander gelegt und die Sauce nicht kochend, aber heiß darüber gegossen.

Eierkuchen mit Spargel. — Nachdem der Spargel in Stücke geschnitten und blanchirt ist, kocht man ihn mit etwas weißem Roux, Salz, Pfeffer, Petersilie und gehackter Zwiebel und thut noch etwas Milch hinzu; das Ganze wird in den schon vorher eingerührten Eierkuchen gegossen, der wie der gewöhnliche Eierkuchen gebacken wird.

---

21. Mai.

Suppe von Reis à la paysanne.
Kleine Pasteten mit Niere.
Lampreten gekocht.
Boeuf à la mode.
Hühner gebraten.
Grüne Bohnen mit Butter.
Vanille-Auflauf.

Kleine Pasteten mit Niere. — Nachdem die Haut und das Fett von einer Kalbsniere abgeschnitten sind, schneide man sie in Stücke von der Stärke eines halben Centimeters, lasse gute Butter zergehen und lege die Niere mit Salz, Pfeffer und einer Messerspitze Muskatennuß hinein. Wenn sie weich ist, thue man sie zu gleichen Theilen in zwölf Törtchenformen, welche mit Teig von Königskuchen ausgestrichen sind, bedecke jede mit einem runden Stück eben solchen Teiges, welches etwas größer als die Form ist, und mache in die Mitte desselben ein Loch von zwei Centimeter Größe. Die Deckel müssen vor allen Dingen genau passen, ehe die Pasteten zum Backen in den Ofen geschoben werden. Dieses Zwischengericht darf erst einige Minuten vorher, ehe sich die Gesellschaft zu Tische setzt, gebacken werden.

Lampreten gekocht. — Man schneide die Lampreten in Stücke, thue sie in eine Kasserolle mit zerlassener Butter, Morcheln und einigen in feine Scheiben geschnittenen Trüffeln. Sobald die Sauce schmackhaft ist und die Fische bräunlich sind, thue man etwas Weißwein dazu, sowie Salz, Pfeffer und ein wenig Zucker. Man richte die Fische heiß an, auf gebratenen Croutons und mit ihrem Jus.

Die dreihundert sechs und sechzig Menus. 143

22. Mai.

Suppe mit Brod.
Rindfleisch à la Sauce Robert.
Gekochte Karpfenmilch.
Kalbsbraten.
Stangenspargel.
Jungfrauen-Crême.

Karpfenmilch gekocht. — Nachdem die Milch gereinigt ist, blanchirt man sie mit kochendem Wasser, worin etwas Essig ist, läßt sie abtropfen und thut sie in eine Kasserolle mit Bouillon, Weißwein, garnirtem Bouquet, gestoßener Muskatennuß, Salz und Pfeffer. Nach einer Viertelstunde des Kochens nehme man die Kasserolle zurück, lasse die Sauce einkochen und rühre dieselbe mit Mehl und Citronensaft ab.

Kalbsbraten. — Zwei Tage marinire man ein Stück Kalbfleisch in Weißwein, Pfeffer, Salz und feinen Kräutern, spicke dann das Stück mit in Salz und Pfeffer gewälztem Speck und lasse es braten. Nachdem dies geschehen, gebe man es mit einer Sauce von Kräutern, Zwiebeln ꝛc., Ravigote.

Jungfrauen-Crême. — Man thue in eine Kasserolle Zucker, Citronenschale und ein oder zwei Lorbeerblätter, und nach einigen Minuten des Kochens gieße man es durch ein Sieb. Nun nehme man vier oder fünf Hühnermagen, ziehe die Haut davon ab, lasse sie abtrocknen, hacke sie recht fein und mische sie zu dem vorher Gekochten. Wenn dasselbe noch lau ist, rühre man es recht untereinander und dann durch ein Sieb, füge noch ein wenig Orangenwasser hinzu, fülle dann kleine Formen mit diesem Crême, lasse dieselben in bain-marie kochen und gebe sie zu Tisch.

Butter mit Hummer. — Man reibt mit feiner Butter Eier und gestoßene Hummerschalen und rührt dann Alles durch ein Sieb.

23. Mai.

Frühlingssuppe.
Barbe mit Kapern-Sauce.
Hammelfleisch mit kleinen Erbsen.
Junger Puter gebraten.
Spargel à la Pompadour.
Törtchen mit Kirschen.

Kalbsbrust mit kleinen Erbsen. — Man schneidet die Kalbsbrust in Stücke, blanchirt sie, schwitzt sie in Butter, bestreut sie dann mit Mehl und thut Bouillon, sowie ein garnirtes Bouquet, Salz und Pfeffer dazu. Wenn das Fleisch fast weich ist, thue man die ebenfalls fast gar gekochten Erbsen, sowie ein Stückchen Zucker dazu und lasse Beides zusammen fertig kochen. Die Sauce zieht man mit dem Gelben vom Ei ab.

Spargel à la Pompadour. — Man koche guten Spargel in Wasser und Salz, schneide ihn dann in schräge Stücke von Fingerlänge und wickele ihn in eine heiße Serviette, damit er während der Zubereitung der Sauce nicht erkaltet. Die Sauce besteht aus feiner Butter, Eigelb, einem Löffel voll Essig, Salz und Pfeffer, man koche sie auf in bain-marie. Beim Anrichten thue man den Spargel in eine Gemüse-Assiette und gieße die Sauce darüber.

Quenelles von Rindermark. — Man nehme 200 Gramm gereinigtes Rindermark, eben so viel geriebene Semmel, einen Löffel voll Mehl, Salz, Pfeffer, fünf Eigelb und ein ganzes Ei. Von dieser Mischung mache man einen weichen Teig, steche mit einem heißen Löffel davon ab und thue es gleich in kochendes Wasser, worin sich etwas Salz befindet; dann lasse man die Bouletten abtropfen und richte sie an.

---

24. Mai.

Suppe mit Tapioca.
Rinderschwanzstück garnirt à la flamande.
Verlorene Eier mit Sauce tomate.
Gründlinge gebraten.
Enten-Pastete.
Gelée von Erdbeeren und Vanille.

Rinderschwanzstück à la flamande. — Von einem Rinderschwanzstück nehme man die Knochen aus, binde es zusammen, lasse es drei Stunden kochen, nehme es dann vom Feuer, thue es in eine Kasserolle mit Madeira- oder Weißwein und zwei Löffeln Kraftbrühe und lasse es mit diesen Zuthaten weich kochen. Zur Garnirung blanchire man Kohl, lasse ihn dann abtropfen, drücke jedes Stück recht aus, daß kein Wasser darin bleibt, bestreue ihn mit Pfeffer und Salz und binde ihn zusammen. Hierauf setze man den Kohl mit Bouillon, von der das Fett abgenommen ist, mit Speck, einem Stück Fleischwurst, etwas Bratwurst, einem Bouquet, Pfeffer und Salz auf das Feuer und lege über das Ganze ein Blatt Papier. Den Speck, sowie die Wurst nehme man, sobald sie gekocht sind, heraus, lasse Beides erkalten, schneide dann die Wurst, nachdem die Haut abgezogen ist, in runde Scheiben und den Speck in viereckige Stücke, lasse Beides in Butter schwitzen und verwende es zur Garnirung für den Kohl folgendermaßen: Man lege das Schwanzstück in die Mitte einer großen Schüssel und umgebe dasselbe mit einem Kranz von Kohl, dem in Vierecke geschnittenen Speck und der in runde Scheiben geschnittenen Wurst. Man kann zu dem Kohl auch noch weiße Rüben und Carotten, blanchirt oder glacirt, fügen. Eine Madeira-Sauce, die man mit der Brühe, in der das Fleisch gekocht ist, vermischen kann und die durch ein Sieb gegossen wird, giebt man in einer Saucière apart herum.

25. Mai.

Suppe von Kartoffel-Purée.
Schleien gebraten.
Kalbsbrust farcirt.
Spanferkel à la Père Douillet.
Grüne Bohnen à la maître d'hôtel.
Vanille-Crême.

Schleien gebraten. — Nachdem die Schleien sorgfältig von Schleim gereinigt und geputzt sind, marinire man sie zwei Stunden in lauer Butter mit Zwiebeln, gehackter Petersilie, Salz, Pfeffer und Essig. Darauf bestreue man sie mit Mehl und brate sie gelbbraun. Beim Anrichten giebt man sie mit frischer Petersilie.

Spanferkel à la Père Douillet. — Wenn das Spanferkel abgebrüht ist, schneide man ihm den Kopf ab, zerlege es in vier Theile, thue dann in eine Kasserolle Speckstreifen, lege das Spanferkel, sowie den Kopf darauf, füge Nelken, Muskat, Ingwer, Zimmet, Lorbeer, Salz, Pfeffer, Citrone, einige Zwiebeln, Carotten und Pastinaken hinzu, decke wieder Speckstreifen, sowie Kalbfleisch darüber und lasse es auf gleichmäßigem Feuer mit Weißwein, sowie etwas guter Bouillon kochen, bis es weich ist. Dann lasse man das Spanferkel abtropfen und gebe es kalt mit der durchgegossenen Brühe, von welcher das Fett abgenommen ist und die man einkochen läßt.

Sauce à la Duxelle. — Man thue zwei Löffel Champignons, einen Löffel gehackte Petersilie, sowie Schalotten in eine Kasserolle, füge etwas Knoblauch, ein wenig gehackten Speck, eine Messerspitze Gewürz, Lorbeer, Thymian, Salz und Pfeffer hinzu, lasse Alles mit einem Stückchen Butter schwitzen, gieße dann ein Glas Chablis hinzu, lasse es einkochen und gieße die Sauce durch ein Sieb. Dann mische man dieselbe mit etwas „deutscher Sauce" und gebe sie zu Geflügel oder Wildpret.

26. Mai.

Suppe mit italienischen Pasteten.
Feinster Blätterteig (vol-au-vent) mit Rinder-Filet und Bechamelle.
Hammelrücken garnirt mit Pasteten (rissoles).
Gebratene Tauben mit Kresse.
Stangenspargel.
Törtchen (meringues) à la Chantilly.

Feinster Blätterteig (vol-au-vent) mit Rinder-Filet und Bechamelle. — Zuerst mache man die Hülle einer Pastete von vol-au-vent in der Größe einer Gemüseschüssel, nehme dann aus einem Kilo Rinder-Filet die Sehnen heraus, schneide die Haut ab und reinige es in lauem Wasser. Wenn es gereinigt ist, thue man das Fleisch in eine Kasserolle mit Wasser, Salz und Essig und lasse es zehn Minuten tüchtig kochen. Sobald es weich ist, lasse man es abtropfen, schneide es in gleiche Stücke von vier Centimeter Länge, gieße kochendes Wasser darüber, um die Essigsäure daraus zu entfernen, lasse es nach zehn Minuten von Neuem abtropfen und thue es in Bouillon, von der das Fett abgenommen ist. Kurz vor dem Anrichten lasse man die Kruste zur Aufnahme der Pastete heiß werden, nehme das Fleisch aus der Bouillon, lasse es abtropfen, thue es in gute Bechamelle mit zwanzig zubereiteten Champignons, fülle mit alledem die Kruste und gebe sie zu Tisch. Es ist sehr Unrecht, daß man sich dieses Zwischengerichtes selten bedient, denn es ist von großem Wohlgeschmack.

Tauben gebraten. — Nachdem man die Tauben ausgenommen, gesengt und gebunden hat, wickele man sie in ein Weinblatt, wenn es die Jahreszeit erlaubt, sonst in Speckstreifen, und stecke sie an den Spieß. Nach einer halben Stunde des Bratens richte man sie mit ihrem eigenen Jus, umgeben von Kresse, an.

27. Mai.

Braune Suppe mit Erbsen.
Zungenfisch (sole) mit Weißwein.
Ein Rückenstück mit Oliven.
Frischer Schweinebraten.
Artischoken mit Essenz von Schinken.
Fladen (Meringues=Teig).

Frischer Schweinebraten. — Um das Schweinefleisch zu braten, muß man zuvor die Knochen aus dem Rückgrat nehmen, dann lasse man es in einer Kasserolle mit etwas Salz drei Stunden kochen, wende es aber öfter um, daß es saftig bleibt. Hierauf brate man es und gebe es mit seinem Jus.

Artischoken mit Schinken=Essenz. — Nachdem die Artischoken geputzt und von den äußeren Blättern befreit sind, blanchire man sie, schäle das Innere aus, lasse sie abtropfen und fülle sie mit einigen gehackten Champignons, Petersilie und Schalotten, die in Butter geschwitzt sind, sowie mit Speck und hinreichendem Gewürz aus. Dann lasse man die Artischoken in einer Kasserolle auf Speckstreifen und mit etwas Bouillon, Salz und Pfeffer kochen. Die abgeschnittenen Blätter, welche vorher in Butter gebräunt sind, gebe man mit einer Essenz von Schinken.

Essenz von Schinken. — Man erhält dieselbe, wenn man dünne feine Streifen Schinken klopft und sie in einer Kasserolle mit etwas Speck ziehen läßt, dazu füge man etwas Mehl und wenn die Stücke sich gebräunt haben, thue man etwas Kalbsjus oder gewöhnliche Bouillon nebst einem Bouquet Nelken, etwas Champignons und ein wenig Essig dazu. Sobald es genug gekocht hat, gieße man das Ganze durch und über die Artischoken.

28. Mai.

Suppe à la julienne.
Gekochtes Rindfleisch mit neuen Carotten.
Huhn mit Estragon.
Junges Kaninchen (laperaux) gebraten.
Grüne Bohnen auf englische Manier.
Orangen=Compot.

Das Braisiren. — Das Braisiren ist einer der wichtigsten Theile der französischen Küche. Diese Art, das Fleisch zuzubereiten, erhöht unendlich den Wohlgeschmack, weil dasselbe so, mit Aufmerksamkeit gekocht, allen Saft behält und nichts von seinem Gehalt verliert. Das Fleisch wird gekocht, indem man in den Schmortopf Speckstreifen und Streifen Rindfleisch von der Dicke eines Fingers, sowie feine Kräuter, Zwiebeln, Carotten, Thymian, Lorbeer, Pfeffer, Salz, Muskat und feine Gewürze legt. Auf diese Unterlage legt man das Fleisch, welches braisirt werden soll, und darüber eine solche Schicht, wie zur Unterlage gebraucht ist, so daß der Topf gefüllt wird; je mehr das Fleisch eingehüllt ist, je saftiger wird es. Dann schließe man den Schmortopf auf jede mögliche Weise, so daß er fast hermetisch verschlossen ist, und unterhalte ein rasches Feuer, welches je nach dem Vorschreiten des Kochens vermindert werden muß. Diese Art des Braisirens eignet sich hauptsächlich für große Stücke Fleisch, welche solche Zuthaten nöthig haben, um saftig zu bleiben.

Schweineschwanz mit Purée. — Man kocht den Schwanz ebenso wie die Schweineohren und servirt ihn mit einem Purée von grünen Erbsen, Kastanien oder Linsen.

29. Mai.

Frühlingsuppe.
Barbe gekocht mit Sauce von Krabben (crevettes).
Rindermark à la Orly.
Gebratene Hammelkeule.
Kartoffeln sautirt.
Mandelkuchen.

Rindermark à la Orly. — Man schneide Rindermark in Stücke von fünf Centimeter Länge und drei Centimeter Stärke, reinige es in kaltem Wasser, blanchire es, lasse es abtropfen und dann abkühlen. Wenn es kalt ist, glacire man es mit warmem Fleisch=Jus, lege dann ein Stück nach dem andern, so, daß sie sich nicht berühren, auf eine Platte und lasse sie darauf erkalten. Zwanzig Minuten vor dem Anrichten tauche man alle Stücke in einen Teig zum Backen. Wenn sie recht gut in der Pfanne gebraten sind, lasse man sie auf einer Serviette ab= trocknen, bestreue sie nur wenig mit Salz, richte sie in einer Assiette auf einander an und gebe sie mit einer Garnirung frischer Petersilie heiß zu Tisch. Auch giebt man eine „Sauce tomate" dazu.

Kräutersauce (ravigote). — Man nehme etwas Roux, dazu Weißwein, sowie etwas Bouillon, lasse dieses einkochen und füge nun Pimpernelle, Estragon, Körbel und Schnittlauch hinzu, die Kräuter alle gehackt und blanchirt; hierzu nehme man noch Citronensaft, Salz und Pfeffer, doch darf diese Sauce nicht kochen, sondern nur auf dem Feuer ziehen.

Kartoffeln in der Schale. — Man lasse in Wasser und Salz gute Kartoffeln kochen, richte sie in einer Serviette an und gebe frische Butter dazu.

30. Mai.
Menu für Fasten.

Suppe von Kartoffel-Purée mit Körbel.
Seefisch en matelote.
Warme Pastete von Gemüsen.
Hummer am Spieß.
Eier mit Sahne.
Zuckerguß im Ofen gebacken.

Seefisch en matelote. — Man putze die Seefische, nehme die Lebern aus, lasse erstere in Butter schwitzen, thue Weißwein, weiße kleine Zwiebeln und ein Bouquet hinzu, lege dann die Lebern hinein und lasse sie mit Bouillon kochen. Wenn die Fische gar sind, lege man je nach der Zahl derselben auf eine Schüssel geröstetes Brod und auf jedes dieser Stücke einen Fisch und gieße dann die Sauce, welche mit Citronensaft vermischt ist, darüber.

Zuckerguß im Ofen gebacken. — Während des Aufenthalts der chinesischen Gesandtschaft zu Paris tauschten die Oberküchenmeister des himmlischen Reiches mit dem Chef der Küche des Grand Hôtel Unterweisungen und Freundlichkeiten aus. Die französischen Köche lernten von ihren chinesischen Collegen das Backen des Zuckergusses im Ofen mit Vanille und Ingwer. In Folgendem gebe ich die Anweisung, wie man bei der Zubereitung dieser entzückenden Speise verfährt. Man hüllt jede Glace, d. h. den Zuckerguß in eine Kruste von sehr feinem Pastetenteig und stellt sie in den Ofen. Der Teig wird eher heiß, ehe der Zuckerguß sich erwärmt, denn die Hülle verhindert die Hitze, so weit vorzudringen, welche Erscheinung sich aus der Undurchdringlichkeit gewisser Materien erklärt. Die Feinschmecker können sich so den doppelten Genuß verschaffen, in eine heiße Kruste zu beißen und sich an einer seltenen Speise zu erfrischen, deren Zusammensetzung aus wohlschmeckendem Zuckerguß besteht.

31. Mai.

Suppe mit kleinen Erbsen.
Warme Pastete mit Lachs.
Hammel-Cotelettes à la jardinière.
Schinken glacirt.
Salat von Gemüsen.
Pfannkuchen mit Aepfeln.

Suppe mit kleinen Erbsen. — Man thue grüne Erbsen in kochendes Wasser mit Salz; wenn sie gekocht sind, füge man noch ein Stück vorzüglicher Butter hinzu, dann gieße man die Suppe auf Croutons oder auf in Butter und Zucker gebratene Brodschnittchen, welche sich schon in der Terrine befinden.

Warme Pastete mit Lachs. — Nachdem die Kruste zur Pastete wie gewöhnlich gemacht ist, spicke man die Stücke frischen Lachses mit gewässerten und in kleine Streifen geschnittenen Sardellen, lasse sie in Butter mit Salz, Pfeffer und gehackten feinen Kräutern schwitzen, thue dann Alles in die Pastetenkruste, decke sie zu, bestreiche sie mit Eigelb und lasse sie backen. Während des Backens nehme man den Deckel ab und gieße in die Pastete Folgendes: Court-Bouillon, deren Geschmack durch gehackte Petersilie und Schalotten erhöht wird, und etwas braunes Mehl, dies Alles kocht man auf und rührt es durch ein Sieb. Es ist Gebrauch, warme Pasteten ohne Deckel auf den Tisch zu bringen, man garnirt dieselben dann oben auf mit Krebsen.

Sardellen-Sauce. — In eine Kasserolle werden Sardellen mit einem Glase Bouillon gethan, sowie 125 Gramm Butter, worin etwas Mehl ist, und muß dies Alles bis zum Kochen tüchtig umgerührt werden.

1. Juni.

Suppe Solferino.
Barbe geröstet und mit zerlassener Butter.
Rinderschwanzstück braisirt.
Tauben gebraten.
Türkische Bohnen mit Sahne.
Kirsch=Torte.

———

Suppe Solferino. — Die Suppe Solferino ist zusammengesetzt aus weißen und grünen Bohnen, neuen Kartoffeln, kleinen Carotten, kleinen blanchirten Erbsen und einigen Löffeln von Purée von Tomate, mit Hinzufügung von gehackter Petersilie, Körbel, Sellerie und geröstetem Weißbrode.

Rinderschwanzstück braisirt. — Man achte darauf, daß das Fleisch mürbe ist; ist es kein saftiges Stück, so spicke man es mit starkem Speck, thue es in einen Schmortopf mit Carotten, Zwiebeln, garnirtem Bouquet, Pfeffer und feinen Gewürzen, thue ein Glas Weißwein und ein Glas Cognac dazu, decke den Topf zu und lasse das Fleisch gleichmäßig kochen. Wenn dasselbe weich ist, wird die Brühe, nachdem sie durchgegossen ist, noch ganz kurz eingekocht und über das Fleisch gegossen.

Türkische Bohnen mit Sahne. — Man nehme die frischesten und möglichst kleinsten Bohnen, blanchire sie, schneide die äußere Haut ab, koche sie dann in einer Kasserolle mit Butter, gehackter Petersilie und Salz, füge noch guten Fisch=Jus, sowie ein Glas Milch hinzu und zuletzt zwei Eigelb, welche vorher mit Sahne gequirlt sind.

2. Juni.

Suppe mit Reis und Carotten-Purée.
Meerbarbe (surmulet) mit Matrosen-Sauce.
Junge Kaninchen mit geschnittenem Spargel.
Perlhuhn gebraten.
Weiße Rüben mit Jus.
Pfannkuchen mit Erdbeeren.

Junge Kaninchen mit geschnittenem Spargel. — Nachdem man Spargel geputzt, blanchirt und hat abtropfen lassen, schwitze man ihn in Butter, wozu ein Löffel weißer Sauce sowie die von dem Abgang der Kaninchen kurz eingekochte Brühe mit etwas Pfeffer und gestoßener Muskatennuß gethan wird. Hierzu werden die Stücke Kaninchen gelegt, welche vorher gesalzen und in Butter geschwitzt sind.

Weiße Rüben mit Jus. — Nachdem die Rüben geputzt und blanchirt sind, koche man sie in Bouillon oder Wasser, lasse sie dann abtropfen und schwitze sie in Butter mit etwas Zucker. Wenn die Rüben hinreichend braun sind, nehme man etwas Roux, sowie Kraftbrühe, füge Salz, Pfeffer und ein garnirtes Bouquet hinzu und lasse sie darin kochen. Ist die Sauce kurz eingekocht, so nehme man das Fett ab und gieße sie beim Anrichten über die Rüben.

Farcirte Sardellen. — Nachdem die Sardellen gespalten, in Weißwein gewaschen und die Mittelgräten herausgenommen sind, fülle man sie mit einer Farce von dem Fleisch der Fische, welches mit Eigelb verbunden ist, tauche die Sardellen in einen Teig zum Backen, lasse sie in der Pfanne braten und gebe sie mit ganzer Petersilie zu Tisch.

3. Juni.

**Nudeln auf holländische Art.
Stinte in der Pfanne gebraten.
Huhn à la Marengo.
Rinder-Filet gebraten.
Spinat mit Sahne.
Aprikosen-Compot.**

Huhn à la Marengo. — Ein Huhn wird ebenso zerschnitten, als wenn Fricassée davon gemacht werden soll, dann werden zuerst die Keulen mit Oel und Salz in eine Kasserolle gethan, und fünf Minuten später die anderen Theile des Huhns, welche nun in dem Oel braun werden müssen. Hat das Huhn eine Weile gebraten, so thue man ein garnirtes Bouquet, Pfeffer, Champignons und einige Scheiben Trüffeln (süddeutsche) hinzu und wenn das Fleisch darin weich geworden ist, lege man es auf eine Schüssel. Zu dem Oel, worin das Huhn gebraten ist, wird „italienische Sauce" gethan, welche man unter stetem Rühren nach und nach hineingießt. Diese Sauce wird über das Huhn gegossen, als Garnirung dienen Spiegeleier und Croutons. Statt des Oels kann man auch zerlassene Butter nehmen.

Aprikosen-Compot. — Nachdem die Aprikosen getheilt worden und die Kerne herausgenommen sind, werden sie drei Minuten in weißem Syrup gekocht. Nach dieser Zeit wird das Compot geschäumt und nachdem der Saft einer Pomeranze hinzugethan, läßt man es erkalten.

Eier mit Sahne. — Es wird eine Sahnen-Sauce gemacht, und beim Anrichten werden die in Scheiben geschnittenen hartgekochten Eier hineingethan, sowie etwas gehackte Petersilie.

4. Juni.

Suppe von Reis mit Kraftbrühe.
Plattfisch gratinirt.
Huhn auf italienische Art.
Lammsviertel gebraten.
Spargel mit kleinen Erbsen.
Aprikosen-Torte.

———

Huhn auf italienische Art. — Nachdem die Hühner gereinigt und ausgenommen sind, nimmt man Petersilie, Zwiebeln, Champignons, die Lebern der Hühner, gehackten Speck, ein Stück Butter, feine Kräuter und feine Gewürze, hackt dies Alles, füllt damit die Hühner, welche erst in einer Kasserolle leicht gekocht und dann, mit Speckstreifen und Papier umwickelt, an den Spieß gesteckt werden. Nun werden Petersilie, Zwiebeln und Estragon blanchirt, abgetrocknet, fein gehackt und mit Weißwein, einem halben Glase Oel, zwei gehackten Sardellen, einer halben Citrone, welche in Würfel geschnitten ist, einer Messerspitze grob gestoßenem Pfeffer und Salz in eine Kasserolle gethan. Dies Alles wird mit Fleisch-Jus, sowie vier Eigelb auf das Feuer gesetzt, wo aber besonders darauf geachtet werden muß, daß es nicht hakt. Die Hühner, wenn sie vom Spieß genommen, werden mit dieser Sauce darüber angerichtet, welche vorher abgeschmeckt ist und heiß sein muß.

Marinade von Geflügel. — Stücke von übrig gebliebenen gebratenen Hühnern werden geputzt und eine Stunde in eine Marinade von Essig, Salz und Pfeffer gelegt, dann werden sie in einen Teig zum Backen gehüllt und in der Pfanne gelbbraun gebraten. Dies Geflügel wird mit gebratener Petersilie angerichtet und eine Sauce tomate dazugegeben.

5. Juni.

Suppe à la paysanne.
Abatis von Geflügel.
Roſtbeef mit neuen Kartoffeln garnirt.
Meerkrebs mit Hummer-Sauce.
Türkiſche Bohnen mit Sarriettes (Pflanze aus Italien oder der Provence).
Omelettes mit Kirſchen.

Ragout (abatis) von Geflügel. — Von einem Puter wird die Leber und der Magen genommen, die Flügel, ſowie Kopf und Hals werden geſengt, die Pfoten geputzt und der Magen gereinigt und in vier Stücke geſchnitten; nur den Kopf laſſe man zurück, weil er einen ſchlechten Geſchmack giebt. Dann werden in eine Kaſſerolle 65 Gramm Butter und 120 Gramm Speck, in vier Theile getheilt gethan, und die einzelnen Stücke ſowie Leber und Magen darin geſchwitzt. Hierauf werden die Stücke herausgenommen und gebe man zu der Butter einen Löffel voll Mehl. Wenn daſſelbe braun iſt, thue man noch ein Glas Waſſer, Salz, Thymian, Lorbeer und mit Nelken geſpickte Zwiebeln dazu, lege nun die Stücke Fleiſch wieder hinein und laſſe ſie zwei Stunden kochen. Währenddem blanchire man mit heißem Waſſer eine Viertelſtunde ein Dutzend weißer Rüben, laſſe ſie abtropfen und füge in Scheiben geſchnittene Carotten, Kartoffeln und etwas Sellerie hinzu. Dieſe Gemüſe werden mit einem Stückchen Zucker, ſo groß wie eine Nuß, in das Ragout gethan und dieſes, nachdem von der Sauce das Fett abgenommen, recht warm angerichtet.

Hammelzunge braiſirt. — Eine Zunge wird blanchirt, mit Speck garnirt und mit Carotten, Zwiebeln, einem Bouquet, Salz, Pfeffer und Bouillon auf mäßigem Feuer gekocht. Wenn ſie weich iſt, nimmt man von der Brühe das Fett ab, gießt dieſelbe durch ein Sieb, läßt ſie einkochen und fügt noch Pfeffergurken oder Kapern hinzu.

---

6. Juni.

Suppe mit Purée von Linsen.
Forellen auf spanische Art.
Tauben in Compot.
Hammelkeule gebraten.
Grüne Erbsen sautirt.
Fladen von Kirschen.

Suppe mit Purée von Linsen. — (Siehe Suppe mit Erbsen-Purée.)

Forelle auf spanische Art. — Die Forelle wird geschuppt, ausgenommen und mit einem Stück Butter, welches mit gehackter Petersilie, Zwiebeln, Schalotten, Salz und Pfeffer vermischt ist, gefüllt; dann läßt man sie in Oel, Petersilie, Zwiebeln, Thymian, Lorbeer, Salz und Pfeffer mariniren. So vorbereitet wird die Forelle geröstet, eingehüllt in zwei Blätter geöltes Papier, und mit ihrer Marinade begossen. Wenn sie gut ist, wird das Papier entfernt, die feinen Kräuter herausgenommen und die Forelle mit einer „holländischen Sauce" zu Tisch gegeben.

Tauben in Compot. — Kleine Stücken Speck werden in Butter gebraten und, wenn sie braun sind, herausgenommen und dafür die Tauben hineingelegt, welche sich nun ebenfalls gleichmäßig bräunen müssen. Dann werden sie mit Mehl bestreut, mit Bouillon angefeuchtet und der herausgenommene Speck, sowie ein Bouquet und Champignons wieder dazugethan. Sind die Tauben zu drei Vierteln weich, so thue man kleine Zwiebeln, welche vorher in Butter mit ein wenig Zucker geschwitzt sind, hinzu. Wenn die Tauben ganz weich sind, nehme man das Bouquet aus der Sauce, entferne von derselben das Fett und gebe die Tauben mit einer Garnirung von gebratenen Croutons zu Tisch.

Die dreihundert sechs und sechzig Menus. 159

7. Juni.

Suppe mit verlorenen Eiern.
Rindfleisch mit Sauce Robert.
Karpfen in Bier.
Lammsviertel gebraten.
Kartoffeln in Butter geschwengt.
Fladen von Erdbeeren.

Suppe mit verlorenen Eiern. — (Siehe verlorene Eier.) Die Eier werden in Kraftbrühe gethan und zu gleicher Zeit Bouillon in einer Terrine gegeben.

Karpfen in Bier. — Es ist ein altes Recept, welches ich zum Karpfen in Bier gebe, aber es ist deshalb nicht weniger gut. Ein großer Karpfen wird zurecht gemacht, gut gesalzen, in einen Fischkessel auf Speckstreifen mit Carotten und aromatischen Gewürzen gelegt und so viel Bier darüber gegossen, daß es übersteht, und läßt man ihn so zehn Minuten kochen; dann wird der Karpfen mit einem Butterpapier bedeckt und der Fischkessel in den Ofen geschoben. Sobald der Karpfen, den man auch zuweilen umwenden muß, gekocht ist, läßt man ihn abtropfen, darauf wird die Brühe durchgegossen, das Fett sorgfältig abgenommen und mit geriebenem Pfefferkuchen und etwas Syrup wieder auf das Feuer gesetzt. Wenn die Sauce sämig ist, wird sie durchgegossen und dann über den Fisch gethan, der bereits auf einer Schüssel angerichtet sein muß, garnirt mit der Milch, Champignons und kleinen glacirten Zwiebeln. Der Rest der Sauce wird apart herumgegeben.

8. Juni.

Suppe mit Nudeln.
Zander geröstet mit Mostrich-Sauce.
Kalbsbrust gespickt auf holländische Art.
Ente gebraten.
Kleine Erbsen in der Hülse.
Crême mit Thee.

Kleine Erbsen in der Hülse. — Es gibt unter den Gemüsen eine Art kleiner Erbsen, von denen die Hülsen eßbar und fast ebenso zart sind, wie die Erbsen selbst. Zuerst werden sie gereinigt und in heißem Wasser eine halbe Stunde gebrüht, dann in Butter geschwitzt und zuletzt wird geschlagenes Eigelb mit etwas Sahne hinzugethan.

Hammelfüße mit Sauce Robert. — Die Füße werden gekocht, dann läßt man sie einige Zeit in Sauce Robert ziehen, streut Salz und Pfeffer darüber und thut beim Anrichten noch eine kleine Quantität Mostrich hinzu.

Rostbeef mit Kartoffeln. — Das Rostbeef wird am Spieß gebraten und beim Anrichten mit Kartoffeln, welche in Salz und Wasser gekocht oder in Butter geschwitzt sind, garnirt.

Crême mit Thee. — Ein halbes Liter Sahne wird bis zur Hälfte eingekocht und dann noch eine Tasse voll, worin der beste Thee eingeweicht ist, drei Eigelb und Zucker nach Belieben hinzugethan. Nachdem Alles zusammen gerührt ist, gieße man es durch eine Serviette, rühre es abermals, fülle nun die Formen damit und koche sie in bain-marie.

9. Juni.

Suppe mit Purée von grünen Erbsen.
Boeuf à la mode.
Warme Pastete von gehacktem Fleisch (godiveau).
Tauben gebraten.
Junger Spinat.
Törtchen mit Kirschen.

Boeuf à la mode. — Hierzu nimmt man ein Stück Mittel-Schwanzstück, klopft, spickt und salzt es, oder sonst ein gutes Stück vom Rinde, welches ebenfalls gespickt wird. Das Fleisch wird mit Salz, Pfeffer, garnirtem Bouquet und ein wenig Knoblauch in eine Kasserolle gethan und läßt man es so auf gelindem Feuer schwitzen. Wenn der Jus angesetzt hat, wird auf das Fleisch Speckschwarte gelegt, das Feuer vermehrt und nun läßt man es gleichmäßig kochen. Ist es fast weich, so gieße man ein Glas Rothwein hinzu und lasse es einkochen. Das Fleisch wird mit dem Jus, welcher vorher durchgegossen ist, angerichtet. Wenn das Boeuf à la mode kalt gegessen werden soll, so muß statt des Rothweins Cognac, und statt der Speckschwarte ein wenig Kalbfleisch genommen werden. Ein ganzes Stück Fleisch ist einzelnen Stücken vorzuziehen, weil ersteres saftiger bleibt.

Zungenfisch (sole) gebraten. — Die Zungenfische werden geputzt, ausgenommen und gereinigt. Wer sie nicht ganz zur Tafel geben will, schneide sie in Stücke, tauche sie dann auf beiden Seiten in Milch, bestreue sie mit Mehl und brate sie in der Bratpfanne auf schnellem Feuer, damit sie braun und knupprig werden. Wenn sie gebraten sind, lasse man sie auf einem Tuche abtropfen und gebe sie mit gebratener Petersilie.

10. Juni.

Menu für Fasten.

Suppe mit Bandnudeln.
Rochen mit brauner Butter.
Quappen auf französische Art.
Krebse.
Eier mit Sauerampfer.
Salat von Gemüsen.
Hartgebackenes (croquettes) von Reis.

Quappen auf französische Art. — Nachdem die Quappen zurecht gemacht und die Lebern ausgenommen sind, koche man sie und richte sie mit einer Austernsauce an, in der auch die Lebern mitgekocht sind.

Croquettes von Reis. — Nachdem der Reis vor allen Dingen sorgfältig gereinigt und blanchirt ist, lasse man ihn abtropfen und thue ihn in kaltes Wasser. Dann setze man Milch auf das Feuer, thue während des Kochens den Reis mit Zucker und Citronensaft hinein und lasse ihn langsam darin kochen, habe aber Acht, daß er nicht anhakt. Sobald er gekocht ist, breite man ihn auf einem Tische in der Stärke von vier bis fünf Centimeter aus, theile ihn, wenn er vollständig erkaltet ist, in vereckige Stücke, bestreue dieselben mit feinem geriebenen Milchbrod, tauche diese Croquettes in geschlagene Eier, bestreue sie mit geriebener Semmel, lasse sie schnell in der Pfanne braten, dann abtropfen und gebe sie mit Zucker bestreut zu Tisch.

Barbe mit Parmesankäse. — Nachdem das Fleisch von einer Barbe abgelöst ist, thue man es in eine Bechamelle, lasse es darin heiß werden, richte den Fisch ziemlich zusammenhängend auf einer Schüssel an, bestreiche ihn mit geriebener Semmel und Parmesankäse, schiebe die Schüssel in den Ofen, und sobald sie sich bräunt, gebe man sie zu Tisch.

---

11. Juni.

Suppe à la Crécy mit Reis.
Makrelen geröstet mit Kräuter-Sauce (ravigote).
Gänseleber-Pastete.
Hammelrücken auf französische Art.
Portulak in Butter gebraten.
Gebrannte Crême.

Gänseleber-Pastete. — Die Leber zur Pastete kann 600 bis 700 Gramm wiegen. Zuerst wird eine Farce bereitet aus 500 Gramm Fleisch von einem Puter und 500 Gramm Schweinefleisch vom Halse, Beides wird fein gehackt und gehörig gesalzen; darauf werden 500 Gramm Trüffeln sorgfältig gereinigt und mit denselben die Leber gespickt. Mit der oben angegebenen Farce bedecke man den Boden einer kleinen Terrine, lege darauf die Leber, umgebe sie mit Trüffeln, bedecke sie wieder mit Farce und lege Speckstreifen und Lorbeerblätter darüber. Die Pastete wird in bain-marie auf mäßigem Feuer gekocht, das Kochen darf aber nicht unterbrochen werden, wozu man anderthalb Stunden rechnet; besonders muß Acht gegeben werden, daß kein Wasser in die Terrine dringen kann. Um sich zu vergewissern, daß die Pastete gut ist, steche man mit einer Nadel hinein, und wenn man dieselbe brennend heiß zurückzieht, so ist die Pastete gut; dann läßt man sie erkalten und bedeckt sie mit Schweineschmalz. Einige ziehen das Kochen im Ofen vor und finden dadurch den Geschmack noch feiner. Statt des Fleisches vom Puter kann man auch Kalbfleisch, und, wenn die Pastete gleich gegessen werden soll, statt der Gänse- auch Kalbsleber nehmen.

12. Juni.

Frühlingssuppe mit verlorenen Eiern.
Kleine Pasteten mit Jus.
Hammel=Cotelettes mit grünen Bohnen.
Schinken gebraten.
Junger Spinat.
Fladen von Früchten.

Kleine Pasteten mit Jus. — Es werden dieselben kleinen Formen genommen, wie zu den kleinen Kuchen (darioles), und mit Teig ausgestrichen, dann werden sie mit einer mageren oder fetten Farce gefüllt, darauf Blätterteig als Deckel gelegt, derselbe mit Eigelb bestrichen und die Formen in den Ofen geschoben. Wenn die Pasteten gebacken sind, nehme man sie aus den Formen, hebe den Deckel von Blätterteig ab, schneide ein Muster in die gebackene Form und thue recht eingekochten guten Jus darauf.

Fladen von Früchten. — Eine Form wird fünf bis sechs Centimeter hoch mit Teig ausgefüllt, dann werden die Früchte, welche man zum Garniren nehmen will, als Kirschen, Pfirsiche, Prünellen, Johannisbeeren, Aprikosen ꝛc. in geriebenem Zucker sautirt, auf den Teig in die Form gelegt und im Ofen gebacken. Darauf streue man fein gehackte Mandeln darüber, die mit etwas weißem Syrup angefeuchtet werden.

Farce von Kalbsleber. — 500 Gramm Kalbsleber und 400 Gramm Schweinefett werden in Würfel geschnitten; zuerst läßt man das Schweinefett auf mäßigem Feuer zergehen und thut dann die Leber mit Salz, Pfeffer, Gewürzen und Lorbeer hinzu. Sobald die Leber mit den Zuthaten im Topfe ist, lasse man es schnell kochen, reibe nachher Alles in einer Satte und rühre es durch ein Sieb.

13. Juni.

Suppe à la julienne.
Matelote von Karpfen und Aal.
Rinderschwanzstück à la Sainte-Menehould.
Geflügel gebraten.
Kleine Erbsen auf französische Art.
Carotten mit Zucker.

Rinderschwanzstück à la Sainte-Menehould. — Man lasse das Rinderschwanzstück mit Salz und Pfeffer im Suppentopf kochen, bestreue es dann mit geriebener Semmel, lasse es in Butter schwitzen, bestreue es nochmals und stecke es an den Spieß. Man giebt dies Fleisch mit rothem Kohl oder mit einem Purée von grünen Erbsen oder auch nur mit einer piquanten oder italienischen Sauce.

Kleine Erbsen auf französische Art. — Man nehme kleine, recht frische Erbsen aus den Hülsen, wasche sie, thue sie mit einem Stück Butter, ein wenig Wasser, Salz, Zucker nach Belieben, einem Bouquet Petersilie und kleinen jungen Zwiebeln in eine Kasserolle und lasse Alles eine halbe Stunde kochen. Wenn die Erbsen weich sind, werden die Zwiebeln und die Petersilie herausgenommen, die Erbsen mit etwas braunem Mehl verbunden und dann angerichtet.

Carotten mit Zucker. — Die besten Carotten werden ausgesucht, in Wasser gekocht bis sie weich sind, dann mit Milch, sowie Streuzucker und Orangenzucker in einer Satte gerieben und außerdem noch mit ganzen Eiern und Eigelb, deren Weißes mit frischer Butter geschlagen und ebenfalls in die Satte gethan wird. Dann läßt man dies Alles im Ofen backen, thut es nachdem in eine tiefe Gemüseschüssel und giebt es, mit Zucker bestreut, heiß zu Tisch.

---

14. Juni.

Suppe à la Brisse.
Roſtbeef mit Kräuterſauce (raifort).
Vol-au-vent à la financière.
Hecht geſpickt am Spieß.
Bavarois mit Kaffee.

Suppe à la Brisse. Dieſe Suppe iſt eine Kraftbrühe von Geflügel mit den ausgeſuchteſten Gemüſen, welche in Würfel geſchnitten ſind. Die Zuſammenſtellung der Gemüſe iſt eine glückliche Neuerung, und gebe ich in Folgendem das Recept. Man blanchire zum Kochen ſo viel Spargel, daß, wenn er durch ein Sieb gerührt iſt, man ein Deciliter Purée erhält, thue dann zwei ganze Eier in die Terrine, quirle ſie mit einer Meſſerſpitze Muskatennuß, vermiſche ſie mit zwei Decilitern Kraftbrühe von Geflügel und mit dem Spargel-Purée und rühre Alles durch ein Sieb. Dann ſtreiche man eine Form aus, welche ungefähr ſechs Deciliter enthalten kann, thue die Zubereitung hinein, laſſe ſie in bain-marie kochen und dann erkalten. Nun ſchneide man verſchiedene vorher gekochte Gemüſe, wozu man Carotten, weiße Rüben, Erbſen ꝛc. ꝛc. nehmen kann, in Würfel, thue dieſe beim Anrichten in die Terrine und gieße die Kraftbrühe darüber.

Portulak gebraten à la milanaise. — Während mehrerer Stunden laſſe man den Portulak in Citronenſaft, Zucker und Zimmt einweichen, hülle ihn dann in einen Teig zum Backen mit geſchlagenem Eiweiß, laſſe ihn in der Pfanne braten und gebe ihn heiß zu Tiſch.

15. Juni.

Kraftbrühe mit Maccheroni und Parmesankäse.
Sauerkohl garnirt.
Kalbsohren auf italienische Art.
Kaninchen gebraten.
Artischoken mit Butter-Sauce.
Compot von Johannisbeeren.

Kalbsohren auf italienische Art. — Nachdem die Ohren gereinigt sind, werden sie geputzt und gebrüht, dann werden Speckstreifen in eine Kasserolle gethan, die Ohren darauf gelegt und mit Speckstreifen bedeckt, hierauf wird Weißwein und Bouillon dazu gegossen, sowie Citronenscheiben ohne die Kerne, einige Wurzeln, ein garnirtes Bouquet, Salz und Pfeffer hinzugefügt und dieses auf mäßigem Feuer gekocht. Wenn die Ohren weich sind, werden sie abgetropft, dann macht man eine Farce von geriebener Semmel, Milch und geriebenem Parmesan- oder Schweizerkäse, setzt sie auf das Feuer und wenn sie kurz eingekocht ist, werden noch ein wenig Butter und vier Eigelb hinzugethan. Mit dieser Farce werden die Ohren gefüllt, mit zerlassener Butter bestrichen, mit geriebener Semmel und Parmesankäse bestreut und im Ofen gebacken.

Compot von rothen oder weißen Johannisbeeren. — In einem halben Liter geschäumten Zucker koche man ein halbes Liter ausgekörnter Johannisbeeren. Sobald das Compot anfängt zu kochen, wird es vom Feuer genommen, geschäumt und in einer Compotschüssel angerichtet.

16. Juni.

Suppe mit neuen Gemüsen.
Seefisch mit holländischer Sauce.
Ente mit weißen Rüben.
Kalbsrücken gebraten mit feinen Kräutern.
Morcheln à la lyonnaise.
Törtchen von Erdbeeren mit Sahne.

Blumenkohl mit Käse. — (Siehe Blumenkohl gratinirt.)
Kalbsrücken am Spieß gebraten mit feinen Kräutern.
— Man putze und spicke ein Stück Kalbsrücken recht fein und marinire es drei Stunden mit Petersilie, Zwiebeln, Fenchel, Champignons, Lorbeerblatt, Thymian, Schalotten, Alles sehr fein gehackt, Salz, Pfeffer, gestoßenem Muskat und ein wenig Olivenöl. Wenn das Fleisch von den Kräutern durchzogen ist, stecke man es an den Spieß, mit seiner ganzen Marinade oben auf, wickele es in Butterpapier und binde es zusammen, damit die Kräuter nicht herunter fallen können. Nach dem Braten wird das Papier abgenommen, die feinen Kräuter werden mit Jus, ein wenig Essig, ein wenig Butter, einer Messerspitze Salz und Pfeffer in eine Kasserolle gethan und zusammen aufgekocht. Beim Anrichten wird der Kalbsrücken mit zerlassener Butter, sowie mit Eigelb bestrichen, mit geriebener Semmel bestreut und noch einen Augenblick in den Ofen gestellt.

Die dreihundert sechs und sechzig Menus.

17. Juni.

Suppe von Sauerampfer mit Körbel.
Kleine Pasteten mit Krebsen.
Kohl farcirt.
Huhn gebraten.
Spinat mit Jus.
Törtchen (meringues) mit Sahne.

Kleine Pasteten mit Krebsen. — Man vermische ein Liter Pastetenteig mit einem Deciliter Butter, Eiern und etwas Wasser und mache dann eine Farce von Stockfischen. Den Pastetenteig lege man recht kalt, und wenn er fast steif ist, forme man 24 Stücke von 5 Centimeter, höhle sie aus und lege sie auf ein leicht angefeuchtetes Blech. In jede Höhlung wird von der Fischfarce gethan und auf jede Farce werden zwei vorher gekochte Krebsschwänze gelegt. Die Pasteten werden mit Eigelb bestrichen und im Ofen gebacken. In Ermangelung eines Ofens können sie auch in Butter gebacken werden.

Spinat mit Jus. — Den Spinat, welcher vorher zurecht gemacht ist, legt man in eine Kasserolle mit Muskat, Pfeffer, einem guten Stück Butter und hinreichend Kalbsbrühe oder Jus von Fricandeau. Kurz vor dem Anrichten wird zu dem Spinat etwas frische Butter gethan und wird derselbe mit Croutons garnirt zu Tisch gegeben.

---

18. Juni.

Suppe von Erbsen mit Croutons.
Rindfleisch garnirt mit farcirten Tomates.
Croquettes von Fischen.
Enten gebraten.
Artischoken mit Schinken-Essenz.
Auflauf glacirt mit Vanille oder Chokolade.

―――――

Tomate farcirt. — Man lege schöne Tomate in kochendes Wasser, ziehe ihnen die Haut ab, mache am Stiel eine Oeffnung, höhle sie aus und lege sie dann auf eine Schüssel, welche vor allen Dingen geölt sein muß. Nun nehme man eine recht eingekochte Sauce von Tomate, mische damit gehacktes Schweinefleisch, fülle jede Tomate damit, bestreue sie mit geriebener Semmel, lasse sie im Ofen braun werden und garnire das Rindfleisch damit.

Gebrannte Crême. — In eine Kasserolle werden vier oder fünf Eier mit ein wenig Mehl gethan und nach und nach ein halbes Liter Milch hinzugegossen, sowie ganzer Zimmt und eingemachte Citronenschale dazugethan. Um die Crême noch delikater zu machen, kann man auch etwas Muskatenblüthe, Mandeln, oder bittere Mandeln mit einigen Tropfen Orangenwasser hinzufügen. Man muß die Crême durch fortwährendes Umrühren vor dem Anbrennen hüten. Wenn sie gekocht hat, stelle man eine Schüssel mit Streuzucker, welcher mit Wasser angefeuchtet ist, in den Ofen, thue, sobald der Zucker sich bräunt, die Crême darauf und gebe sie zu Tisch.

―――――

19. Juni.

Suppe à la parisienne.
Matelote von Aal.
Huhn sautirt.
Rostbeef vom Lamm am Spieß.
Neue Kartoffeln sautirt.
Aprikosen-Compot.

Rostbeef vom Lamm am Spieß. — Nachdem das Fleisch blanchirt und die Haut abgeschnitten ist, wird es fein gespickt, mit den Hatelets zusammengehalten und mit Butterpapier umwickelt an den Spieß gesteckt. Wenn es weich ist, wird es abgenommen, auf eine Schüssel gelegt, glacirt und mit klarem Jus zu Tisch gegeben.

Aprikosen-Compot. — Man nehme nur reife Aprikosen, theile sie, nehme die Kerne aus und stelle sie mit Wasser auf das Feuer. Wenn sie sich zerdrücken lassen, nehme man sie ab, lasse sie abtropfen und erkalten. Nun läutere man Zucker, schäume und gieße ihn über die Aprikosen, zu denen noch Mandeln, sowie gestoßene Aprikosenkerne gefügt sind. Die erkalteten Aprikosen werden in eine Compotschüssel gelegt.

Sauce von Stachelbeeren. — In zerlassene Butter werden Stachelbeeren, welche vorher gebrüht sind, gethan, dazu ein wenig Sauerampfer, ein wenig Ingwer, Salz und Pfeffer. (Englische Küche.)

20. Juni.
Menu für Fasten.

Suppe mit Purée von grünen Erbsen.
Karpfen à la marinière.
Vol-au-vent mit Eiern.
Hummer am Spieß.
Maccheroni auf italienische Art.
Aprikosen=Fladen à la Metternich.

Maccheroni auf italienische Art. — Nachdem die Maccheroni in Salz und Wasser gekocht, nimmt man eine tiefe Schüssel und legt schichtweise eine Lage Maccheroni und eine Lage Parmesankäse hinein, thut obenauf etwas Jus und gießt zerlassene Butter darüber.

Aprikosen=Fladen à la Metternich. — Dieses sehr gesuchte Zwischengericht besteht aus einer Lage Tortenteig und reifen Aprikosen, von welchen sorgfältig der Kern herausgenommen ist, sowie aus ausgesuchten Kirschen, und zwar in der Art, daß immer je zwischen eine Aprikose vier Kirschchen kommen. Darüber wird fein gesiebter Zucker gestreut und dies Gericht im Ofen gebacken. Nachher wird noch eine Sauce darüber gegossen, welche aus Zucker, recht frischer Sahne, der Hälfte der Aprikosen= und den ganzen Kirschkernen, welche fein gestoßen sind, sowie einigem Eigelb besteht. Die Sauce wird auf den Fladen gegossen, welcher warm, aber nicht heiß zu Tisch gegeben wird.

21. Juni.

Kraftbrühe mit Lactuke.
Melonen.
Roche mit brauner Butter.
Hammelkeule gebraten.
Bohnen sautirt.
Mandelkuchen.

Melonen (Die Kenntniß der). — Es sind einfache Anzeichen, durch welche man eine gute Melone erkennt. An dem frisch durchgeschnittenen Stiele einer Melone sieht man, ob dieselbe reif ist. Ist die Melone schwer, so ist sie nicht schwammig, schon durch die Schale riecht man, ob das Fleisch derselben aromatisch ist. Endlich kann man am Stiel ganz leicht mit dem Finger die Melone ritzen und fühlen, ob sie hinreichend weich ist. Einige Hausfrauen beißen in den Stiel der Melone, um sich von ihrem Geschmack zu überzeugen, sie sagen, je bitterer der Stiel ist, desto besser ist die Melone.

Croquettes vom Rind. — Man nehme drei Stücke gutes Rindfleisch, putze sie, schneide sie ihrer Länge nach in schräge Stücke und lasse sie eine halbe Stunde mit Bouillon, Knoblauch, zwei Nelken, Thymian, Lorbeer, Salz und Pfeffer ziehen. Dann muß das Fleisch abtropfen und erkalten und wird nun auf jedes Stück eine abgeschmeckte und gesalzene Fleischfarce von der Stärke eines Pfennigs gelegt; hierauf wird dasselbe zusammengerollt und in einen Teig gehüllt, der aus Mehl, Oel, einem Glase Weißwein und Salz besteht. Der Teig muß richtig bereitet sein, er darf nicht zu dicht und nicht zu dünn sein. Dann wird das Fleisch in der Pfanne gebraten und heiß, mit gebratener Petersilie garnirt, zu Tisch gegeben.

---

22. Juni.

Suppe à la julienne.
Jungenfisch (sole) gratinirt.
Timbale mit italienischen Nudeln (Semoule) au chasseur.
Kaninchen sautirt.
Kalbfleisch (tendrons) in Mayonnaise.
Maccheroni auf italienische Art.
Törtchen (macédoine) mit Früchten.

Timbale mit italienischen Nudeln (Semoule) au chasseur.
— In Bouillon werden so viele Nudeln ausgequollen, daß 18 kleine, mit Butter ausgestrichene Formen damit gefüllt werden können, dann läßt man sie, sobald sie gebacken sind, erkalten, nimmt sie aus der Form und hüllt jede in eine Brodkruste. Dann werden Eier wie zu einem Eierkuchen geschlagen und Pfeffer und Salz, sowie zerlassene Butter dazu gethan. Jede Kruste wird mit diesem Teig bestrichen und mit geriebener Semmel, bestreut, welches wiederholt wird. Hierauf mache man in die Rinde auf der Kruste mit einem kleinen Messer eine kleine Oeffnung, nehme inwendig so viel Teig heraus, daß derselbe ungefähr nur einen Centimeter Stärke behält und backe sie in Butter. Vor dem Anrichten lasse man die Kruste auf einer warmen Stelle trocknen und fülle die Höhle mit einem Ragout (salpicon) von Kaninchen aus, wozu ein wenig Purée von Champignons gemischt wird.

Kalbfleisch (tendrons) in Mayonnaise. — Das Fleisch wird in Stücke von gleicher Größe geschnitten, blanchirt, in einer Kasserolle mit Glace oder eingekochter Brühe gekocht und in dieser Brühe erkalten gelassen. Sobald das geschehen ist, wird es in Form eines Kranzes auf eine Schüssel gelegt und mit erkalteter Mayonnaisen-Sauce begossen. Garnirt wird die Schüssel mit weißen, in Bouillon gekochten Zwiebeln und mit in Würfel geschnittenen Pfeffergurken.

23. Juni.

Suppe à la Crécy.
Hartgebackenes (croquettes) von Geflügel.
Rinder-Filet gebraten.
Kartoffeln sautirt.
Krebse.
Pfannkuchen mit Aprikosen.

Croquettes von Geflügel. — Man löse das Fleisch von einem Huhn ab, nehme die Sehnen heraus, ziehe die Haut ab und hacke es recht fein. Dann nehme man zwei Löffel Bouillon, lasse sie auf die Hälfte einkochen, thue das gehackte Fleisch dazu, ziehe die Brühe mit vier Eigelb ab und lasse sie dann erkalten. Dann mache man eine Farce, forme kleine Kugeln von der Größe einer Wallnuß daraus, wälze sie in geriebener Semmel und gebe ihnen dabei eine längliche Form, tauche sie dann in Eigelb, bestreue sie nochmals mit geriebener Semmel und brate sie in der Bratpfanne. Wenn die Croquettes braun sind, richte man sie an.

Pfannkuchen mit Aprikosen. — Man schneide nicht ganz reife Aprikosen in zwei Theile; nachdem sie geputzt und die Kerne herausgenommen sind, lasse man sie in Cognac mit Zucker und etwas Citronenschale kochen und dann abtropfen. Nun thue man die Aprikosen in den Pfannkuchenteig, lasse sie in der Pfanne backen, tropfe sie dann wieder ab, bestreue sie mit Zucker und richte sie an.

Rostbeef mit kleinen Pasteten garnirt. — Das Rostbeef wird am Spieß geröstet und mit kleinen Pasteten garnirt zu Tisch gegeben.

---

24. Juni.

Suppe von Hammelfleisch mit Sauerampfer.
Hammelkeule gekocht mit Kapernsauce.
Enten mit Oliven.
Rindszunge braun gekocht.
Kleine Erbsen auf englische Art.
Kirschen-Gelée.

Rindszunge braun gekocht. — Eine kleine Rinds- oder Schweinezunge wird gebrüht, um die Haut abzuziehen; wenn das geschehen ist, lege man sie 24 Stunden in eine Assiette mit Salz, Pfeffer, Salpeter, Nelken, Thymian und Lorbeer. Nach diesen 24 Stunden wird die Zunge mit Salz eingerieben, was 14 Tage wiederholt wird, dann läßt man sie auf einer warmen Stelle trocknen. Ehe die Zunge gegessen wird, wässere man sie zwei Stunden und lasse sie dann mit Zwiebeln, Nelken, Thymian und Lorbeer kochen. Wenn die Zunge weich ist, wird sie kalt zu Tisch gegeben.

Mayonnaisen-Sauce zu Fischen. — In eine Terrine werden drei Eigelb, Salz, Pfeffer und gestoßene Muskatennuß gethan und unter stetem Umrühren mit einem Holzlöffel noch 500 bis 700 Gramm Olivenöl, sowie ein wenig Essig und Wasser hinzugefügt. Wenn die Sauce genug geschlagen ist, füge man noch einen Theelöffel Mostrich hinzu. Beim Anrichten vermische man die Mayonnaisen-Sauce mit Körbel und Estragon.

Die dreihundert sechs und sechzig Menus.

25. Juni.

Frühlingsfuppe.
Zander geröstet mit Sardellen-Sauce.
Rinderschwanzstück à la lyonnaise.
Huhn gebraten mit Kresse.
Grüne Bohnen auf englische Art.
Törtchen von Johannisbeeren.

Rinderschwanzstück à la lyonnaise. — Das Rinderschwanzstück wird gereinigt, blanchirt, kurze Zeit auf den Rost gelegt, die Haut abgezogen und in hellem Roux gekocht. Dann schneidet man es in Stücke und servirt es mit einem Zwiebel-Purée.

Huhn gebraten. — Nachdem ein Huhn ausgenommen und gesengt ist, wickele man es in Speckstreifen oder in ein Butterpapier und stecke es an den Spieß. Vor dem Fertigbraten wird das Papier abgenommen und das Huhn muß nun braun werden. Wenn es weich ist, wird es mit Kresse umgeben angerichtet.

Sauce von Seekrabben. — In eine Kasserolle werden ein halbes Liter gut gewaschene Seekrabben, ein Löffel voll Sardellen und 250 Gramm zerlassene Butter gethan; dies Alles muß fünf Minuten kochen und kommt dann etwas Citronensaft hinzu. Die Sauce muß mit Aufmerksamkeit vor dem Anhaken bewahrt werden. (Englische Küche.)

Forelle mit Sauce genevoise. — Die Forelle wird in Court-Bouillon gekocht und mit Sauce genevoise angerichtet. (Siehe das Recept.)

26. Juni.

Suppe mit Gurken und Kraftbrühe.
Hammelrücken am Spieß.
Enten au Père Douillet.
Gründlinge in Butter gebraten.
Spinat à la maître d'hôtel.
Törtchen (macédoine) von Früchten.

Hammelrücken am Spieß. — Der Hammelrücken muß, damit er sich nicht umdrehen kann, mit Hatelets am Spieß befestigt und mit einem Butterpapier umwickelt werden. Nach zwei oder drei Stunden des Bratens richtet man den Hammelrücken mit seinem eignen Jus oder mit Bohnen à la bretonne an.

Enten à la Père Douillet. — Die Enten werden ausgenommen, gereinigt, gesalzen, mit Speck umwickelt und halb mit Weißwein, halb mit Bouillon, sowie einigen Citronenscheiben braisirt. Wenn die Enten weich sind, wird die Brühe durchgegossen, dann nochmals eingekocht und über die Enten gegossen.

Spinat à la maître d'hôtel. — Man lasse den Spinat in heißem Wasser kochen, thue ihn dann in kaltes, lasse ihn abtropfen, hacke ihn, thue ihn wieder in eine Kasserolle mit Salz, Pfeffer und gestoßener Muskatennuß und lasse ihn heiß werden. Dann wird ein Stück Butter hinzugethan und wenn Alles sich gehörig verbunden hat, wird der Spinat angerichtet.

Sauce piquante. — Man nehme etwas Roux, Bouillon, Essig, gehackte Schalotten, ganze Petersilie, Pfeffer, Salz und Lorbeer, lasse Alles zusammen einkochen, gieße es durch und dann in die Saucière.

27. Juni.

Suppe à la Saint-Germain.
Zungenfische (soles) mit Weißwein.
Lendenbraten à la provençale.
Tauben gebraten.
Türkische Bohnen.
Pfannkuchen mit weißem Flieder.

Lendenbraten à la provençale. — Ein Stück Lendenbraten wird geputzt und mit Schinken gespickt; dann wird eine Farce von geriebenem Speck, Rindermark, Sardellen, Butter, Oel, feinen Kräutern und Knoblauch gemacht, dies Alles wird fein gehackt, auf Speckstreifen gestrichen, der Lendenbraten vollständig darin eingehüllt, zusammen gebunden, mit einem Butterpapier umwickelt und an den Spieß gesteckt. Um den Braten zu bräunen, wird, sobald derselbe weich ist, die ganze Umwickelung abgenommen. Der Lendenbraten wird mit einer „piquanten Sauce", die mit etwas Citronensaft abgeschärft und von der das Fett abgenommen ist, gegeben. Dies Recept ist besonders zu empfehlen.

Pfannkuchen mit Flieder. — Zwei oder drei Stiele weißen Flieders werden zwei Stunden in einer Terrine mit Streuzucker, welcher mit spanischem Wein oder Cognac angefeuchtet ist, marinirt. Dann läßt man den Flieder abtropfen, vermischt den durchzogenen Zucker mit Pfannkuchenteig, zu dem noch Cognac oder einige Tropfen Orangenwasser gethan werden, backt die Kuchen in der Pfanne gelbbraun und giebt sie zu Tisch.

Wilde Enten gebraten. — (Siehe gebratene wilde Enten.)

28. Juni.

Suppe mit Reis und Kerbel.
Kalbsnuß gespickt à la bourgeoise.
Kaninchen als wohlschmeckendes Ragout.
Hecht blau.
Verlorene Eier mit Purée von Tomate.
Pfannkuchen mit Kartoffeln.

———

Kaninchen als wohlschmeckendes Ragout. — Die Kaninchen werden in Stücke geschnitten und kranzförmig, mit in Scheiben geschnittenen Trüffeln in eine Kasserolle gelegt. Dann läßt man sie mit guter spanischer Sauce, sowie mit der Brühe, worin der Abgang von den Kaninchen gekocht ist, einkochen, deckt ein Butterpapier darüber und richtet sie auf einer Schüssel ebenso kranzförmig an.

Braisirter Lammsrücken mit Pasteten (rissoles) garnirt. — (Siehe Hammelkeule mit Rissoles garnirt.)

Pfannkuchen mit Kartoffeln. — Man weiche 65 Gramm geriebene Kartoffeln in Milch ein, lasse sie eine Viertelstunde einkochen und füge dann Zucker, geriebene Makronen und ein wenig Orangenwasser hinzu. Wenn sich dieser Teig verdickt hat, so kommen zwei Eigelb hinzu, die aber während des Kochens hinzugerührt werden. Sobald der Teig wieder fest ist, läßt man ihn erkalten, formt die Pfannkuchen daraus, bestreicht sie mit Ei, bäckt sie in der Pfanne und giebt sie dann mit Zucker bestreut zu Tisch.

29. Juni.

Suppe von Kraftbrühe mit verlorenen Eiern.
Lachs auf holländische Art.
Rinderschwanzstück mit farcirten Kirschen garnirt.
Perlhuhn gebraten.
Kleine Erbsen auf englische Art.
Aprikosen-Compot à la Breteuil.

Suppe von Kraftbrühe mit verlorenen Eiern. — Man nehme ein oder zwei Kilo Rinderschwanzstück, ein Huhn und dem entsprechend Kalbfleisch, thue diese Fleischsorten in einen Schmortopf, fülle denselben mit Wasser, setze ihn auf das Feuer und schäume das Fleisch fleißig. (Während des Kochens gieße man öfter kaltes Wasser dazu, damit es besser schäumt.) Dann lasse man das Fleisch nicht stark kochen, aber ununterbrochen ziehen. Nachdem es geschäumt ist, thue man Carotten, weiße Rüben, Porrée und Zwiebeln dazu; sobald das Fleisch weich ist, wird die Kraftbrühe durch ein Haarsieb gegossen, damit sie recht klar ist. Die Eier werden in kochendes Wasser geschlagen und dann in die Suppe gethan.

Rückenstück mit Pfeffer-Sauce (poivrade). — Ein Rückenstück wird in Stücke geschnitten, in Butter sautirt und mit einer Pfeffer-Sauce darüber angerichtet.

Aprikosen-Compot à la Breteuil. — Recht reife Aprikosen werden mit geriebenem weißen Zuckerkand bestreut, nachdem sie getheilt sind und der Kern herausgenommen ist. Dann lasse man sie leicht heiß werden, lege sie in eine Compotschale und besprenge sie mit einem Saft, der aus den Aprikosenstielen und einigen Himbeeren gekocht ist.

30. Juni.

Suppe mit Wurzeln.
Karpfen à la normande.
Marinade von Blumenkohl.
Aal am Spieß.
Maccheroni gratinirt.
Mandelkuchen.

Suppe von Wurzeln. — Sie besteht aus 100 Gramm Carottten, 15 Gramm weißen Rüben, 15 Gramm Lauch, 50 Gramm Zwiebeln, 25 Gramm Sellerie, Salz und Pfeffer, alle diese Wurzeln werden in Stücke geschnitten und in Butter geschwitzt. Wenn sie bräunlich sind, werden zwei Liter Bouillon, worin etwas Bohnen gekocht sind, und eben so viel Liter Bouillon, worin Linsen gekocht sind, hinzugethan und Alles zusammen vier Stunden gekocht. Beim Anrichten werden Croutons in die Terrine gethan und die Suppe darauf gegossen.

Aal am Spieß. — Man nehme einen großen Aal, ziehe die Haut ab, spicke ihn fein und marinire ihn halb in Essig, halb in Bouillon mit Salz, Pfeffer und feinen gehackten Kräutern. Nach drei Stunden des Marinirens wird er dann an den Spieß gesteckt, in Butterpapier gewickelt und mit Weißwein, sowie mit dem Jus der Bratpfanne begossen. Wenn der Aal fast fertig gebraten ist, nehme man das Butterpapier ab und lasse ihn sich bräunen. Dann richte man ihn mit Croutons garnirt an und gebe dazu eine „Sauce italienne".

1. Juli.

Suppe pot-au-feu.
Rindfleisch gekocht mit glacirten Zwiebeln garnirt.
Hirn à la provençale.
Huhn gebraten.
Grüne Bohnen à la maître d'hôtel.
Eier mit Pistazien.

Hirn à la provençale. — Nachdem mehrere Gehirne gereinigt sind, werden sie blanchirt und dann in Bouillon, wozu noch ein Glas Weißwein, Salz, Pfeffer, Citronensaft, Petersilie, Körbel und Knoblauch gethan wird, gekocht. Wenn die Gehirne hinreichend gekocht sind, werden sie auf eine Schüssel gelegt und die Sauce wird, nachdem sie eingekocht ist, darübergegossen. Auch kann man sie mit einer gerösteten Brodkruste oder mit einer piquanten Sauce anrichten.

Eier mit Pistazien. — In eine Kasserolle wird Folgendes gethan: Ein wenig feinstes Mehl in Sahne gerührt, geriebene Citronenschale, sechs frische Eier, ein Stück Zucker und klein geriebene Pistazien. Dies Alles wird gut durcheinander gerührt und dann auf die Schüssel, welche zum Anrichten bestimmt ist, gethan. Die Schüssel wird auf die Kochplatte gestellt und der Inhalt so lange umgerührt, bis sich die Eier genügend mit den anderen Sachen verbunden haben. Dann wird gestoßener Zucker darüber gestreut, und kann auch dies Gericht noch glacirt werden.

Kibitze gespickt und gebraten. — Die Kibitze werden gepflückt, ausgenommen und gespickt, dann rasch am Spieß gebraten und nachher auf einer Schüssel in zwei Theile geschnitten, diese oben glacirt und mit gutem Jus angerichtet.

2. Juli.

Suppe mit Purée von Bohnen.
Meerbarbe (surmulet) mit zerlassener Butter.
Kalbs-Cotelettes à la Gingara.
Kaninchen gebraten.
Purée von türkischen Bohnen mit Croutons.
Eier mit Pistazien.

Suppe mit Purée von Bohnen. — Trockene oder grüne Bohnen werden in Wasser, mit 100 Gramm Butter auf ein Liter Gemüse gerechnet, mit Nelken, gespickten Zwiebeln, Petersilie, Carotten, Salz und Pfeffer gekocht. Wenn die Bohnen weich sind, werden die Zuthaten herausgenommen und die Bohnen durch ein Sieb gerührt. — Zuweilen ist es nöthig, die Bohnen abtropfen zu lassen und dann zu reiben. Das Purée, welches man davon erhält, wird mit Bouillon verdünnt, und zwar so, daß die Suppe weder zu dünn, noch zu dick wird. Wenn sie nochmals heiß gemacht ist, wird sie auf Reis, welcher vorher in Wasser und Salz und einem Stück Butter ausgequollen und dann in die Terrine gethan ist, gegossen. Wenn es nöthig ist, wird an die Suppe noch ein Stückchen frische Butter gethan, aber sie darf nicht eher zu Tisch gegeben werden, bis die Butter sich vollständig vermischt hat. Diese Art Suppe wird mit in Butter geröstetem Weißbrode garnirt.

Schweineohren braisirt. — Nachdem die Ohren gereinigt, gesengt und gebrüht sind, werden sie in einer Kasserolle mit Speckstreifen, Zwiebeln, Carotten und einem Bouquet gekocht, dann wird noch Bouillon hinzugefügt, und wenn sie weich sind, werden sie mit einer Sauce oder einem Purée, je nach Geschmack, angerichtet.

Die dreihundert sechs und sechzig Menus.

3. Juli.

Suppe von Gerstenschleim mit kleinen Erbsen.
Karpfen geröstet.
Rinderrippenstück mit Wurzeln.
Tauben gebraten mit Kresse.
Gurken mit Bechamelle.
Pfannkuchen mit Pataten.

Karpfen geröstet. — Ein guter Karpfen wird geschuppt, ausgenommen, mit Oel eingerieben und auf den Rost gelegt. Man giebt ihn zu Tisch entweder mit einem Ragout von Sauerampfer, oder mit einer weißen Kapernsauce, auch mit einer Sauce à la maître d'hôtel, oder nur mit Oel und Essig.

Rinderrippenstück mit Wurzeln. — Das Rippenstück wird gespickt, gesalzen und braisirt. Hierauf werden Carotten blanchirt, in einer Kasserolle mit Bouillon gekocht, bis sie glacirt sind, dann in Roux, sowie mit etwas braunem Mehl geschwitzt. Wenn die Carotten braun sind, werden sie herausgenommen, die Sauce vom Fleisch hinzugethan und nachdem diese aufgekocht hat, durch ein Sieb gerührt und zwar gleich über die Carotten, die dann sofort zu Tisch gegeben werden.

Pfannkuchen mit Pataten. — Die Pataten werden abgeschabt, gewaschen und in längliche Stücke, wie die Haberwurzel (salsifis) geschnitten, dann legt man sie eine halbe Stunde in Cognac mit Citronensaft und läßt sie abtropfen. Wenn das geschehen ist, werden sie in den Pfannkuchenteig gehüllt, in der Pfanne gebraten und nachher mit Zucker bestreut.

4. Juli.

Suppe à la julienne.
Steinbutte mit Kräuter=Sauce (raifort).
Hühner sautirt.
Kalbsniere gebraten.
Marinade von Blumenkohl.
Erdbeer=Auflauf.

Steinbutte mit Kräuter=Sauce (raifort). — Nachdem die Steinbutte ausgenommen ist, wird sie in= und auswendig gewaschen, dann ein leichter Schnitt von 9 bis 12 Centimeter auf dem Rücken, mehr nach dem Kopfe als nach dem Schwanze zu, gemacht; hierauf wird der Kopf, sowie der ganze Fisch gebunden, mit Citronensaft eingerieben und in Wasser und Salz mit Citronenschale in einem Fischkessel gekocht. Sobald das Wasser zu kochen anfängt, wird der Kessel zurückgezogen, und der Fisch darf nur noch ziehen, dann wird er mit einem Butterpapier bedeckt und in seiner Brühe stehen gelassen. Eine Viertelstunde vor dem Anrichten läßt man den Fisch abtropfen, legt ihn in einer Serviette auf die Schüssel und einen Büschel Petersilie im Halbkreis darauf. Zwei Saucièren werden zur Steinbutte herumgegeben, die eine mit einer weißen „Kräuter=Sauce", die andere mit einer Sauce von Hummerbutter.

Die dreihundert sechs und sechzig Menus.

5. Juli.

Suppe von Kraftbrühe mit Reis.
Enten mit weißen Rüben.
Quenelles (eine Art Bouletten) gebraten.
Lammskeule gebraten.
Bohnen à la maître d'hôtel.
Eierkuchen mit Kirschen.

Ente mit weißen Rüben. — Eine Ente wird gepflückt, gesengt, ausgenommen und dann mit Speckunterlage und Speck oben auf, sowie mit Petersilie, Carotten, in Scheiben geschnittenen Pastinaken, Thymian, Lorbeer, Porée und gestoßener Muskatennuß braisirt, hierzu wird hinreichend Bouillon oder Wasser und eben so viel Weißwein gethan, worin die Ente langsam kochen muß. Dann schneide man Rüben in Form der Oliven, schwitze sie in einer Kasserolle in Butter und wenn sie braun sind, lasse man sie abtropfen und setze sie wieder mit Bouillon auf. Die Ente läßt man, ehe sie auf eine Schüssel gelegt wird, abtropfen, und thut die Rüben darauf.

Kalbs-Cotelettes à la Gingara oder Saint-Garat. — (Ein anderes Recept.) Man putze Cotelettes, spicke sie, gieße zerlassene Butter darüber, lege in eine Kasserolle Speckstreifen und Scheiben Schinken und darauf die Cotelettes, welche wieder mit Speckstreifen bedeckt werden. In die Kasserolle werden noch Carotten, Zwiebeln und ein garnirtes Bouquet mit Bouillon gethan. Wenn die Cotelettes weich sind, werden sie auf eine Schüssel gethan, die Sauce durchgegossen und nachdem sie mit etwas Jus noch kurz eingekocht ist, über die Cotelettes gethan. Ein Ragout von Champignons oder eine Sauce tomate eignen sich am besten zu diesen Cotelettes.

---

6. Juli.

Suppe à la Crécy.
Kapaun mit Salz.
Gebratene Hammelschwänze mit Parmesankäse.
Schinken am Spieß.
Chicorien mit Sahne.
Panachées.

Kapaun mit Salz. — Ein Kapaun wird gepflückt, gesengt und ausgenommen, wobei man sich in Acht nehmen muß, die Galle nicht zu zerdrücken. Nun werden die Keulen kreuzweis festgebunden, ebenso bindet man die Flügel, wie den ganzen Kapaun; wenn das geschehen ist, wird derselbe mit Citronensaft eingerieben, mit Speckstreifen umwickelt, mit Zwiebeln und Carotten, mit dem Hals und dem Magen in eine Kasserolle gelegt und darin anderthalb Stunden mit Bouillon gekocht. Mit körnigem Salz auf der Brust und dem Jus in einer Saucière wird der Kapaun angerichtet.

Gebratene Hammelschwänze mit Parmesankäse. — Man lasse die Hammelschwänze kochen, bestreiche sie dann mit Ei, bestreue sie mit geriebener Semmel, welche mit Parmesankäse gemischt ist, und brate sie in der Pfanne. Sie werden mit gebratener Petersilie angerichtet und müssen heiß zu Tisch gegeben werden.

Die dreihundert sechs und sechzig Menus.

7. Juli.

Suppe von Kartoffeln mit Körbel.
Lachs sautirt.
Huhn à la Orly.
Rostbeef, englisch.
Purée von weißen Rüben.
Törtchen von Kirschen.

—

Lachs sautirt. — Ein frischer Lachs, von dem die Haut abgezogen, wird in feine Stücke geschnitten, die mit einem mit Wasser angefeuchteten Messer geglättet werden. Dann läßt man in einer Kasserolle Butter zergehen, legt die Stücke Lachs hinein, eines neben das andere und salzt, pfeffert und sautirt sie. In eine andere Kasserolle wird kurz eingekochte Bouillon gethan, sowie die Butter, worin der Lachs sautirt ist, dann blanchirte und gehackte Petersilie, geriebene Muskatennuß und Citronensaft. Nachdem die Stücke Lachs auf einer Schüssel kranzförmig angerichtet sind, wird die Sauce mit Eigelb abgezogen und darüber gegossen.

Huhn à la Orly. — Man zerschneide ein Huhn, bestreue es mit Salz, Pfeffer und Mehl und lasse es dann mit Petersilie, Lorbeer und Citronensaft, sowie mit in Scheiben geschnittenen Zwiebeln in der Pfanne braten. Beim Anrichten lege man das zerschnittene Huhn auf eine Schüssel, garnire es geschmackvoll mit den Zwiebeln, worüber eine Sauce tomate gethan wird.

Schweine-Cotelettes mit Pfeffer-Sauce. — Die Cotelettes werden, nachdem sie geröstet sind, mit einer Pfeffer-Sauce (poivrade) angerichtet.

———

8. Juli.

Frühlingssuppe mit verlorenen Eiern.
Makrelen à la flamande.
Tauben auf eine besondere Art zubereitet (crapaudine).
Rostbeef englisch.
Kartoffeln sautirt.
Törtchen (meringues) mit Sahne.

Makrelen à la flamande. — Die Makrelen werden ausgenommen, der Darm herausgezogen, der Kopf gebunden und am Rücken leicht eingeschnitten. Die Makrelen werden gefüllt mit in Butter geschwitzten, vorher gehackten Schalotten, Petersilie, Salz, Pfeffer und Citronensaft, dann werden sie in Butterpapier gewickelt, auf mäßigem Feuer 25 Minuten geröstet und dann gleich zu Tisch gegeben.

Tauben auf eine besondere Art zubereitet (crapaudine). — Die Tauben werden gepflückt, ausgenommen, gesengt und dann die Keulen in einander auf dem Rücken befestigt. Darnach wird in eine Kasserolle Butter mit Salz und Pfeffer gethan und die Tauben hineingelegt. Wenn sie fast weich sind, werden sie herausgenommen, mit geriebener Semmel bestreut und geröstet. Hierzu wird eine „Sauce piquante" gegeben.

Hammelviertel à la bretonne. — Das Viertel wird am Spieß gebraten und mit Bohnen à la bretonne angerichtet. (Siehe das Recept.)

9. Juli.

Suppe à la parisienne.
Barbe geröstet.
Rückenstück mit Pfeffer=Sauce.
Puter gedämpft.
Champignons gratinirt.
Kirsch=Törtchen.

Puter gedämpft. — Nachdem ein schöner Puter gepflückt, ausgenommen und gesengt ist, wird er gespickt, gesalzen und mit Bouillon, einem halben Glase Cognac, Speckstreifen, einem halben Kalbsfuß, Zwiebeln, Carotten, einem Bouquet, Knoblauch, Thymian, Lorbeer und Nelken gedämpft. Nach vier Stunden, wenn es ein junger, und nach sechs Stunden, wenn es ein alter Puter ist, nehme man ihn vom Feuer, lasse ihn in seiner Brühe erkalten, dann abtropfen und lege ihn auf eine Schüssel. Die Brühe wird durch ein Sieb gegossen, recht eingekocht und auf den Puter gethan. Beides muß erkalten, da der Puter kalt gegeben werden soll. Man kann auch dies Gericht warm geben, aber dann garnirt man den Puter mit all den gekochten Ingredienzen und mit seinem eingekochten Jus.

Fenchel=Sauce. — Ein Bouquet Fenchel wird mit einem Bouquet Petersilie gekocht, dann fein gehackt und in zerlassener Butter geschwitzt, zu welcher später Bouillon gethan wird. (Englische Küche.)

Gebratene Quenelles (eine Art Bouletten). — Die Quenelles werden in eine gut eingekochte Bechamelle gelegt, dann mit geriebener Semmel bestreut, in Eigelb gewälzt und nochmals mit geriebener Semmel bestreut, in der Pfanne gebraten und mit gebratener Petersilie angerichtet.

10. Juli.

Menu für Fasten.

Suppe mit Purée von Carotten.
Croquettes mit kleinen italienischen Nudeln und Parmesankäse.
Aal à la poulette.
Pastete von Lachs.
Kartoffel-Purée gratinirt.
Reiskuchen mit Johannisbeeren.

Suppe mit Purée von Carotten. — Man nehme ein Kilo recht rothe Carotten (aber nicht das Herz davon, weil es gelblich ist), schwitze sie in Butter und füge dann ein Liter Wasser, sowie Salz, Petersilie, eine mit zwei Nelken gespickte Zwiebel und einen Stiel Sellerie hinzu. Sobald die Carotten gekocht sind, werden sie durch ein Sieb gegossen und dann dies so gewonnene Purée mit zwei Liter Wasser, damit sie roth bleiben, in den Ofen gesetzt, wo sie noch dreiviertel Stunden kochen müssen. Zu dieser Suppe wird auch noch ausgequollener Reis gegeben.

Aal à la poulette. — Nachdem der Aal gereinigt und die Haut abgezogen ist, wird derselbe in Stücke geschnitten, die man blanchirt, dann abtropfen und in Butter mit zwei Löffeln Mehl schwitzen läßt. Nachdem dies geschehen, wird Wasser und Weißwein, sowie Salz, ein Bouquet und Champignons hinzugethan. Wenn die Sauce geschäumt und durchgegossen ist, wird dieselbe noch eingekocht, dann mit Eigelb abgezogen und mit Citronensaft geschärft.

Die dreihundert sechs und sechzig Menus.

11. Juli.

Suppe mit Purée von Artischoken.
Kalbsgekröse au naturel.
Wassermuscheln à la poulette.
Rinder-Filet gebraten.
Kartoffeln gebraten.
Törtchen (darioles) à la duchesse.

Kalbsgekröse au naturel. — Ein Kalbsgekröse wird in lauem Wasser gereinigt, dann eine Viertelstunde in kochendem Wasser blanchirt, abgetropft und nachdem es geputzt ist, in Wasser mit einem Stück Butter, etwas Mehl, Salz, Pfeffer, Zwiebeln, Carotten, geriebener Semmel, einem Bouquet Petersilie, kleinen Zwiebeln, Knoblauch und Nelken gekocht. Wenn dasselbe weich ist, gießt man die Sauce durch, fügt noch einige Pfeffergurken, sowie ein wenig Essig hinzu und giebt diese Sauce zu dem Kalbsgekröse in eine Saucière.

Wassermuscheln à la poulette. — Nachdem die Muscheln gesäubert und gewaschen sind, werden sie in einer Kasserolle mit ein wenig Weißwein auf das Feuer gesetzt, geschüttelt und wenn sie sich öffnen, die Schnecken herausgenommen. Letztere thut man dann in eine andere Kasserolle mit einem Stück Butter, sowie etwas Mehl, Pfeffer, gestoßener Muskatennuß, Petersilie, gehackten kleinen Zwiebeln, ein wenig Bouillon und etwas von dem Wasser, worin die Muscheln gekocht sind. Die Sauce wird, nachdem sie durch ein Sieb gegossen ist, noch eingekocht und mit Eigelb abgezogen.

12. Juli.

Suppe mit Purée von Kartoffeln.
Matrosengericht.
Tauben in Stücken à la Duxelles.
Schweine=Filet gebraten.
Blumenkohl gratinirt.
Aprikosen à la Condé.

Tauben in Stücke geschnitten à la Duxelles. — Nachdem ein halbes Dutzend Tauben geputzt, leicht geklopft und gesalzen sind, werden sie in Butter geschwitzt, dann läßt man sie abtropfen und erkalten. Ist das geschehen, werden sie in Ei und Semmel gewälzt, einige Minuten vor dem Anrichten in Butter gebraten, dann abgetropft und kranzförmig angerichtet. In die Mitte der Tauben thut man Champignons à la provençale. Zugleich wird eine Saucière mit halber Espagnole herumgegeben.

Aprikosen à la Condé. — Nachdem die Aprikosen wie zu einem Compot zubereitet sind, lege man sie auf den Rand einer Krustade von Reis; auf den Boden derselben wird ein Teig von türkischem Weizen gethan, welcher wie zu einem Kuchen bereitet ist, darauf kommen kleine Croquettes, wie eine Kugel geformt und von demselben Teig wie die Kruste, welche aber erst im letzten Augenblicke in Butter gebraten sind. Die Aprikosen sowohl wie die Krustade werden mit eingemachten Kirschen oder sonst vorzüglichen Confituren belegt, über das Ganze wird eine Sauce von Marmelade, Aprikosen und Madeira=Wein gegossen und dann sehr heiß zu Tisch gegeben.

13. Juli.

Suppe mit grünen Bohnen.
Roche mit grüner Butter.
Kalbsohren farcirt.
Hammelkeule gebraten.
Grüne Bohnen à la poulette.
Törtchen (meringues) mit Sahne.

Kalbsohren farcirt. — Eine hinreichende Anzahl Kalbsohren werden gereinigt, blanchirt, geputzt, daß auch nicht das kleinste Haar daran bleibt, dann in eine Kasserolle mit Speckstreifen unten und darüber gelegt, außerdem Carotten, Zwiebeln, ein Bouquet, in Scheiben geschnittene Citronen, Bouillon und Weißwein dazu gethan und sie so auf mäßigem Feuer gekocht. Sobald die Ohren gar sind, werden sie abgetropft, mit gekochter Farce gefüllt, mit Ei bestrichen in der Pfanne gebraten und mit Jus darüber angerichtet.

Grüne Bohnen à la poulette. — Man nehme recht zarte junge Bohnen, ziehe sie ab, wasche sie und koche sie in Wasser. Wenn sie weich sind, schwenke man sie in einer Kasserolle mit braunem Mehl, Petersilie, gehackten Zwiebeln, etwas Bouillon und Salz. Die Sauce wird eingekocht, mit Eigelb, sowie ein wenig Essig abgezogen und über die Bohnen gegossen.

14. Juli.

Kraftbrühe mit Körbel.
Rindfleisch braisirt.
Cotelettes von Kaninchen mit Sauce tomate.
Junger Puter mit Kresse.
Purée von türkischen Bohnen mit Croutons.
Pastetchen (darioles).

———

Cotelettes von Kaninchen mit Sauce tomate. — Einigen Keulen von Kaninchen gebe man, nachdem die Knochen herausgenommen sind, die Form von Cotelettes und garnire sie mit einer Farce, welche von Kaninchen und feinen Kräutern bereitet ist. Die großen Knochen, welche herausgenommen sind, werden so zugerichtet, daß sie die Form von den Knochen wirklicher Cotelettes erhalten. Man schwitzt sie in Butter und läßt sie dann erkalten; wenn sie erkaltet sind, werden sie mit Ei bestrichen, zum Sautiren in zerlassener Butter zu den Cotelettes gefügt, und wenn dieselben schön gebräunt sind, läßt man sie abtropfen und giebt sie mit einer Sauce tomate.

Pastetchen (darioles). — 32 Gramm Butter werden mit drei Löffel Zucker, zwei Löffel Mehl, der feingehackten Schale einer halben Citrone, gebranntem Orangenwasser, vier Eigelb, ein wenig Salz und einem Glase guter Sahne vermischt, dann füllt man kleine Formen mit diesem Teig und läßt sie im Ofen backen. Sobald die Darioles aus den Formen gethan sind, werden sie mit Zucker bestreut und zu Tisch gegeben.

Butter mit spanischem Pfeffer. — Nachdem spanischer Pfeffer fein gestoßen ist, wird er mit Butter vermischt und bedient man sich dieser Butter hauptsächlich zu den Thee-Butterbroden.

———

Die dreihundert sechs und sechzig Menus.

15. Juli.

Suppe von Gemüsen mit Croutons.
Lottes (See=, auch Flußfische) à la prussienne.
Hammel=Cotelettes à la jardinière.
Nierenbraten.
Nachtschatten (aubergine) à la provençale.
Pfirsich=Compot.

Lottes (See=, auch Flußfische) à la prussienne. — In eine Kasserolle werden Scheiben Schinken gethan und wenn dieselben warm geworden sind, werden zwei Gläser Champagner, ein Löffel voll Kraftbrühe, ein Glas feines Oel, ein Bouquet Petersilie, kleine Zwiebeln, ein Lorbeerblatt und eine in Scheiben geschnittene Zwiebel hinzugethan. Wenn Alles eine Stunde gekocht hat, wird das Fett abgenommen und das Gekochte durch ein Sieb gegossen. In diese Brühe werden nun die Lottes, nachdem dieselben vorher geputzt und ausgenommen sind, mit den Lebern, sowie mit Salz und Pfeffer gethan. Sind die Fische gar, so werden sie mit der kurz eingekochten Sauce angerichtet.

Nierenbraten. — Man nehme einen guten Nierenbraten, putze ihn und zwinge ihn vermöge der Hatelets, daß er am Spieß gebraten werden kann. In Butterpapier gehüllt, muß er so ziemlich drei Stunden braten, dann wird das Papier abgenommen und der Braten mit seinem eigenen Jus angerichtet.

Pfirsich=Compot. — Nachdem die Pfirsiche gewaschen, ganz oder nach Belieben getheilt worden sind, lasse man sie abtrocknen, lege sie dann in weißen Syrup und setze sie, mit einem runden Stück weißen Papiers bedeckt, auf das Feuer. Wenn sie weich sind, thue man sie in eine Assiette und gieße den Syrup darüber. Man kann diesem Compot noch einen aromatischen Geschmack geben durch Hinzufügung von etwas Zucker, welcher mit Flieder (Hollunder) durchzogen ist.

16. Juli.

Kraftbrühe mit gerösteten Croutons.
Brassen geröstet à la maître d'hôtel.
Rinderzunge à l'italienne.
Enten gebraten.
Gurken gefüllt.
Erdbeer-Törtchen.

Gurken gefüllt. — Man nehme Gurken von ziemlich gleicher Form, schneide in die Mitte derselben ein rundes Loch, schäle sie, nehme die Kerne heraus, blanchire sie zehn Minuten und lasse sie dann abtropfen und erkalten. Dann werden recht feine Speckstreifen in eine Kasserolle gethan und darauf die Gurken, welche natürlich mit einer Farce gefüllt und leicht gebunden sind, gelegt. Mit Speckstreifen und sieben Decilitern Bouillon müssen sie auf mäßigem Feuer zwanzig Minuten kochen, dann werden die Gurken herausgenommen, aufgebunden, abgetropft und auf einer Schüssel mit folgender Sauce angerichtet. Zu 100 Gramm Butter werden 25 Gramm Mehl, etwas Roux, Bouillon und 25 Gramm Fleischglace gefügt, zwanzig Minuten unter Umrühren mit einem Holzlöffel gekocht, durch ein Sieb gegossen und mit etwas Citronensaft abgeschärft.

Butter mit Nüssen. — Sie wird zubereitet, wie die Butter mit Knoblauch, nur nimmt man statt des Knoblauch Nüsse und fügt noch recht fein gehackte Petersilie, Estragon und Zwiebeln hinzu. Diese Butter wird als Zwischengericht gegeben, aber man giebt sie auch als Theebutterbrod.

17. Juli.

Suppe mit Bohnen.
Barbe mit Fenchel-Sauce.
Hammelkeule braisirt.
Tauben gebraten.
Kartoffeln à la Macaire.
Mandelkuchen.

Kartoffeln à la Macaire. — Man erzählt folgende Geschichte: Eines Tages frühstückte Louis Philipp in den Tuilerien. Der Prinz von Joinville, welcher eben beschäftigt war, von seinen Reisen zu erzählen, wies ein vorzügliches Gericht sautirter Kartoffeln zurück. Nachdem der Prinz seine Erzählung beendet hatte, erinnert er sich plötzlich der Kartoffeln und verlangt nach ihnen, aber es waren nur noch Brocken derselben vorhanden, so fleißig hatte man ihnen zugesprochen. Ein Haushofmeister, schnell entschlossen, nimmt diese Brocken und sautirt sie auf hellem Feuer. Bei dieser Prozedur nehmen die Kartoffeln eine goldgelbe Farbe an, welcher noch ein grünlicher Schimmer gegeben wird durch Hinzufügung recht fein gehackter Petersilie, die der kühne Chef hinzufügt. Der Prinz fand dies Gericht so nach seinem Geschmack, daß er sich erkundigte, welche Nation diese so zubereiteten Kartoffeln hätte. Niemand hörte die Antwort des Haushofmeisters, aber der Prinz, welcher etwas schwerhörig war, antwortete sofort: Ah! dies sind die Kartoffeln à la Macaire, sehr gut, ich finde sie vortrefflich und wünsche, daß man sie mir öfter bringt. Der König sowohl, wie die übrigen Prinzen lachten bis zu Thränen. Aber was half es, die Brocken der sautirten Kartoffeln waren getauft.

18. Juli.

Suppe à la julienne.
Barbe gedämpft.
Wurst von Kaninchen à la Richelieu.
Lammsviertel gebraten.
Weiße Rüben halb glacirt.
Compot von grünen Aprikosen.

Barbe gedämpft. — Eine Barbe wird geschuppt, ausgenommen und in Rothwein mit Salz, Pfeffer, Nelken, einem Bouquet und einem großen Stück Butter gekocht. Wenn sie gekocht ist, mache man die Butter mit braunem Mehl etwas sämig und richte sie über dem Fisch an.

Wurst von Kaninchen à la Richelieu. — Man löse das Fleisch von einem Kaninchen, hacke es fein, rühre es durch ein Sieb und vermische es mit gekochten und fein geriebenen Kartoffeln, vermische Beides mit Salz, Pfeffer, ein wenig blanchirten, mit zerlassener Butter durchzogenen Zwiebeln, knete den Teig gut durch, daß er recht dicht ist und verbinde ihn dann mit einem Ragout (salpicon) von Geflügel, recht rother Zunge und Trüffeln, welches in deutscher Sauce recht eingekocht ist. Dieser Zurichtung giebt man die Form einer Blutwurst. Nun wird eine Kasserolle mit Butter ausgestrichen und die Blutwurst, sowie etwas Bouillon mit Vorsicht hineingethan, und lasse man sie nur ziehen, nicht kochen. Dann muß sie abtropfen und erkalten, und wenn das geschehen ist, wird sie mit Eigelb bestrichen, in geriebener Semmel gewälzt und auf dem Rost goldbraun geröstet. Die Wurst wird auf einer Schüssel mit italienischer oder weißer Sauce oder noch besser mit einer Trüffel-Sauce angerichtet.

19. Juli.

Suppe.
Rindfleisch à la flamande.
Rochen mit weißer Sauce.
Galantine von jungen Kaninchen.
Maccheroni gratinirt.
Erdbeer-Auflauf.

Galantine von jungen Kaninchen. — Man nehme die Knochen von jungen Kaninchen aus, lasse aber den Kopf ganz, nehme dann das gröbste Fleisch, hacke es mit eben so viel Speck, mache eine Farce daraus und füge noch Salz, Pfeffer, sowie gehackte Trüffeln hinzu. Nun lege man die Kaninchen auf ein weißes Tuch, thue von der Farce hinein, dann Scheiben Schinken, Scheiben Trüffeln, hierauf wieder Farce und nochmals Scheiben Schinken. Wenn die Kaninchen ganz gefüllt sind, gebe man ihnen so viel als möglich ihre ursprüngliche Form wieder, binde sie zusammen und wickele sie in ein weißes Tuch. Dann lege man in eine Kasserolle Speckstreifen und darauf die Kaninchen, und füge Carotten, Zwiebeln, ein Bouquet, Petersilie, Lorbeer, Thymian, Salz, Pfeffer, Weißwein und eben so viel Bouillon hinzu. Darüber werden Speckstreifen, sowie ein rundes Papier gedeckt. Sind die Kaninchen weich, so lasse man sie abtropfen und erkalten, wickele sie dann auf, rühre die Brühe, in der sie gekocht sind, durch, nehme das Fett ab und gieße die Brühe, nachdem sie noch eingekocht ist, über die Kaninchen.

Kluskis von frischem Fleisch. — Ein Kilogramm mageres frisches Schweinefleisch wird gehackt, dann Weißbrod in Wein eingeweicht und Citronensaft, sowie Salz und Pfeffer hinzugethan. Mit diesem Teig wird das Fleisch zusammengerührt, Bouletten daraus geformt und in Butter gebraten.

20. Juli.
Menu für Fasten.

Suppe à la Monaco.
Mewe (Colin) in der Pfanne gebraten.
Karpfenmilch.
Hummer mit Remulade.
Gurken mit Sahne.
Kirsch=Törtchen.

Batons royaux. — Mit diesem Namen wird eine sehr feine Farce bezeichnet, welche von Geflügel oder Wild gemacht wird und der man die Form von kleinen Spindeln giebt, die, nachdem sie in einen feinen Teig gehüllt worden sind, in Butter gebacken werden. Diese Batons sind eine Art Rissoles und dienen zur Ausschmückung von Rindfleisch, oder werden auch als selbstständiges Zwischengericht gegeben, wo sie dann mit in Butter gebratener Sellerie ausgeschmückt werden.

Gurken mit Sahne oder magerer Bechamelle. — Die Gurken werden geschält, ausgenommen, in Würfel geschnitten und in Salzwasser blanchirt, dann müssen sie abtropfen, werden in kaltes Wasser geworfen, mit einer Serviette abgetrocknet und dann mit einer Sauce, bestehend aus Sahne, Milch, einem Stück Butter und ein wenig Mehl, auf das Feuer gesetzt, doch dürfen die Gurken nur darin ziehen, nicht kochen.

Compot von grünen Aprikosen. — Man schält grüne Apri=kosen, legt sie erst in kaltes, dann in laues Wasser mit einer Handvoll Sauerampfer, deckt sie zu und läßt sie so lange kochen, bis sie eine schöne grüne Farbe bekommen; dann nimmt man sie vom Feuer, läßt sie abtropfen und gänzlich erkalten. Wenn das geschehen ist, werden sie in Zucker weich gekocht, im letzten Augenblicke noch ein Löffel voll feingekochten Spinats hinzugefügt und dann angerichtet.

---

21. Juli.

Suppe mit italienischen Pasteten.
Aal mit Lactuke.
Croquettes von sehr gutem Rindfleisch.
Huhn gespickt und gebraten.
Spinat mit Sahne.
Pfannkuchen mit Aprikosen.

Aal mit Lactuke. — Nachdem ein Aal in Stücke geschnitten und wie ein Hühner-Frikassée gekocht ist, nehme man Lactuke, welche in Wasser und Salz mit Butter gekocht ist, lasse sie abtropfen, thue sie zu dem Aal, damit derselbe den Geschmack davon annimmt, schlage drei Eier hinein, thue etwas Citronensaft dazu und gebe dies Ragout mit gebratenen Croutons.

Croquettes von sehr gutem Rindfleisch. — Ein Stück vorzügliches gekochtes Rindfleisch schneide man der Länge nach in Stücke, lasse dieselben eine halbe Stunde mit etwas Knoblauch, zwei Nelken, Thymian, Lorbeer, Salz und Pfeffer in Bouillon ziehen, dann abtropfen und erkalten. Auf jedes Stück Fleisch wird ein wenig Fleisch-Farce gelegt und muß es dann mit einer Mischung aus Olivenöl, Weißwein und Salz recht durchziehen. Hierauf werden die Croquettes in Butter gebraten und mit Petersilie garnirt zu Tisch gegeben.

22. Juli.

**Frühlingssuppe.
Huhn mit Reis.
Ragout von Stockfischen.
Schinken gekocht.
Salat von Gemüsen.
Plum-Pudding.**

Hammelkeule braisirt. — Nachdem die Keule vorbereitet ist, spicke man sie, binde sie zusammen, lege sie mit Speckstreifen in eine Kasserolle, füge noch Carotten und ein Bouquet hinzu und lasse sie zwei oder drei Stunden mit Wasser kochen. Wenn die Keule weich ist, wird sie aufgebunden, auf eine Schüssel gelegt, die Sauce eingekocht und darüber gethan.

Plum-Pudding. (Vorzügliche Composition.) — Ein Pfund fettes gehacktes Rindermark, ein Pfund Corinthen, ein Pfund Traubenrosinen, die ausgekernt werden, acht Eigelb, vier Eiweiß, ein Pfund Zucker, eine halbe gestoßene Muskatennuß, der dritte Theil eines Glases Rum oder Cognac, ganz feine Scheiben einer Citrone, ebenso einer Pomeranze und die geriebene Schale einer Citrone werden zusammengerührt; zuerst aber werden die Eier in eine Schüssel gethan und nach und nach kommt Milch, Mehl, sowie die übrigen Ingredienzien hinzu, Milch wird so viel als nöthig genommen. Dieser Pudding braucht fünf bis sechs Stunden zum Kochen. Er wird mit einer Madeira- oder Rum-Sauce gegeben.

Die dreihundert sechs und sechzig Menus.

23. Juli.

Suppe mit Reis.
Bive grillirt mit Remuladen-Sauce.
Cotelettes von Tauben mit kleinen Erbsen.
Rostbeef gebraten.
Kartoffeln mit Butter.
Kuchen mit Aprikosen gefüllt.

Cotelettes von Tauben mit kleinen Erbsen. — Nachdem sechs junge Tauben ausgenommen und gesengt sind, werden die Flügel beschnitten, sowie die Pfoten abgeschnitten, jede Taube in zwei Theile zerlegt und die Knochen herausgenommen. Nun wird das Fleisch gesalzen, in Butter sautirt, und nachdem es abgetropft ist, läßt man es kalt werden. Sind die Stücke kalt, so giebt man ihnen die Form von Cotelettes, in die man inwendig ein wenig Farce, welche mit feinen Kräutern gekocht ist, thut; dann werden die Cotelettes mit geriebener Semmel bestreut, in Eigelb getaucht und auf mäßigem Feuer geröstet oder in Butter gebraten. Wenn sie gebraten sind, richtet man sie kranzförmig auf einer Schüssel an und thut in die Mitte ein Purée von kleinen Erbsen.

Sauce des armen Mannes. — In eine Kasserolle wird Wasser, Salz, Pfeffer, Essig, gehackte Schalotten und Citronensaft gethan, welches zusammen heiß werden muß, ohne zu kochen. Kalte Hammelkeule schmeckt, in dieser Sauce erwärmt, vollkommen gut.

24. Juli.

Suppe mit Purée von grünen Bohnen.
Vorderblatt vom Hammel in Ballon-Form.
Kapaun sautirt mit feinen Kräutern.
Schleie in Butter gebraten.
Omelette à la jardinière.
Pfirsich à la Condé.

Kapaun sautirt mit feinen Kräutern. — Nachdem fein gehackte Petersilie, Schalotten und Champignons in Butter geschwitzt sind, thue man zwei Kapaune mit Salz, Pfeffer, gestoßener Muskatennuß, sowie einem garnirten Bouquet hinein, gieße ein Glas Weißwein dazu und lasse sie ungefähr dreiviertel Stunden braten. Dann bestreue man sie mit etwas Mehl und füge noch Fleisch-Jus, Citronensaft und ein Stück Butter hinzu.

Omelettes à la jardinière. — Man mache ein wohlschmeckendes Ragout von verschiedenen Gemüsen, allerhand Kräutern, kleinen Erbsen und türkischen Bohnen, nehme die Hälfte davon, schlage ein Dutzend Eier dazu, rühre Alles tüchtig durcheinander und thue es in einen gewöhnlichen Eierkuchenteig. Wenn derselbe gebacken ist, lege man die andere Hälfte der Gemüse oben auf.

Farce zu Gurken. — 500 Gramm Kalbfleisch aus der Keule, ohne Sehnen und ohne Fett und eben so viel Kalbsniere werden gehackt, gesalzen, gepfeffert und mit etwas gestoßener Muskatennuß bestreut und dann mit hinreichender Milch in einer Satte so lange gerieben, bis Alles gut durcheinander gemengt ist.

Die dreihundert sechs und sechzig Menus.

25. Juli.

Suppe à la reine.
Zungenfisch (sole) mit Petersilien-Sauce.
Rinder-Filet mit Madeira-Sauce.
Galantine von Geflügel.
Grüne Bohnen sautirt.
Erdbeer-Törtchen.

———

Suppe à la reine. — Sie wird auf zweierlei Art zubereitet. Zu der einen wird Geflügel in Bouillon gekocht mit einem Bouquet, Zwiebeln, Carotten, Salz und Pfeffer, dann, wenn es gekocht und erkaltet ist, wird das Fleisch von den Knochen abgelöst, die Haut und das Fett zurückgelassen, das Fleisch recht fein gehackt, mit seiner Bouillon durch ein Sieb gerührt und dann wieder in dieser auf das Feuer gesetzt, aber ohne daß es kocht. Beim Anrichten verbindet man diese Suppe mit Mandelmilch, welche man durch das Auspressen und mit Sahne angefeuchteter gestoßener Mandeln erhalten hat. Die Suppe wird auf Quenelles von Geflügel, welche die Größe einer Erbse haben und bereits in der Terrine sind, gegossen. Zu der anderen Art Suppe gebraucht man die Reste von gebratenem Geflügel. Wenn die Haut und das Fett abgenommen sind, werden die Knochen und das Fleisch in einem Mörser gestoßen. Diese Farce läßt man in Bouillon nur ziehen, fügt dann noch in Butter eingeweichtes Brod hinzu und rührt Alles durch ein Sieb. Nachdem so viel Bouillon als nöthig hinzugegossen ist, wird wie bei der oben angegebenen Suppe verfahren.

Sauce mit Citrone. — Eine Citrone wird geschält, ausgekernt und in kleine viereckige Stücke geschnitten. Dann wird die Leber von Geflügel blanchirt, gehackt, mit der zerschnittenen Citrone in eine Saucière gethan und heiße Butter darüber gegossen. (Englische Küche.)

———

26. Juli.

Suppe mit Artischoken und Croutons.
Stör als Fricandeau.
Châteaubriand mit gedämpften Kartoffeln garnirt.
Gänseleber-Pastete.
Krebse.
Pfannkuchen mit Confituren.

Stör als Fricandeau. — Einige Stücke Stör werden, nachdem die Haut abgezogen ist, fein gespickt, mit Mehl bestreut und in eine Kasserolle mit Speckstreifen gethan, so, daß die gespickte Seite oben auf liegt. Wenn die Stücke gebräunt sind, werden gehackte Champignons mit dem Jus von Schinken auf eine Schüssel gethan, das Fisch-Fricandeau mit der gespickten Seite nach oben darauf gelegt und die Schüssel noch eine halbe Stunde in einen mäßig heißen Ofen geschoben.

Ragout (en coquilles) von Karpfen, Lottes, Kabeljau, Stockfisch rc. — Es ist dieselbe Zubereitung wie bei allen anderen Coquilles, nur wird hier statt des frischen Härings Kabeljau, statt des Aals Karpfen genommen; auch kann man einige Stücke Trüffeln hinzunehmen, welche aber in Bouillon gedämpft und fein gehackt sein müssen.

Pfannkuchen mit Confituren. — Man lege zwischen zwei Stücke Oblate Confituren, klebe die Ränder zusammen, indem man sie anfeuchtet und tauche sie in einen Teig, welcher aus Weißwein, der mit dem Schnee von drei Eiweiß geschlagen ist, besteht. Wenn der Kuchen damit durchzogen ist, backe man ihn, lasse ihn abtropfen, lege ihn auf eine Platte, bestreue ihn mit Zucker und glacire ihn im Ofen.

27. Juli.

Suppe mit Brodrinde.
Gekochtes Rindfleisch mit Sauce bourgeoise.
Fricassée von Hühnern (en gibelotte).
Junge wilde Ente gebraten.
Blumenkohl in der Pfanne gebraten.
Erdbeer=Kuchen.

Sauce à la bourgeoise. — Man blanchire einen Löffel voll Petersilie, Körbel und Estragon, welche fein gehackt und ab= getropft sind und thue einen Löffel Kraftbrühe, zu welchem ein Löffel Fleisch=Jus gethan wird, sowie zwei Theelöffel Mostrich und ein gleiches Maaß Zucker hinzu. Vor dem Anrichten wird noch eine Messerspitze feinen Pfeffers und Citronensaft hinzuge= fügt. Diese Sauce giebt man zu gekochtem Rindfleisch oder zu gekochtem Huhn.

Fricassée von Hühnern (en gibelotte). Nachdem 250 Gramm Speck gewässert sind, schneide man daraus Würfel, schwitze dieselben in Butter und lege dann zwei junge Hühner, welche in Stücke geschnitten sind, hinein. Nach fünf Minuten thue man zwei Löffel Mehl, sowie Salz, Pfeffer, gestoßene Mus= katennuß, eine mit zwei Nelken gespickte Zwiebel und ein gar= nirtes Bouquet hinzu, füge eine Flasche Weißwein dazu und lasse die Hühner darin gleichmäßig dreiviertel Stunden kochen. Während dieser Zeit werden zwanzig Zwiebeln in Butter ge= schwitzt und dann mit einigen Löffeln von der Brühe des Fricassée, sowie ein wenig Zucker und zwei Händen voll Champignons ge= kocht. Sobald die Hühner weich sind, richtet man sie an; die Sauce, in der sie gekocht sind, wird kurz eingekocht, entfettet und durch ein Sieb gerührt, darüber gegossen, die Schüssel aber mit den Zwiebeln und Champignons garnirt.

28. Juli.

Kraftbrühe mit Kartoffeln.
Lachs mit Sauce von Krabben.
Lammsbrust à la maréchal.
Perlhuhn gebraten.
Weiße Bohnen à la maître d'hôtel.
Eier zu Schnee geschlagen.

Lammsbrust à la maréchal. — Man braisire von zwei Lämmern die Brust, lasse dieselben abtropfen, dann erkalten, lege sie in eine „deutsche Sauce", bestreue sie, wenn das geschehen ist, mit geriebener Semmel, bestreiche sie mit Eigelb, sowie mit zerlassener Butter, streue nochmals Semmel darüber, röste sie schnell und richte sie mit Fleisch=Jus an.

Tendrons vom Kalbe. — Recht gute Stücken Kalbsbrust werden mit Speckstreifen in eine Kasserolle gethan, darauf wird das zum Ragout bestimmte Fleisch, welches natürlich vorher gereinigt, blanchirt und abgetropft ist, mit einem Bouquet, einigen Carotten, eben so viel Zwiebeln, Citronenscheiben, Salz und Pfeffer gelegt. Das Ragout wird mit Kraftbrühe oder Bouillon gekocht. Sobald das Fleisch weich ist, wird es auf eine Schüssel gelegt, die Sauce durch ein Sieb gerührt, mit Eigelb abgezogen und darüber gegossen.

Schuppenbüttfisch (limande) in der Pfanne gebraten. — Der Fisch wird erst mit heißem Wasser abgewaschen, die Floßfedern abgeschnitten, am Rücken leicht eingeschnitten, die große Gräte herausgenommen, und nachdem er ausgenommen ist, gesalzen, mit Mehl bestreut, sowie mit etwas Citronensaft angefeuchtet, dann in der Pfanne gebraten und ohne Sauce zu Tisch gegeben.

29. Juli.

Suppe von Sago mit Purée von Carotten.
Schuppenbüttfisch in der Pfanne gebraten.
Hühner mit Austern und Trüffeln.
Hammelkeule gebraten.
Kartoffeln sautirt.
Fladen von Birnen à la Madelaine.

Huhn mit Austern und Trüffeln. — Am Spieß werden zwei schöne Hühner mit Butterpapier umwickelt gebraten, aber sie dürfen nicht braun werden. Nachdem sie gebraten sind, werden sie mit in Butter geschwitzten und in Würfel geschnittenen Trüffeln, mit ebenso zubereiteten Austern, Petersilie und ganz wenig Zwiebeln gefüllt. Dann werden in eine Kasserolle in Scheiben geschnittene Trüffeln gelegt mit feinen Kräutern, Austern, welche in ihrem Wasser blanchirt sind und von welchen sowohl der Bart, wie alles Harte entfernt ist, dann wieder Trüffeln und auf diese nochmals feine Kräuter, mit etwas Olivenöl angefeuchtet. Hierauf werden die Hühner gelegt, welche bei mäßigem Feuer wenigstens zehn Minuten darin schwitzen müssen. Dann werden die Hühner mit den Trüffeln auf einer Schüssel angerichtet, die Sauce mit Kraftbrühe und einem Glase Weißwein eingekocht, das Fett abgenommen und mit etwas Citronensaft vermischt auf die Hühner gegossen.

Weiße Bohnen à la maître d'hôtel. — Die weißen Bohnen werden blanchirt, in Wasser gekocht, abgetropft und nun müssen sie erkalten. Dann werden sie wieder mit Butter, gehackter Petersilie, Zwiebeln, Salz und Pfeffer in einer Kasserolle auf das Feuer gesetzt, in Bouillon gerührtes Eigelb hinzugethan, sowie überhaupt etwas Bouillon, ein wenig Essig oder Citronensaft.

---

30. Juli.

Menu für Fasten.

Bouillabaisse.
Fisch.
Croquettes von Reis mit Champignons.
Kohl farcirt à la russe.
Karpfen in der Pfanne gebraten.
Käsekuchen (Kluskis) mit Sahne.

Bouillabaisse. — Man nehme Stockfische, Rothfische, einen kleinen noch lebenden Meerkrebs (langouste) und Grondins, putze sie und schneide sie in Stücke, thue dann in eine dünne und breite, aber nicht zu tiefe Kasserolle ein Glas Olivenöl, zwei Löffel gehackte Zwiebeln, etwas Knoblauch und ein Lorbeerblatt. Nachdem dies mit dem Oel durchzogen ist, thue man die Fische in die Kasserolle mit dem nöthigen Salz, einigen Citronenscheiben, ein wenig frischer oder eingekochter Tomate, einer Messerspitze gestoßenem Saffran, einem Glase Weißwein und so viel kaltem Wasser, daß die Brühe übersteht. Die Fische müssen die ersten zehn Minuten schnell kochen; wenn dann die Sauce eingekocht ist und die Fische weich sind, wird noch sehr feingehackte Petersilie hinzu gethan. Dann wird die Bouillon in eine Terrine gegossen, in der bereits mit Bouillon durchzogenes Weißbrod liegt, die besten Stücke der Fische werden aber nebst den Ingredienzen, in denen sie gekocht sind, auf eine Schüssel gelegt, mit Ausnahme des Knoblauchs, der Citrone und des Lorbeerblattes. Man giebt auch eine Assiette, welche Suppe und Fische enthält, mit zu Tisch.

---

31. Juli.

Suppe mit kleinen italienischen Pasteten und Parmesankäse.
Ragout en coquilles à la marinière.
Rinder-Filet sautirt mit Madeira-Sauce.
Junger Puter gebraten.
Carotten à la menagère.
Fladen mit Pflaumen.

Ragout en coquilles à la marinière. — Die Schalen werden mit Ragout gefüllt und dann in einem Ofen mit einem Stück Butter, Petersilie, Zwiebeln, gehacktem Knoblauch, Pfeffer und ein wenig geriebener Semmel sautirt.

Kalbsohren marinirt. — Die Ohren werden in heißem Wasser gereinigt, dann in Bouillon gekocht, und wenn sie abgetropft sind, läßt man sie erkalten. Nun werden sie in eine Marinade gelegt von Essig, Salz und kleinen Nelken, dann abgetrocknet, in einen Teig zum Braten gehüllt und in der Pfanne gebraten. Wenn sie gelbbraun sind, werden sie mit gebratener Petersilie obenauf angerichtet.

Carotten à la menagère. — Die Carotten werden rund geschnitten und mit Weißwein, Pfeffer, Muskatennuß und einem Bouquet in Bouillon gekocht. Wenn sie gekocht sind, wird die Sauce mit braunem Mehl abgerührt.

Butter der Gascogne. — Mit Bouillon und Wasser kocht man ein Dutzend Stauden Knoblauch, läßt sie abtropfen und reibt sie mit 200 Gramm Butter, sowie mit Salz, ein wenig Muskatennuß und Cayenne-Pfeffer.

1. August.

Suppe mit grünen Erbsen.
Huhn mit Reis.
Ragout von Lachs mit Sauce mousquetaire.
Rinderbraten.
Artischoken mit weißer Sauce.
Crêpes.

Sauce mousquetaire. — Schalotten, Gartenkresse, Körbel und Estragon, von Allem nur wenig, werden mit einem Löffel voll Fleisch-Jus, Salz, Pfeffer, gestoßener Muskatennuß und Mostrich in einer Satte gerieben, dann durch ein Sieb gerührt und mit gutem Oel, sowie mit einem Löffel Estragon-Essig vermischt.

Käsekuchen (Kluskis). — Man nehme 250 Gramm Butter, sechs Eier, sechs Löffel voll weißen Käse, Zucker, Muskatennuß, Salz, geriebene Semmel und hinreichend Sahne und rühre dies zu einem Teig zusammen. Dann forme man daraus kleine Kuchen, koche sie in Wasser und Salz, lasse sie abtropfen, begieße sie mit brauner Butter und gebe sie zu Tisch.

Crêpes. — Die Crêpes werden aus einem Teig bereitet, welcher aus Mehl, Milch, Eigelb, etwas Salz und einer kleinen Quantität Cognac besteht. Nun steche man die Crêpes mit einem Löffel ab, brate sie in Butter auf beiden Seiten und bestreue sie mit Zucker oder etwas Salz.

2. August.

Suppe mit Reis und Fleischbrühe (pilau).
Croquettes von Bandnudeln (nouilles).
Hammelkeule à la polonaise.
Wilde Ente gebraten.
Krebse à la bordelaise.
Aprikosen à la Condé.

Suppe mit Reis und Fleischbrühe (pilau). — Nachdem ein Liter Reis in lauem Wasser sorgfältig gewaschen ist, wird er in einem hermetisch verschlossenen Topf mit drei Litern guter Bouillon gekocht. Sobald er anfängt zu kochen, löse man ganz wenig Safran in Bouillon auf und thue ihn hinein; ist der Reis ausgequollen, so wird noch so viel Bouillon als nöthig hinzugethan. Zur Zubereitung dieser Suppe sind höchstens fünfviertel Stunden erforderlich.

Hammelkeule à la polonaise. — Man lasse eine gut vorbereitete Hammelkeule zu drei Viertel gar kochen, abtropfen und schneide dann breite Stücke ein, aber ohne sie zu trennen. Nun thue man zu einem Stück Butter etwas Mehl, Petersilie, Zwiebeln, Schalotten, gestoßenen Ingwer, Salz, Pfeffer und geriebene Semmel. Mit dieser Farce wird nun jeder Einschnitt der Keule ausgefüllt, dann wird sie mit ihrer Brühe, sowie mit einem Glase Cognac eine halbe Stunde gut zugedeckt gekocht. Von der Sauce wird das Fett abgenommen, Pomeranzensaft hinzugethan und angerichtet.

Croquettes von Bandnudeln (nouilles). — (Siehe Croquettes.)

3. August.

Suppe mit Chicorien à la Colbert.
Rochen mit brauner Butter.
Kalbsmilch als Fricandeau.
Huhn gebraten.
Kartoffeln mit Speck.
Mandelkuchen à la d'Escars.

Suppe mit Chicorien à la Colbert. — Sie wird zubereitet mit blanchirten und in Butter geschwitzten Chicorien, wozu etwas mit Eigelb abgezogene Fleischbrühe gethan wird. In die Terrine werden einige verlorene Eier gelegt.

Kartoffeln mit Speck. — Man lasse in Butter kleine Stücke Speck braten, thue etwas Mehl dazu, nehme etwas hellen Roux mit ein wenig Bouillon oder Wasser, sowie Salz, Pfeffer und ein Bouquet, lasse Alles zusammen einen Augenblick kochen und thue dann die ungekochten, geschälten und in Scheiben geschnittenen Kartoffeln hinein. Sobald sie gebraten sind, nehme man das Fett von der Sauce und gebe die Kartoffeln zu Tisch.

Grüner Mandelkuchen à la d'Escars. — Man nehme 250 Gramm frische Hasel- oder Wallnüsse aus der Schale, vermische sie gestoßen mit zwei Messerspitzen pulverisirten gebrannten Orangen, hinreichendem Zucker und einigen Körnchen grauem Salz und thue noch ein halbes Liter abgekochter und dann erkalteter Sahne hinzu. Sobald dieser Teig die Consistenz von dem Frangipane-Teig hat, werden noch drei frische Eier hinzugefügt und der Teig in eine Krustade von Blätterteig oder in eine Form mit Blätterteig und kleinem Rande von Blätterteig gethan.

4. August.

Suppe von Kraftbrühe mit Lactuke.
Hecht blau, gekocht mit Remulade à la cosaque.
Poularde mit Brodkruste.
Junge Ente gebraten.
Kleine Erbsen auf englische Art.
Erdbeer-Auflauf.

Remulade à la cosaque. — In einer Satte werden zwei harte Eier mit blanchirter Schalotte, einer Messerspitze Körbel, Estragon, etwas Pimpernelle, Schnittlauch, Salz, klein gestoßenem Pfeffer, Muskatennuß, einem Löffel Mostrich, einem Löffel voll feinem Oel, einem halben Löffel Essig und einem Atom Cayenne-Pfeffer gerieben. Diese Sauce wird durch ein Sieb gerührt.

Poularde mit Kruste. — Eine Poularde wird mit Speck und Schinken fein gespickt, die man mit ein wenig Milch kocht, und nachdem kalt werden läßt. Nun mache man eine Sauce von braunem Mehl, Salz, Pfeffer, zwei Eigelb und ein wenig Milch, lege die mit geriebener Semmel bestreute Poularde hinein, lasse sie braun werden und richte sie mit einer Pfeffer-Sauce, die mit derjenigen, in der die Poularde gebraten, verbunden ist, an.

Kleine Erbsen auf englische Art. — Man lasse Wasser mit Salz in einer Kasserolle kochen, thue die Erbsen hinein und lasse sie, wenn sie gekocht sind, abtropfen. Dann lasse man Butter zergehen, schütte die Erbsen hinein, füge etwas gehackte Petersilie hinzu und richte die Erbsen recht heiß an. Für diejenigen, die es lieben, giebt man noch Streuzucker dazu herum.

5. August.

Suppe à la julienne.
Grondins in Stücke geschnitten mit Sauce tomate.
Hammelschwänze mit Reis.
Junge wilde Ente gebraten.
Spinat nach alter Art.
Fruchtkuchen.

Grondins in Stücke geschnitten mit Sauce tomate. — Von ein oder zwei Grondins ziehe man die Haut ab, nehme die Mittelgräte heraus und theile sie dann in möglichst gleiche Stücke. Diese Stücke werden, nachdem sie in Salz und Pfeffer gewälzt sind, in guter Butter gebraten und wenn sie abgetropft sind, auf einer Schüssel kranzförmig angerichtet. In die Mitte wird auf gewöhnliche Art zubereitete Sauce tomate gethan.

Hammelschwänze mit Reis. — Die Hammelschwänze werden, nachdem sie blanchirt sind, gekocht. Dann wird Reis, welcher sorgfältig gewaschen ist, in guter Bouillon ausgequollen, und muß derselbe, wenn er ausgequollen ist, erkalten; auch die Schwänze müssen, wenn sie gekocht sind, erkalten. Ist das geschehen, so werden sie dick in Reis gehüllt, in Ei und Semmel gewälzt, gebraten und dann mit gebratener Petersilie angerichtet.

6. August.

Purée von Kürbis.
Rindfleisch braisirt und mit farcirten Zwiebeln garnirt.
Lottes à l'italienne.
Poularde gebraten.
Bohnen sautirt.
Erdbeeren mit Schlagsahne.

Purée von Kürbis. — Der Kürbis wird geschält, in kleine Stücke geschnitten, in Wasser und Salz gekocht und dann durch ein Sieb gerührt. Nun wird das Purée in einer Kasserolle mit einem Stück Butter, einem Glase Sahne, ein wenig Zucker und einer Messerspitze Mehl wieder auf das Feuer gesetzt, eingekocht und kurz vor dem Anrichten noch mit Eigelb vermischt.

Lottes à l'italienne. — Die Lottes werden gebraten und auf einer Schüssel mit folgender Sauce angerichtet: In einem Tiegel werden ein wenig Dille, eine kleine Carotte, zwei in Scheiben geschnittene Zwiebeln, etwas Knoblauch, ein Lorbeerblatt und Nelken in Oel oder, wer Oel nicht liebt, in Butter geschwitzt; dann thut man zwei Gläser Weißwein, sowie nicht fette Bouillon hinzu, läßt es eine Stunde ziehen, nicht kochen, gießt die Sauce durch und wenn es nöthig ist, muß sie noch einkochen; endlich fügt man noch eine gehackte Sardelle, einige gehackte Kapern, Salz und Pfeffer hinzu.

Bain-marie. — So nennt man eine Art zu kochen, welche darin besteht, daß ein Gefäß, in welchem sich das zu Kochende befindet, in ein anderes gesetzt wird, in welchem sich kochendes Wasser befindet.

7. August.

Suppe mit Reis.
Melonen.
Matelote von Aal.
Junge Ringeltaube marinirt und gebraten.
Kalbsbraten.
Lactuke mit Sahne.
Fruchtkuchen.

Melone. (Andere Anweisung.) — Es ist Sitte, die Melone nach der Suppe und vor den warmen Zwischengerichten zu geben. Es ist ein schlechter Gebrauch, sie mit Zucker zu mengen, weil sie so die Verdauung stört; weit besser ist das Gegentheil, sie mit Salz und Pfeffer zu geben.

Junge Ringeltauben marinirt und gebraten. — Die Ringeltauben werden gepflückt, ausgenommen, gesengt, durchgeschnitten und in eine Marinade von feinem Oel, Petersilie, Zwiebeln, Schalotten, Champignons, Alles fein gehackt, Salz und feinen Gewürzen gelegt. Nachdem die Tauben zwei Stunden in dieser Marinade gezogen haben, werden sie auf ein weißes Tuch gelegt, dann in Ei und Semmel gewälzt und auf dem Rost gebraten. Die Sauce wird aus Jus, Butter mit etwas Mehl, Kapern, gehackten Schalotten, Salz, Pfeffer, ein wenig Essig und etwas unreifen Weintrauben oder Citronensaft bereitet.

Spinat nach alter Art. — Der Spinat wird mit Butter, Salz, gestoßener Muskatennuß, etwas braunem Mehl, Zucker und Sahne gekocht und recht heiß mit Biscuit garnirt angerichtet.

8. August.

Suppe mit verlorenen Eiern.
Rochen mit feinen Kräutern.
Fricassée von Huhn.
Rinder=Filet gebraten.
Haberwurzel (salsifis) in Butter gebraten.
Aprikosen=Torte.

Rochen mit feinen Kräutern. — Man wähle einen schönen Rochen, ziehe die Haut ab, schneide ihn in große Stücke und trockne ihn zwischen zwei Servietten. In der Zeit lasse man ein halbes Liter Milch mit zwei Citronenscheiben, einem Stück Butter, etwas Mehl, Salz und feinen Kräutern warm werden, thue die Stücke Rochen hinein und koche sie langsam. Wenn sie gekocht sind, werden sie erst abgetropft, dann in Ei und Semmel gewälzt und gebraten. Man giebt hierzu eine piquante oder eine feine Kräutersauce.

Haberwurzel (salsifis) gebraten. — Sobald die Haberwurzeln in Wasser gekocht sind, schneide man sie in fingerlange Stücke, lasse sie abtropfen, marinire sie in Essig mit Salz und Pfeffer, thue sie dann in einen Teig und brate sie in der Pfanne.

Aprikosen=Torte. — Aprikosen, welche geschält und ausgesteint sind, werden in Zucker gekocht und müssen dann erkalten. Dann wird die Hälfte dieser Aprikosen auf eine Unterlage von Butterteig gelegt, und um des hübschen Aussehens willen, mischt man unter die Aprikosen Kirschen. Nun wird ein eben solcher Butterteig darübergedeckt, mit Eigelb bestrichen und im Ofen gebacken.

9. August.

Kraftbrühe mit Bandnudeln.
Gründling gebraten.
Rindszunge mit Sauce tomate.
Galantine von Puter.
Macedoine von Gemüsen und Salat.
Pfirsich à la Richelieu.

Galantine von Puter. Nachdem ein Puter ausgenommen und gesengt ist, die Flügel und Pfoten beschnitten sind, werden die Knochen herausgelöst. Um dies zu thun, ziehe man vorher geschickt die Haut ab, ohne dieselbe zu verletzen, nehme die Sehnen aus und lege den Magen und die Haut apart. Dann wird eine Farce gemacht, halb von Kalbsnuß, halb von Speck, Beides fein gehackt und stark gesalzen, mit Scheiben Schinken, einer gesalzenen Schweinszunge, ganzen Pfeffergurken, Pistazien und Trüffeln, welche letztere hierzu süddeutsche sein können. Nun wird die Haut des Puters abwechselnd mit dem Fleisch desselben und mit dieser Farce gefüllt, bis sie ganz voll ist, dann zugenäht, wobei man ihr eine längliche Form giebt, sie mit Speckstreifen bedeckt, in ein Tuch bindet, damit sie nicht platzt und auch die Form nicht verändert, und wenn sie so gebraten ist, läßt man den Puter in dieser Umhüllung erkalten. Ist dies geschehen, so richtet man ihn, umgeben mit seinem eigenen Gelée, an.

Die dreihundert sechs und sechzig Menus.

10. August.
Menu für Fasten.

Pilau mit Reis und Butter.
Fisch (mulet) à la maître d'hôtel.
Bohnen mit schwarzer Ente (macreuse).
Karpfen gebraten.
Kartoffeln mit weißer Sauce.
Omelette-Auflauf.

———

Pilau mit Reis und Butter (mager). — Gewöhnlich essen die Türken Pilau. Der Reis wird ebenso wie zu dem fetten Pilau gekocht, nur daß hier statt der Bouillon Wasser genommen wird. Wenn der Reis ausgequollen ist, nehme man einen Holzlöffel, mache ein Loch in den Reis und thue entweder frische oder braune Butter hinein; die Butter durchdringt denselben und dient statt des Salzes. Wenn es nöthig ist, nimmt man das Fett ab und richtet ihn wie den fetten Pilau an.

Pastete (ramequin). — Nachdem Reis wie zum Gemüse gekocht ist, wird Butter, gestoßener Parmesankäse, Salz, Pfeffer, Muskatennuß und ein klein wenig Zucker hinzugethan. Dann wird dieser Teig mit einem Löffel abgestochen, auf ein angefeuchtetes Blech gelegt und in die Mitte eines jeden Törtchens kommt ein kleines Stück frischen, oder was noch einfacher, gestoßenen Parmesankäses. Wenn Alles erkaltet ist, werden die Pasteten gleichmäßig geformt, mit gequirltem Ei bestrichen und nachdem sie in Butter gebraten sind, auf einer Serviette angerichtet.

———

11. August.

Suppe à la Conti.
Aal à la tartare.
Hamburger Huhn.
Lammskeule gebraten.
Eier mit Käse.
Kirsch=Torte.

―――

Hamburger Huhn am Spieß. — Das Hamburger Huhn ist ein kleines Huhn, welches man mit in Butter geschwitzter Petersilie, Salz und Pfeffer bestreut, füllt, brät, ohne es zu spicken und welches mit seinem Jus obenauf angerichtet wird. 25 Minuten reichen hin, um das Huhn am Spieß zu braten. Diese Art ist überhaupt vorzuziehen, weil sie den jungen Hühnern am leichtesten den unangenehmen Geschmack nach dem Neste nimmt.

Eier mit Käse. — Man schlage zwölf Eier in eine Schüssel, thue das Weiße von sechs Eiern hinzu, sowie ein wenig Mehl, zerlassene Butter, Salz und Pfeffer und rühre Alles durcheinander und durch ein Sieb. Dann lege man Scheiben Schweizerkäse, sowie feine Scheiben Weißbrod, welche stark mit Butter bestrichen sind, auf eine Schüssel und thue die zusammengerührten Eier, sowie den Schnee von den sechs übriggebliebenen Eiern darauf. Die Schüssel wird in den Ofen geschoben und zu Tisch gegeben, wenn sie sich leicht gebräunt hat.

Kartoffeln mit weißer Sauce. — Man koche Kartoffeln in Wasser und Salz, schäle sie dann, schneide sie in Scheiben und übergieße sie noch warm mit einer „weißen Sauce", in der sie ein Weilchen ziehen müssen.

Die dreihundert sechs und sechzig Menus.

12. August.

Suppe mit Brod.
Rindfleisch mit Kräuter=Sauce (raifort).
Hammelkarree in Stücke geschnitten mit Gurken.
Enten gebraten.
Spinat mit Jus.
Compot von Reineclauden.

Hammelkarree in Stücke geschnitten mit Gurken. — Nachdem zwei große Gurken in feine Stücke geschnitten sind, werden sie mit zwei Löffel Essig, Salz und Pfeffer zwei Stunden marinirt, während der Zeit öfter umgewendet und dann in einer Kasserolle mit Butter, einem Bouquet Petersilie, Thymian, Zwiebeln und Lorbeerblättern geschwitzt. Wenn sie ziemlich weich sind, thue man etwas Mehl dazu, sowie zwei Gläser gute Bouillon, in der die Gurken unter beständigem Umrühren noch eine halbe Stunde kochen müssen. Sodann werden die Stücke Karree, welche vorher am Spieß gebraten sind, mit Salz und Pfeffer bestreut hineingelegt und, ohne zu kochen, darin erwärmt.

Compot von Reineclauden. — Die Pflaumen werden in kaltes Wasser gelegt, abgetropft, in weißem Syrup heiß gemacht, ohne zu kochen, dann erkaltet auf eine Schüssel gelegt und der Syrup darüber gegossen.

13. August.

Suppe à la Crécy.
Matelote von Karpfen und Aal.
Gefülltes Kalbfleisch (poupiette de veau).
Perlhuhn gebraten.
Grüne Bohnen mit brauner Butter.
Biscuit de Savoie.

Gefülltes Kalbfleisch (poupiette de veau). — Man schneide Kalbfleisch in drei Finger lange und zwei Finger breite Stücke und klopfe und glätte sie, daß sie so dünn als möglich werden. Dann wird auf je zwei und zwei eine Fleisch=Farce gethan, ein unbelegtes Stück darauf gelegt, zusammengerollt und zusammengebunden. Diese Poupiettes werden in einer Kasserolle, worin Speckstreifen sind, mit einem Glase Weißwein, eben so viel Bouillon, ein wenig Salz und Pfeffer gekocht. Ist das geschehen, so werden sie auf einer Schüssel mit der durchgegossenen Sauce darüber angerichtet.

Biscuit de Savoie. — Fünf Eigelb werden mit 500 Gr. geriebenem Zucker, sowie mit fein gehackter Citronenschale oder einer anderen aromatischen Frucht vermischt. Der Zucker wird mit dem Eigelb so lange gerührt, bis dasselbe weiß wird und dann der Schnee von den fünf Eiern, sowie ein Pfund des feinsten Mehls hinzugefügt. Dies Zusammengerührte wird in eine gut mit Butter ausgestrichene und mit Zucker bestreute Form gethan und im Ofen gebacken. Kurz vor dem Herausnehmen glacire man das Biscuit mit einer tüchtig gequirlten Mischung von Zucker, Eiweiß und dem Saft einer halben Citrone.

14. August.

Suppe mit Körbel.
Hammelkeule braisirt.
Lactuke farcirt.
Meerkrebs (langouste) mit Mayonnaisen=Sauce.
Kartoffeln sautirt.
Macedoine von Frucht=Gelée.

Lactuke farcirt. — Nachdem die Lactuke gereinigt, gewaschen, blanchirt und abgetropft ist, werden die Blätter einzeln ausgebreitet und dahinein entweder eine Farce von gehacktem Kalbfleisch, vermischt mit anderen Sachen (godiveau), oder eine Art Boulettenteig (quenelles) gethan, die Blätter zusammengewickelt und gebunden mit Stücken Kalbfleisch, Speckstreifen, Wurzeln, einem Bouquet und guter Kraftbrühe gekocht. Wenn die Lactuke weiß aussehen soll, nehme man sie aus der Brühe und ziehe sie mit Eigelb ab.

Macedoine von Frucht=Gelée. — 50 Gramm Gelantine werden mit einem Liter Wasser, 400 Gramm geriebenem Zucker, drei Eiweiß und dem Saft einer Citrone so lange auf dem Feuer gerührt, bis es zu kochen anfängt; dann gießt man es so lange durch ein Sieb, bis die Zubereitung klar ist, läßt sie dann erkalten und vermischt sie, wenn das geschehen ist, mit einer Flasche moussirenden Weines. Hierauf thut man eingemachte Aepfel, Birnen, Kirschen und Aprikosen in eine Form, in welche der obige Teig gethan wird, immer das verschiedene Obst mit Frucht=Gelée unterbrechend. Wenn die Form fast ganz gefüllt ist, wird nur noch allein Gelée oben auf gelegt, die Speise in den Ofen gestellt und nach zwei Stunden aus der Form auf eine Schüssel gethan.

15. August.

Suppe mit Maccheroni und Parmesankäse.
Lachs blau.
Fritot von Huhn.
Rostbeef gebraten.
Kleine Erbsen mit Speck.
Birnen-Fladen.

Lachs blau. — Der Lachs wird ausgenommen, gewaschen und abgetrocknet. Dann wird zerlassene Butter, worin etwas Mehl geschwitzt ist, sowie Salz, Pfeffer, Zwiebeln und Petersilie in den Fisch gethan, der Kopf gebunden und der Lachs in einem Fischkessel mit Court-Bouillon und Rothwein gekocht. Wenn er weich ist, wird er auf einer Serviette mit gebratener Petersilie angerichtet. Die Sauce giebt man apart dazu herum.

Fritot von Hühnern. — Die Hühner werden wie zum Fricassée in Stücke geschnitten, eine Stunde marinirt in Oel mit Citrone, Zwiebeln, ganzer Petersilie, Salz und Pfeffer, dann abgetropft und, mit Mehl bestreut, in Butter gebraten. Angerichtet wird das Fritot, indem man die Stücke Huhn aufeinander legt, sie mit gebratener Petersilie garnirt und eine Sauce tomate darüber gießt.

Kleine Pasteten von Fischen. — Man nehme einen Karpfen mit Milch, eine Schleie und einen Aal, lasse sie kochen und nehme die Gräten heraus. Einige Austern werden halb gekocht, das Fleisch der Fische mit Weißwein und Muskatennuß klein gerieben, dann in Formen gethan, welche mit Blätterteig ausgestrichen sind und auf jede Form eine Auster, sowie ein Stückchen Butter gelegt. Die Pasteten werden noch mit Eigelb bestrichen und im Ofen gebacken.

16. August.

Suppe à la savoyarde.
Kalbskopf mit Oel.
Hammelkeule à la russe.
Bekassinen gebraten.
Nachtschatten (aubergine) à la provençale.
Karthäuser=Kuchen mit Früchten.

—

Suppe à la savoyarde. — Man weiche Weißbrod einige Augenblicke in kochende Bouillon ein, lege es dann, mit gestoßenem Käse bestreut, in eine tiefe Schüssel, lasse es gratiniren, gieße eine hinreichende Quantität Bouillon mit Rüben darauf (siehe Suppe mit Rüben) und richte an.

Hammelkeule à la russe. — Man nehme eine gute, nicht frisch geschlachtete Hammelkeule, klopfe sie und brate sie am Spieß. Wenn sie zu drei Vierteln gar ist, lege man sie in eine Kasserolle, thue zwei große Gläser Cognac dazu und wende die Keule unter fortwährendem Kochen in dem Cognac um. Dann wird noch etwas Kalbs=Jus, sowie anderer Jus hinzugethan, und wenn die Hammelkeule damit durchzogen ist, wird sie angerichtet.

Sauce mit fetter Bechamelle. — Butter und Mehl werden in eine Kasserolle gethan und dann Sahne und Bouillon zu gleichen Theilen, sowie gehackte Schalotten, Petersilie und geriebene Muskatennuß hinzugefügt. Dies Alles muß zusammen kochen, wird dann durch ein Haarsieb gerührt und für den Bedarf aufbewahrt.

17. August.

Suppe mit Sauerampfer und Sahne.
Matelote savante.
Enten mit weißen Rüben.
Lammsviertel gebraten.
Gurken farcirt.
Pfirsiche à la Bourdaloue.

Matelote savante. — Man schneidet Karpfen, Hecht, Zander, Barbe und Aal in Stücke und legt sie in Court-Bouillon, Weiß- und Rothwein, Alles zu gleichen Theilen; dann läßt man sie schnell kochen und fügt noch ein Bouquet Petersilie, sowie aromatische Kräuter, einige gute Champignons, Salz, Pfeffer und Nelken hinzu. Wenn die Fische gekocht sind, wird die Brühe durchgegossen, dann zu einer halben Glace eingekocht und mit spanischer Sauce vermischt. Statt der letzteren kann man auch etwas Roux mit sehr guter Bouillon nehmen, sowie ein paar Löffel Madeira-Wein. Diese Sauce läßt man schnell aufkochen und thut noch ein gutes Stück frischer Butter, sowie Krebsbutter, etwas Essenz von Sardellen und ein wenig Cayenne-Pfeffer hinein. Nachdem die Fische auf einer Schüssel pyramidenförmig angerichtet sind, werden sie mit Karpfenmilch, Quenelles, glacirten Zwiebeln und Champignons, sowie einem Bouquet garnirt, etwas von der Fisch-Sauce darüber gegossen und der Rest in einer Saucière herumgegeben.

18. August.

Suppe mit Ochsenschwanz.
Steinbutte gebraten.
Hammelrücken braisirt.
Grillvögel gebraten.
Harte Eier mit Sauce béchamel.
Pflaumen=Törtchen.

Steinbutte gebraten. — Die Steinbutte wird wie gewöhnlich zum Kochen zubereitet, dann läßt man sie eine halbe Stunde in zerlassener Butter mit Petersilie, feinen Kräutern, Salz, Pfeffer und Muskatennuß mariniren, hüllt sie, wie sie ist, in Butter und Kräuter, und läßt sie, mit Mehl bestreut in der Pfanne braten. Hierzu wird eine Sauce je nach Belieben gegeben.

Magere Bechamelle=Sauce. — In eine Kasserolle wird ein Stück vorzüglicher Butter gethan, sowie Schalotten, Petersilie, Zwiebeln, Alles recht fein gehackt, ein kleiner Löffel Mehl in Sahne gerührt, Salz, kleine Nelken und Muskatennuß. Wenn man diese Sauce auf dem Feuer so lange gerührt hat, bis sie sämig ist, wird sie durch ein Sieb gerührt. Diese Bechamelle ist mager und heißt Bechamelle mit Sahne.

Pastete von Gemüsen. — Die kleinen Erbsen, die jungen Bohnen, die kleinen Carotten, die grünen Bohnen in all ihrer Zartheit, ob frisch oder eingekocht, vereinigen sich in ihrer Zusammenfügung in einer schönen Pastetenkruste zu einer schmackhaften Speise, die vollständig eine Sahnenspeise vertritt. Die Gemüse-Pastete, welche natürlich nur im Sommer bereitet werden kann, rührt von dem Meister Grimod de la Reynière her.

19. August.

Suppe mit Reis und kleinen Erbsen.
Meerfische (mulet) geröstet.
Croquettes von Geflügel.
Rinder-Filet gebraten mit Madeira-Sauce.
Omelettes mit Fisch.
Marmelade von Mirabellen.

Omelettes mit Fisch. — Man blanchire von zwei Karpfen die Milch, indem man sie fünf Minuten in kochendes Wasser mit Salz legt. Dann hacke man ein Stück Thunfisch von der Größe eines Eies, eine Schalotte und die Karpfenmilch und lasse Alles in Butter schwitzen, aber nicht zu lange, weil sonst die Milch hart wird. Hierauf lasse man ein Stück Butter mit Petersilie und Schalotten zergehen und thue diese, wenn sie zerlassen ist, in die für den Eierkuchen bestimmte Schüssel, welche aber auf einer heißen Stelle stehen muß. Nun schlage man zwölf Eier ein, vermische sie mit dem Fisch und der Milch und wenn sie gehörig durchgerührt sind, macht man diesen Eierkuchen wie den gewöhnlichen, thut ihn, wenn er gebacken ist, auf die dazu vorbereitete Schüssel und giebt ihn heiß zu Tisch.

Madeira-Sauce. — Zwei Deciliter Madeirawein werden mit Fleisch-Jus und Pfeffer bis auf ein Viertel eingekocht, dann wird etwas Roux genommen, 40 Gramm Butter, 30 Gramm Mehl und hierzu der eingekochte Wein gethan. Wenn Alles zehn Minuten zusammen gekocht hat, wird die Sauce geschäumt und durchgegossen.

---

20. August.
Menu für Fasten.

Suppe à la Nimoise.
Thunfisch geröstet mit Purée von Sauerampfer.
Timbale von Bandnudeln mit Parmesankäse.
Karpfen gebraten.
Kartoffeln mit Sahne.
Aepfelspeise (meringues).

Suppe à la Nimoise. — Das Gelbe von Eiern wird mit Fischbrühe auf dem Feuer mit einem hölzernen Löffel zusammengerührt (siehe Suppe von Fischen), dann Croutons von Weißbrod in eine Terrine gethan und die Suppe darüber gegossen.

Thunfisch geröstet mit Purée von Sauerampfer. — Während ein oder zwei Stunden marinire man Stücke Thunfisch mit feinem Oel, Citronensaft, in Scheiben geschnittenen Zwiebeln, Salz und Pfeffer, röste sie dann und richte sie mit einem Purée von Sauerampfer an.

Kartoffeln mit Sahne. — Die Kartoffeln werden abgekocht, in Scheiben geschnitten und müssen in einer Bechamelle durchziehen.

Mitonnage. — Geriebene Semmel wird in Milch eingeweicht, nachher auf einer warmen Stelle getrocknet, wobei sie immer umgerührt wird, dann mit Eigelb zusammengerührt, vom Feuer genommen und zum Gebrauch aufbewahrt. Diese Mitonnage dient zu den Farcen und zu den Bouletten (Quenelles).

21. August.

Suppe mit Reis und Kürbis.
Rostbeef englisch.
Gehirn gebraten.
Meerkrebs (langouste) am Spieß.
Tomate farcirt.
Törtchen von rothen Johannisbeeren.

Suppe mit Reis und Kürbis. — Man koche den geschnittenen Kürbis in einer Kasserolle mit Bouillon, Zwiebeln mit Nelken gespickt, Sellerieblättern, Salz und Pfeffer, rühre dann Alles durch ein Sieb und vermische die Brühe mit einem Stück Butter. In die Suppe wird vorher noch in Wasser und Salz mit einem Stück Butter ausgequollener Reis gethan.

Gehirn gebraten. — Die Gehirne werden zum Kochen zubereitet, wie es zum Kalbskopf au naturel angegeben ist. Dann läßt man sie abtropfen, schneidet sie in Stücke, thut sie in einen Teig zum Braten, brät sie in der Pfanne und richtet sie mit einer italienischen Sauce an.

Meerkrebs (langouste) am Spieß. — Der Meerkrebs muß mit Hülfe von Hatelets am Spieß befestigt und mit Butter, welche mit Champignons, Salz und Pfeffer vermischt ist, begossen werden. Sobald die Schale sich leicht zerreiben läßt, ist der Krebs gut; er wird dann mit dem durchgegossenen Jus der Bratpfanne, welcher noch mit Citronensaft, einem Glas Champagner, Salz, Pfeffer und etwas Gewürz verbunden wird, angerichtet.

Timbale von Bandnudeln. — Von dem Teig zu Bandnudeln werden die Nudeln gemacht und ebenso behandelt, wie die Maccheroni in Timbale.

---

22. August.

Suppe à la julienne.
Kalbsnuß braisirt.
Rochen in der Pfanne gebraten.
Wilde Enten gebraten.
Weiße Bohnen mit Rindermark.
Torte mit Aprikosen.

———

Rochen in der Pfanne gebraten. — Man blanchire ein großes Stück Rochen, putze es, ohne die Gräten zu entfernen und schneide es in Stücke. Diese Stücke werden vier bis fünf Stunden in zerlassener Butter mit Essig, feinen gehackten Kräutern, Salz und Pfeffer marinirt, dann abgetrocknet, in Milch gelegt und nachher mit Mehl bestreut in der Pfanne gebraten. Man richtet sie mit einer Garnirung von gebratenen Sellerieblättern an.

Weiße Bohnen mit Rindermark. — Man kocht die Bohnen in Wasser und Salz mit einer Zwiebel, läßt sie dann abtropfen und sautirt sie mit frischem Rindermark, Salz und Pfeffer. Beim Anrichten wird noch etwas Citronensaft darüber gethan.

Sauce espagnole. — Man erschrickt zuweilen in der einfachen Haushaltung über die Anweisung beim Gebrauch der Espagnole für die Speisen, während es eine sehr einfache Art giebt, sie zuzubereiten. Man schneide den Abgang von Geflügel, als Flügel, Hals ꝛc., ein wenig Kalbfleisch und etwas Schinken in Stücke, lasse Alles sich in Butter bräunen, gieße dann ein Glas Weißwein, sowie ein wenig Bouillon hinzu, auch ein wenig Citrone und lasse Alles nur zusammen ziehen, nicht kochen. Zuletzt nehme man noch etwas Roux und verbinde die durchgegossene und entfettete Sauce damit.

———

23. August.

Suppe bisque mit **Krebsen.**
Rindermark à la Orly.
Poularde als Schildkröte.
Rinder=Filet gespickt und gebraten.
Sellerie mit Jus.
Compot von Birnen.

Poularde als Schildkröte. — Dies ist ein sehr schönes Zwischengericht und ohne große Mühe zu bereiten. Nachdem die Knochen von einer Poularde ganz und gar ausgenommen sind, wird dieselbe mit einer gekochten Farce (siehe gekochte Farce) und zur Hälfte mit einem Ragout Salpicon (siehe Salpicon) gefüllt. Nachdem der Kamm entfernt und der Poularde ungefähr die Gestalt einer Schildkröte gegeben ist, wird der Rücken bis zum Kopf in die Haut des Halses gehüllt. Dann nehme man die vier Füße von Poularden, säubere und beschneide sie, stecke sie in die gefüllte Poularde, immer ihr nach Möglichkeit die Aehnlichkeit der Schildkröte gebend und brate sie hierauf im Ofen. Nachdem sie gebraten ist, lege man sie auf eine Schüssel und bedecke sie in der Weise mit Trüffeln, daß dieselben wie die Schale erscheinen. Ein Schwanz von Krebsen muß die Täuschung vervollständigen. Zu der Poularde giebt man eine Sauce oder eine Garnirung nach eigener Wahl.

Velouté für die Haushaltung. — Man verfährt dabei, wie bei der Espagnole für die Haushaltung, nur läßt man das Fleisch nicht braun werden, fügt noch etwas Mehl, sowie Bouillon oder kochendes Wasser, Salz, Pfeffer und ein garnirtes Bouquet hinzu. Nach dem Kochen wird die Velouté durchgegossen und zum Gebrauch aufbewahrt.

Die dreihundert sechs und sechzig Menus.

24. August.

Suppe mit Reis und Purée von Lactuke.
Stinte auf englische Art.
Kriechenten mit Oliven.
Frischer Schweinebraten.
Kartoffeln sautirt.
Kirsch-Torte.

Stinte auf englische Art zubereitet. Die Stinte werden geschuppt, ausgenommen, gewaschen und in einer Kasserolle mit zwei Löffel Oel, Salz, Pfeffer, einer halben in Scheiben geschnittenen Citrone ohne Schale und Kerne, zwei Gläsern Weißwein und eben so viel Wasser gekocht. Wenn sie gekocht sind, werden sie mit folgender Sauce angerichtet: eine Staude blanchirten und gehackten Knoblauchs, ebenso gehackte Petersilie und kleine Zwiebeln, zwei Gläser Weißwein, ein Stück Butter mit etwas Mehl, Salz, Pfeffer und Citronensaft läßt man zusammen kochen.

Kriechenten mit Oliven. — Nachdem die Kriechenten gesengt, ausgenommen und gereinigt sind, lasse man sie in ihrem Fett warm werden und brate sie dann am Spieß oder im Ofen. Während des Bratens lasse man Oliven, die in kaltem Wasser gewässert haben, mit ein wenig Sauce espagnole oder Jus in Bouillon ziehen, füge noch den Jus der Bratenpfanne hinzu und richte die Enten auf dem Ragout von Oliven an.

Jungfrauen-Crême. — 50 Gramm süße Mandeln werden gerieben, indem man sie mit etwas Wasser anfeuchtet, dann rühre man sie durch ein Sieb mit einem halben Liter aufgekochter Sahne, thue Aromatisches nach Belieben hinzu, rühre es nochmals durch, streue Zucker über und gebe es, wie es Brauch ist.

25. August.

Soupe napolitain.
Stör gebraten.
Kapaun à la régence.
Spanferkel gebraten.
Grüne Bohnen auf englische Art.
Fruchtkuchen.

Soupe napolitain. — Man thue in Bouillon kleine Quenelles, welche von Wildpret=Farce bereitet sind, tauche in dieselbe Bouillon runde Scheiben Weißbrod und richte so die Suppe an.

Stör in Stücken gebraten. — Man lege die Stücke in eine Pfanne mit Oel, Citronensaft, feinen Kräutern, Salz und Pfeffer und brate sie. Dann werden sie auf einer Schüssel mit dem durchgegossenen Jus angerichtet und eine Remuladen=Sauce darüber gegeben.

Kapaun à la régence. — Nachdem der Kapaun zugerichtet ist, wird er erst in Butter gebraten, dann Madeira=Wein hinzugegossen, der feingespickte Magen hineingelegt und auf einem Ragout à la financière angerichtet.

Tendrons mit kleinen Erbsen. — Man nehme die zartesten Stücke Kalbfleisch, blanchire sie und gebe ihnen eine gleichmäßige Form, dann lege man sie in Butter, wozu Bouillon und ein Bouquet gethan wird. Wenn die Fleischstücke gekocht sind, lasse man sie noch mit den Erbsen durchziehen und richte sie zusammen auf einer Schüssel an.

Hammelkeule gebraten. — Hat man sich überzeugt, daß die Keule nicht zu frisch geschlachtet ist, so wird sie geklopft und an den Spieß gesteckt. Nach anderthalbstündigem Braten wird sie mit ihrem eigenen Jus angerichtet.

Die dreihundert sechs und sechzig Menus.

26. August.

Suppe mit Reis à la turque.
Fisch (meunier) mit glacirten Zwiebeln a l'allemande.
Kalbshirn am kleinen Spieß.
Lendenbraten (aloyau) auf englische Art.
Eier farcirt mit Sauce tomate.
Kleine Törtchen von Birnen.

Suppe mit Reis à la turque. — Man lasse Reis mit etwas Safran in Bouillon ausquellen und thue ihn dann in eine mit Butter ausgestrichene Form. Dann koche man von Hammelfleisch-Bouillon eben so viel wie die gewöhnliche im Suppentopfe und thue den Reis aus der Form in die nicht entfettete Hammel-Bouillon.

Fisch (meunier) mit glacirten Zwiebeln à l'allemande. — Dieser Fisch wird gedämpft (siehe Karpfen gedämpft), dann mit glacirten Zwiebeln umgeben und mit einer deutschen Sauce (siehe deutsche Sauce) angerichtet.

Kalbs- oder Hammelgehirn am kleinen Spieß. — Die Gehirne werden blanchirt und wenn die Haut abgezogen ist, in runde Scheiben geschnitten. Ebenso verfahre man mit gekochtem Kuh-Euter und gekochten Trüffeln. Alle diese Zuthaten müssen mit am Spieß befestigt und mit der „Velouté für die Haushaltung" begossen werden, wozu noch Butter und Citronensaft kommt. Wenn die Gehirne gebraten sind, läßt man sie erkalten, bestreicht sie nachdem mit zerlassener Butter, wälzt sie in Ei und geriebener Semmel, worauf man sie schließlich noch leicht in der Pfanne röstet. Man kann die eingekochte Sauce darübergeben.

---

27. August.

Suppe mit Kichern-Erbsen.
Vives à la normande.
Schweine-Cotelettes mit Kräuter-Sauce.
Huhn gebraten.
Blumenkohl gratinirt mit Parmesankäse.
Crême-Törtchen.

Suppe mit Kichern-Erbsen. — Die Kichern-Erbsen müssen, ehe sie gekocht werden, 12 oder 15 Stunden in Wasser, worin Spinat gekocht war, eingeweicht werden, dann werden sie in Flußwasser mit Zwiebeln, einem Bouquet und Salz gekocht, und wenn sie weich sind, thut man sie in Bouillon und gießt sie in eine Terrine, in welcher Weißbrod in Olivenöl geröstet liegt. Man kann statt des Oels auch Butter nehmen.

Vives à la normande. — Die Vives werden wie gewöhnlich vorbereitet, nur Kopf und Schwanz abgeschnitten, dann mit Stücken Aal und Sardellen gefüllt und in Weißwein mit Butter, Carotten, Zwiebeln, Nelken, Thymian und Lorbeerblatt gekocht. Wenn sie gekocht sind, wird die Sauce durch ein Sieb gegossen, mit braunem Mehl sämig gemacht, mit Citronensaft abgeschärft und über die Fische gegossen. Die Vives à la bordelaise werden ebenso zubereitet, nur giebt man dann eine italienische Sauce darüber.

Schweine-Cotelettes. — Nachdem diese wie die Kalbs-Cotelettes geputzt und geglättet sind, nur daß etwas von dem Fett an den Schweine-Cotelettes bleibt, werden sie mit Salz bestreut und auf mäßigem Feuer geröstet. Man giebt hierzu eine Kräuter-Sauce (ravigote).

28. August.

Suppe mit Brodrinde.
Rothfische mit Austern=Sauce.
Wilde Enten als Ragout (en salmis).
Kalbsniere gebraten.
Artischoken mit Schinken=Essenz.
Vanille=Törtchen.

Wilde Enten als Ragout (en salmis). — Ein oder zwei Enten werden, nachdem sie in ein Butterpapier gewickelt sind, ungefähr dreiviertel Stunden gebraten, dann in Stücke geschnitten, mit ihrem Jus, zwei Gläsern Rothwein, einer Schalotte, Zwiebeln und kleinen Nelken in eine Kasserolle gethan und bis auf die Hälfte eingekocht. Dann wird Fleisch=Glace, geriebene Semmel oder ein Roux und Olivenöl, sowie Citronensaft hinzugethan. Wenn die Stücken Ente weich sind, werden sie mit in Butter gebratenen Croutons umgeben angerichtet. Dieser Salmis wird eben so gut wie von wilden Enten, von dem Ueberbleibsel gebratener Enten gemacht.

Ragout (salpicon). — Dies Ragout ist zusammengesetzt aus Schinken, Zwiebeln, Kalbsmilch, Trüffeln und Champignons, welche in Würfel geschnitten und in Butter oder Speck geschwitzt sind. Man kocht das Ragout, zu dem erst der Schinken und dann die übrigen Zuthaten kommen, mit Bouillon und zieht die Sauce mit Eiern und etwas Citronensaft ab. Das Salpicon wird ebenso als Zwischengericht gebraucht wie das von Geflügel, Gänselebern, Nieren, Hahnenkämmen ꝛc.

29. August.

Suppe mit Reis.
Grondin in Stücken mit Sauce tomate.
Kalbsmilch à la provençale.
Rinder-Filet gebraten.
Quenelles von gebratenen Kartoffeln.
Pfirsich-Compot.

Kalbsmilch à la provençale. — Die Kalbsmilch wird blanchirt, eine jede in Speck gewickelt und mit Bouillon, Estragon, Salz, Pfeffer und etwas Knoblauch gekocht. Ist das geschehen, so legt man sie auf eine warme Schüssel, gießt die Sauce darüber und giebt sie zu Tisch.

Quenelles von gebratenen Kartoffeln. — Man nehme recht mehlige Kartoffeln, koche sie, schäle sie ab, thue sie in eine Kasserolle mit Butter und gehackter Petersilie, schlage dann ein Ei nach dem andern auf die Kartoffeln, bis sie davon bedeckt sind, streue Pfeffer und Salz darüber, lasse sie abtropfen, erkalten und brate sie dann in Butter.

Pfirsich-Compot. — Man thue die Pfirsiche in kochendes Wasser, um leichter die Haut abzuziehen, theile sie in zwei Theile und nehme den Kern heraus. Dann werden sie in gewöhnlichem weißen Syrup gekocht, auf eine Compotschüssel gelegt und der durchgegossene Syrup darüber gethan.

30. August.

Suppe mit Kraftbrühe von Fischen.
Kalbs-Cotelettes à la milanaise.
Karpfen à la Chambord.
Rebhuhn gebraten.
Omelette mit Sardellen.
Baba mit Rum.

Suppe mit Kraftbrühe von Fischen. — Zwiebeln, Carotten, Sellerie, Schalotten, Petersilie, Thymian, ein wenig Knoblauch, Salz und Pfeffer werden in Butter geschwitzt, dann werden drei Theile Wasser und ein Theil Weißwein hinzugegossen und dies zusammen gekocht und geschäumt. Darauf werden Grondins, Stockfische, der Kopf einer Steinbutte, oder welche Stücke Fische man haben mag, hinzugefügt, und nachdem Alles zwei oder drei Stunden zusammen gekocht, durch eine Serviette gegossen und gut ausgedrückt. Wieder heiß gemacht, wird diese Suppe über Quenelles von Fischen oder Brodstreifen gegossen. (Siehe Quenelles von Fischen.)

Omelette mit Sardellen. — Ein Dutzend Sardellen werden eine Viertelstunde in kaltem Wasser gewässert, in Stücke geschnitten und mit kleinen Scheiben in Oel gerösteten Weißbrodes vermischt. Dann werden zwölf frische Eier geschlagen, gesalzen und tüchtig gequirlt, zu gleicher Zeit wird Olivenöl oder Butter in einer Pfanne heiß gemacht, und wenn es heiß ist, die Hälfte der Eier hinzugegossen und ein ganz dünner Eierkuchen gebacken. Hierauf wird eine Lage geröstetes Brod gelegt, dann wieder ein dünner Eierkuchen, sowie Brod und Sardellen und über das Ganze wird entweder Fleisch-Jus oder eine Sauce nach Belieben gethan.

---

31. August.

Suppe napolitain.
Meerbrassen mit Weißwein.
Grillvögel braisirt.
Hammelkeule gebraten.
Bohnen sautirt.
Gefrorenes mit Vanille und Chokolade.

Grillvögel braisirt. — Die Grillvögel werden gepflückt, ausgenommen ꝛc., dann braisirt und schließlich auf einer Schüssel mit Citronensaft angerichtet. Die Sauce wird durchgegossen, wenn es nöthig ist, noch eingekocht und über die Vögel gethan.

Gefrorenes mit Vanille und Chokolade. — 4 Deciliter geläuterter Zucker, 5 Deciliter Wasser, 16 Eigelb, 50 Gramm Vanilleschoten und ein halbes Liter Sahne gehören zu dieser Masse. Die Eier werden mit Zucker geschlagen, dann die Vanille hinzugethan und durch ein Seidensieb gerührt. Hierauf läßt man es auf dem Feuer sich verdicken, nimmt dann die Vanille heraus und schlägt den Teig in einer Assiette so lange, bis er die Consistenz eines gewöhnlichen Biscuitteiges hat. Dann wird ein halbes Liter Schlagsahne hinzugerührt und die ganze Zubereitung in der Assiette, um welche man ein Papier bindet, damit nichts über den Rand derselben kann, mit Salpeter-Salz bestreut in Eis gestellt. Nach zwei Stunden thue man in Wasser gekochte und nachher erkaltete Chokolade darüber und lasse es wieder frieren; nach weiteren zwei Stunden nehme man die Assiette aus dem Eise und gebe sie gleich zu Tisch.

Die dreihundert sechs und sechzig Menus. 245

1. September.

Kraftbrühe mit verlorenen Eiern.
Kalbskopf farcirt.
Hammel=Cotelettes à la financière.
Wachteln gebraten.
Krebse in Court=Bouillon.
Citronen=Kuchen.

Kalbskopf farcirt. — Nachdem ein Kalbskopf zum Kochen vorbereitet ist, werden die Knochen herausgelöst, derselbe blanchirt, vollständig gereinigt und mit einer gekochten Farce gefüllt (siehe gekochte Farce), zu der noch Trüffeln hinzugefügt werden. Darauf binde man den Kalbskopf, dem so viel als möglich seine ursprüngliche Form wieder gegeben werden muß, in ein Tuch und koche ihn mit Speckstreifen, Citronenscheiben, Zwiebeln, Carotten, einem Bouquet, mit Nelken gespickten Zwiebeln in Bouillon mit Wasser. Man schäume die Brühe und lasse den Kopf unaufhörlich drei bis vier Stunden kochen; dann prüfe man mit einer Spicknadel, ob derselbe weich ist und ziehe ihn in diesem Falle sofort vom Feuer zurück, lasse ihn aber in seiner Brühe stehen, bis er angerichtet wird. Man giebt dazu eine Sauce hachée.

Butter mit Mandeln. — Nachdem funfzehn süße und drei bittere Mandeln mit 125 Gramm Zucker gerieben sind, rühre man sie mit einigen Tropfen Milch durch ein Sieb. Dies Durchgerührte wird wieder mit 250 Gramm recht frischer Butter vermengt, abermals durch ein Sieb gerührt und in eine Schale gethan. Dies Zwischengericht ist ziemlich allgemein beliebt.

2. September.

Soupe bisque mit Reis.
Hase à la mode.
Gründling gebraten.
Roftbeef gebraten.
Kartoffeln sautirt.
Pfannkuchen.

Soupe bisque mit Reis. — Ungefähr 50 Krebse werden in Court-Bouillon gekocht, die Scheeren und Schalen, nachdem sie ausgebrochen sind, gestoßen, wieder in Bouillon gekocht und durch ein Sieb gerührt. In diese Bouillon wird das Fleisch der Krebse, sowie das Fleisch von weißem Geflügel, welches gehackt und ebenfalls durchgerührt ist, gethan. Diese Suppe wird in bain-marie heiß gemacht und auf Reis gegossen, welcher schon vorher in Bouillon ausgequollen und dann in die Terrine gethan ist.

Hase à la mode. — Nachdem der Hase vorbereitet und das Blut sorgfältig aufbewahrt ist, wird derselbe in Stücke geschnitten. Dann nehme man ein Stück Speck und schneide einen Theil davon in Streifen und einen Theil in Würfel. Mit gesalzenem Speck wird nun der in Stücke geschnittene Hase gespickt und in einen Schmortopf gelegt mit frischer Schweineschwarte, welche auch in Stücke geschnitten ist, Salz, Gewürzen, einem Glase Rothwein, einigen Carotten und einem Löffel Schweineschmalz. Man decke den Schmortopf mit doppeltem Papier über dem Hasen und seinem Deckel recht fest zu und lasse den Inhalt gleichmäßig, aber nicht schnell kochen. Während des Kochens rühre man den Hasen um und wenn er weich ist, lasse man das Blut mit der Sauce aufkochen und richte an.

3. September.

Suppe mit Kraftbrühe und Quenelles.
Karpfen gedämpft.
Cotelettes von Reh sautirt.
Puter gebraten.
Purée von Sauerampfer mit Eiern garnirt.
Pfirsich mit Reis.

Quenelles. — Die Quenelles werden von Geflügel, Wild, Fischen oder Kalbfleisch in folgender Weise zusammengesetzt: Das Fleisch, welches man nehmen will, wird gehackt und dann getrocknet. In eine Assiette wird in Kraftbrühe oder Milch eingeweichte Semmel gethan, welche aber wieder getrocknet ist; zu dieser sogenannten Mitonnage thut man frische Butter oder das Fett von Kalbsnieren mit Salz und gemischten Gewürzen. Nun wird das Fleisch, sowie die Mitonnage in eine Reibesatte gethan und mit einigen Eiern, die nach und nach hinzugethan werden, gerieben, darauf wird Alles durch ein Quenelles-Sieb gerührt, mit einem Löffel der Teig abgesteckt, in kochendem Salzwasser oder Bouillon ungefähr zehn Minuten gekocht und dann abgetropft. Die Hauptsache ist, daß zu den Quenelles von Allem gleiche Quantitäten genommen werden von Fleisch, Semmel und Fett.

Braise (halbe). — Die weiße oder halbe Braise geschieht mit Speckstreifen und Kalbfleisch statt des Rindfleisches. Die Zuthaten sind dieselben wie bei der zum Rindfleisch, nur geringer. Diese Braise kann nur für kleine Stücke Fleisch genommen werden.

4. September.

Suppe mit Purée von Bohnen.
Aal mit grüner Sauce.
Kalbsbrust braisirt mit Carotten.
Krammetsvögel gebraten.
Champignons farcirt.
Birnen=Compot.

Krammetsvögel gebraten. — Nachdem die Vögel gepflückt und blanchirt sind, wickele man sie, ohne sie auszunehmen, in ein Wein= oder Sellerieblatt, dann in Speck und brate sie am Spieß. In die Bratpfanne werden zwei Scheiben geröstetes Brod mit ein wenig Butter gelegt und nach dem Braten, wozu eine Viertelstunde hinreicht, werden die Krammetsvögel auf geröstetem Brode angerichtet. Man kann etwas Citronensaft und ein wenig weißen Pfeffer hinzufügen.

Champignons farcirt. — Nachdem die Champignons gewaschen sind, werden sie geputzt, die Stiele abgeschnitten und gehackt, doch sind sie um so besser, je kürzere Zeit sie im Wasser gelegen haben. Zu diesen gehackten Stielen wird eben so viel gehackte Petersilie, wie dieselbe Quantität gehackte Schalotten gethan. Alles zusammen muß fünf Minuten in Butter schwitzen und dann mit Bouillon oder Roux recht einkochen. Wenn diese Farce die gehörige Consistenz hat, werden die Champignons inwendig damit gefüllt, dann auf eine mit Butter ausgestrichene Schüssel gelegt, leicht mit geriebener Semmel bestreut und zehn Minuten in den Ofen gestellt.

Die breihundert sechs und sechzig Menus. 249

5. September.

Suppe mit Kräutern à la provençale.
Rindfleisch braisirt à la flamande.
Hammelfüße in Butter gebraten.
Rehkeule gebraten.
Kruste mit Champignons.
Törtchen mit Mirabellen.

Suppe mit Kräutern à la provençale. — Man wasche sorgfältig Spinat, Blätter von Sellerie, Körbel, Sauerampfer und Lauch und setze Alles mit Wasser auf das Feuer. Beim ersten Kochen füge man noch Knoblauch oder in Scheiben geschnittene Zwiebeln, sowie Butter, Salz und Pfeffer hinzu. Nachher wird die Suppe mit Eigelb abgezogen und auf Brodscheiben in die Terrine gegossen.

Hammelfüße gebraten. — Gekochte Hammelfüße schneide man in Stücke von verschiedener Größe, marinire sie, lasse sie dann abtropfen, hülle sie in einen Teig und brate sie in der Pfanne. Sie werden mit gebratener Petersilie angerichtet.

Rehkeule gebraten. — Die Rehkeule wird, nachdem sie zurecht gemacht ist, gespickt, dann fünf oder sechs Stunden in Olivenöl und Salz marinirt, am Spieß gebraten und mit der Marinade begossen. Nach einer Stunde des Bratens wird die Rehkeule zu Tisch gegeben und eine Pfeffersauce in der Saucière dazu herumgereicht. Diejenigen, welche für diese Art der Zubereitung noch den Geschmack erhöhen wollen, können die Keule noch zwei Tage in Olivenöl, Salz, Pfeffer, Gewürzen, Scheiben Zwiebeln, Thymian und einer halben Flasche Rothwein mariniren.

6. September.

Suppe à la française.
Rindfleisch gekocht mit Sauce tomate.
Quappen in der Kasserolle.
Hase gebraten.
Artischoken à la lyonnaise.
Fondue mit Käse.

Quappen in der Kasserolle. — Die Quappen werden geschuppt und ausgenommen, die Lebern zurückgelegt und die Fische mit brauner Butter, Mehl, Weißwein, Pfeffer, Salz, feinen Kräutern, einem garnirten Bouquet und Champignons in der Kasserolle gekocht. Dann werden die Quappen mit den Champignons auf eine Schüssel gelegt, die Sauce durchgerührt und über die Fische gethan.

Artischoken à la lyonnaise. — Die Artischoken werden in vier Theile geschnitten, gereinigt, blanchirt und abgetropft, dann in Butter mit Citronensaft gebräunt und etwas Bouillon, etwas Roux und in Butter geschwitzte Zwiebeln hinzugethan. Die Sauce wird durchgegossen, noch etwas Salz, Pfeffer und gehackte Petersilie hinzugefügt und wenn die Artischoken in der Sauce nochmals erwärmt sind, richtet man sie an.

Fondue mit Käse. — So nennt man ein vorzügliches Zwischengericht, welches aus frischer Butter, zusammengerührten Eiern, Schweizerkäse, Pfeffer und nach Geschmack ein wenig Salz besteht. Man rechnet ein Drittel so viel geriebenen Käse, als die Eier ungefähr wiegen und ein Sechstel Butter. In einer Kasserolle wird Alles so lange zusammengerührt, bis es sich verdickt und dann auf einer warmen Schüssel angerichtet.

7. September.

Suppe mit grünen Erbsen.
Vives à la maître d'hôtel.
Hammelkeule braisirt.
Fasan gebraten à la Brillat-Savarin.
Blumenkohl gratinirt.
Bavarois mit Melonen.

Fasan gebraten à la Brillat-Savarin. — Wenn der Fasan die nöthige Zeit gehangen hat, sagt Brillat-Savarin, wird er gepflückt und sorgfältig gespickt; dann werden zwei Bekassinen ausgenommen und die Knochen ausgelöst. Nun macht man zwei Theile, den einen bildet das Fleisch der Vögel, den anderen die Eingeweide und Lebern. Von dem Fleisch wird eine Farce gemacht, indem man es hackt mit in Dampf gekochtem Rindermark, geriebenem Speck, Pfeffer, Salz und feinen Kräutern und hierzu eine Anzahl guter Trüffeln mischt, hinreichend, um das Innere des Fasans auszufüllen, was mit Sorgfalt geschehen muß, da, wenn der Fasan schon vom Hängen alt ist, derselbe schwer zusammenhält, was aber durch die um ihn festgebundene Brodkruste erreicht wird. Man schneidet Scheiben Brod, welche den Fasan in seiner ganzen Länge umschließen und legt darauf die Lebern und Eingeweide der Bekassinen, welche zusammen mit Trüffeln gehackt, sowie mit Sardellen, Speck und einem guten Stück frischer Butter vermischt sind. Dieser Teig wird gleichmäßig auf den Fasan gelegt, der in dem Jus gebraten wird, welcher während des Bratens herausfließt. Gewöhnlich glauben die Hausfrauen einen Fasan wie ein Rebhuhn braten zu können und sind zu bequem, ihn die gehörige Zeit hängen zu lassen, aber ein nicht gut vorbereitetes Fleisch ist kein Fleisch.

8. September.

Suppe mit Purée von Rebhühnern.
Forelle mit Sauce diplomate.
Hammel-Filet à la minute.
Gans gebraten.
Nachtschatten à la provençale.
Pfannkuchen mit glacirten Aepfeln.

Suppe mit Purée von Rebhühnern. — Man brate ein frisch geschossenes Rebhuhn, schäle dann ungefähr funfzig Kastanien und koche sie in Bouillon. Nun wird die Haut von dem Rebhuhn abgezogen, die Knochen ausgelöst und das Fleisch gehackt, dann läßt man die Kastanien abtropfen, thut sie in eine Satte mit dem schon gehackten Fleisch, reibt sie klein und rührt dann Alles mit Bouillon durch ein Sieb. Die Suppe wird mit geröstetem Brode angerichtet.

Hammel-Filet à la minute. — Man thue in einen Tiegel Kraftbrühe oder gar nicht fette Bouillon und wenn sie fast ganz eingekocht ist, lege man die Filets mit Speckstreifen obenauf hinein und lasse sie mit einem Butterpapier bedeckt auf gelindem Feuer ziehen. Zehn oder zwölf Minuten reichen zum Bräunen der Filets hin, aber man achte darauf, daß der Speck sich nicht ansetzt. Beim Anrichten lege man die Stücke auf eine Schüssel, koche den Fond mit etwas Bouillon ab und gieße ihn über die Filets. Das in Scheiben geschnittene Rinder-Filet wird ebenso zubereitet.

Gans gebraten. — Man farcire oder marinire je nach Belieben eine Gans und brate sie am Spieß, indem man sie öfter begießt. Nach zwei Stunden richte man sie mit ihrem Jus an, der mit etwas Citronensaft gewürzt wird, nachdem die Gans schon mit Salz und Pfeffer bestreut ist.

---

9. September.

Suppe mit Körbel.
Aal à la tartare.
Junger Hase geröstet.
Rinder-Filet gebraten.
Macedoine von Gemüsen mit Bechamelle.
Dumpling mit Aepfeln.

Aal à la tartare. — Man lasse Carotten und in Würfel geschnittene Zwiebeln mit einem Bouquet in Butter schwitzen und füge etwas Mehl, sowie Weißwein hinzu. Nach einer halben Stunde rühre man die Sauce durch ein Sieb und setze dann darin den Aal, von welchem vorher die Haut abgezogen und welcher zusammengerollt ist, auf das Feuer. Wenn er gekocht ist, lasse man ihn erkalten, wälze ihn nachher in Ei und Semmel, röste ihn und richte ihn auf einer runden Schüssel mit einer Sardellen- oder Remuladen-Sauce an.

Junger Hase geröstet. — Man spalte den Hasen seiner ganzen Länge nach, umwickele ihn mit Butterpapier und röste ihn. Wenn er weich ist, wird er ausgewickelt und mit Sardellen- oder Kräuterbutter zu Tisch gegeben.

Dumpling mit Aepfeln. — Nachdem ein warmer Teig gemacht ist, wird derselbe sehr fein aufgemangelt, auf eine Schüssel gelegt und darauf eine gewisse Quantität geschälter, mit Zucker bestreuter Aepfel. Der Rand der Schüssel wird feucht gemacht, die Schüssel bedeckt und das Ganze, in eine Serviette gebunden, eine Stunde in Wasser gekocht. Dies Gericht wird mit zerlassener Butter übergossen und mit Zucker bestreut gegeben. Man kann die Dumplings auch mit Pflaumen oder anderen Früchten machen. (Englische Küche.)

10. September.

Menu für Fasten.

Suppe mit Zwiebel=Purée und Quenelles von Fischen.
Matelote à la marinière.
Salmis von wilden Enten.
Steinbutte in Mayonnaise.
Kleine Erbsen in Butter.
Mandelkuchen.

Salmis von wilden Enten. — Die wilden Enten werden am Spieß halbweich gebraten und dann abgenommen. Während dieser Zeit werden Trüffeln mit ein wenig Mehl in Butter geschwitzt und Weißwein, feine Kräuter, Lorbeerblatt und eine mit Nelken gespickte Zwiebel hinzugethan, sowie der, der es liebt, etwas Knoblauch hinzunehmen kann. Nach einigen Augenblicken des Kochens werden noch etwas Wurzeln, sowie blanchirte Sellerie und Oliven ohne Kerne hinzugefügt und läßt man Alles zusammen nur ziehen. In diese Brühe werden die in Stücke geschnittenen Enten gelegt und fertig gekocht. Man richtet sie, von den Oliven und den Sellerieschieben umgeben und mit der Sauce darüber an.

Steinbutte in Mayonnaise. — Wenn Stücke Steinbutte übrig geblieben sind, ziehe man die Haut ab, gebe ihnen eine runde oder eine Herzform und thue sie in eine Assiette mit Salz, Pfeffer, Oel, Estragon, Essig und gehackten Kräutern. Dann lege man die Stücke Fische kranzförmig auf eine Schüssel, umgebe diesen Kranz mit hartgekochten Eiern, welche man mit Sardellen und Pfeffergurken, sowie mit Blättern von Estragon und Scheiben rother Rüben garnirt. Um die Schüssel lege man Jus und in die Mitte derselben eine Mayonnaise.

Die dreihundert sechs und sechzig Menus.

11. September.

Suppe mit Kohl.
Kohl mit Speck.
Hammelrücken mit Purée von weißen Rüben.
Lerchen-Pastete.
Krebse à la bordelaise.
Pfannkuchen mit Birnen.

Kohl mit Speck. — Man blanchire einen schönen Kopf Kohl, schneide ihn in vier Theile und lege ihn in einen Schmortopf mit Fleischwurst, einigen Stücken Speck, etwas Wasser, sowie Salz, Pfeffer und Muskatennuß. Wenn der Kohl kocht, vermindere man das Feuer und lasse ihn nur langsam kochen. Der Kohl wird auf einer Schüssel angerichtet und die eingekochte und mit braunem Mehl sämig gemachte Sauce darüber gegossen.

Lerchen-Pastete. — Einige Dutzend Lerchen werden gesengt, gereinigt und ausgenommen, die Magen derselben bei Seite gelegt und die Eingeweide mit kleingeschnittenem Speck und feinen Kräutern gehackt. Mit dieser Farce werden die Lerchen gefüllt, darauf gesalzen und mit Speck umwickelt auf den dazu vorbereiteten Pastetenteig gelegt; nachdem noch ein Kranz von Butter mit zwei oder drei halben Lorbeerblättern und ein wenig Gewürz darüber gethan, wird das Ganze durch eine Lage Pastetenteig bedeckt. Zwei und eine halbe Stunde muß die Pastete backen, dann wird sie erkaltet zu Tisch gegeben.

Portugiesische Sauce. — 125 Gramm Butter, zwei Eigelb, der Saft einer Citrone, Salz und Pfeffer werden auf gelindem Feuer gerührt, bis die Sauce heiß ist. Diese Sauce darf erst kurz vor dem Gebrauch bereitet werden.

12. September.

Suppe à la julienne.
Zungenfisch à la cardinal.
Salmis von Bekassinen.
Rinder=Filet gebraten.
Kartoffel=Purée à la Maria.
Englischer Plum=Pudding.

Salmis von Bekassinen. — Man zerschneide die am Spieß gebratenen Bekassinen, ziehe die Haut von den einzelnen Stücken ab, stoße das Gerippe klein, setze es dann in einer Kasserolle mit Schalotten, einem halben Lorbeerblatt, Knoblauch, ganzer Petersilie und Weißwein auf das Feuer und lasse es eine halbe Stunde kochen. Dann nehme man das Fett ab und rühre Alles durch ein Sieb. Zu dieser Sauce wird etwas Roux genommen und beim ersten Aufkochen die Stücke Bekassinen hineingethan, aber ohne zu kochen, nur um warm zu werden. Dann richtet man sie mit einer Garnirung von Croutons an und gießt die Sauce darüber.

Spiegeleier oder Eier in der Schüssel. — Man nehme eine Schüssel, welche dem Feuer ausgesetzt werden kann, bestreiche den Boden derselben mit Butter, streue etwas Salz darüber, schlage dann vorsichtig die Eier eins neben das andere auf die Butter, gieße etwas Sahne darüber, thue hier und da noch etwas Butter darauf, streue Pfeffer, Salz und Muskatennuß dar= über und schiebe die Schüssel in den Ofen.

Kartoffel=Purée à la Maria. — Man rühre die in Bouillon gekochten Kartoffeln durch ein Sieb, verbinde dies Purée mit Espagnole oder Velouté der Haushaltung oder noch einfacher mit einer Bechamelle, schiebe die Schüssel in den Ofen und lasse das Purée sich bräunen.

---

13. September.

Suppe mit grünen Erbsen.
Rochen à l'italienne.
Hammelkeule à la Durand.
Kleine Trappe (canepetière) gebraten.
Chicorien mit Velouté.
Pfannkuchen mit Aepfeln.

Hammelkeule à la Durand. — Hierzu ist durchaus eine alt geschlachtete Hammelkeule nöthig. Die Knochen werden bis auf den Hauptknochen herausgelöst, Speck, ebenso Schinken, Pfeffergurken, Sardellen, selbst Trüffeln in die Keule gethan und diese mit Sel-épice bestreut. Nachdem das Fleisch zusammengebunden und ihm soviel als möglich die frühere Form wiedergegeben ist, wird es langsam, aber gleichmäßig gekocht. Es wird mit einer Garnirung à la Durand angerichtet. (Siehe Seite 260.)

Sel-épice. — Der berühmte Koch Durand räth die Anwendung eines zusammengesetzten Salzes und versichert, diese Zusammensetzung habe ihm die größten Dienste geleistet. Folgendes sind die Quantitäten, aus welchen das Salz zusammengesetzt ist: 20 Unzen Salz, 2 große Nelken, 2 große Muskatennüsse, 6 Lorbeerblätter, 1 Stück echten Zimmt, 4 große Pfefferkörner, 1 Stiel trockenen Basilicum, 1 Stiel Koriander. Dies Alles wird gestoßen, gesiebt, wenn etwas Hartes bleibt, wieder gesiebt, gut durcheinander gemischt und dann in einem hermetisch verschlossenen Topfe aufbewahrt.

14. September.

Garbure (Kohl) gratinirt mit Fett.
Hecht mit Kräuter=Sauce (raifort).
Hammel=Cotelettes à la Soubise.
Rebhuhn gebraten.
Spinat mit Sahne.
Chokoladen=Crême.

Garbure (Kohl) mit Fett. — Diese Art, den Kohl zu bereiten, ist in der Gascogne zu Haus, aber auch den hiesigen kann man auf solche Art zubereiten. Der Fond wird, wie man ihn auch kocht, immer gratinirt. Man theilt den Kohlkopf in vier Theile; nachdem er blanchirt und abgekühlt ist, läßt man ihn abtropfen und bindet jedes Viertel einzeln zusammen. Nun werden Speckstreifen in eine Kasserolle gelegt, darauf der Kohl nebst einigen runden Stücken Schinken oder einem Kalbsfuß, wieder Speckstreifen obenauf, mit Carotten, Zwiebeln und einem Bouquet; etwas Bouillon wird zugegossen. Dann lasse man Scheiben von Weißbrod mit Bouillon durchziehen und sie wieder trocknen. Der Kohl wird, nachdem er auf einem weißen Tuch abgetropft ist, aufgebunden. Mit gestoßenem und gemischtem Schweizer= und Parmesankäse wird eine tiefe Schüssel bestreut, welche dem Feuer ausgesetzt werden kann, darauf der Kohl gelegt und wieder Käse darüber, dann das Weißbrod, ebenfalls gleichmäßig mit Käse bestreut; so wird abwechselnd fortgefahren, bis die Schüssel gefüllt ist, und zwar in der Weise, daß obenauf Kohl zu liegen kommt, welcher dann am meisten mit Käse bestreut wird. Diese Schüssel wird kurze Zeit in den Ofen geschoben.

Die dreihundert sechs und sechzig Menus.

15. September.

Schildkrötensuppe (Mockturtle.)
Austern in Schalen.
Rindfleisch braisirt mit farcirten Tomates garnirt.
Wachteln gebraten.
Chicorien mit Jus.
Reis mit Aepfeln.

Schildkrötensuppe (Mockturtle). — Man nehme helles Roux, vermische es mit 250 Gramm Butter, ebensoviel Mehl, zwei Liter Bouillon, sowie eingekochter Brühe von Kalbfleisch, lasse dies zusammen kochen und füge dann noch zwei Gläser Madeira-Wein, Thymian, Sarriettes, gehackte Schalotten, Lorbeerblätter hinzu, und nachdem es zusammen gekocht hat, gieße man es durch ein Sieb. Nun schneide man einen gekochten und erkalteten Kalbskopf in Würfel und halte dieselben warm in einer Mischung von Madeira-Wein und der Brühe, in welcher der Kopf gekocht ist. Die erstere durchgegossene Brühe und die letztere werden alsdann zusammengegossen, aufgekocht, etwas Cayenne-Pfeffer hinzugethan und in eine Terrine gegossen, in welcher bereits Quenelles von Geflügel sind.

Wachteln gebraten. — Nachdem sie gepflückt, ausgenommen und gesengt sind, wird eine jede in ein Weinblatt und dann in recht fein geschnittenen Speck gewickelt und zwar so vollständig, daß nur die Patten heraussehen; darauf werden die Wachteln zwanzig Minuten am Spieß gebraten.

16. September.

Purée von grünen Erbsen mit Croutons.
Barbe à la provençale.
Kalbs-Cotelettes braisirt und mit grünen Bohnen garnirt.
Wilde Enten gebraten.
Haberwurzel (salsifis) in der Pfanne gebraten.
Vanille-Kuchen (darioles).

Garnitur à la Durand. — Wir lassen hier den berühmten Koch Herrn Durand selber sprechen: Man lasse in einer Kasserolle Speck zergehen; wenn das geschehen ist, so werden die kleinen Speckstücken herausgenommen und Scheiben Schinken mit einem Stück frischer Butter hineingelegt, hierin läßt man entweder Kalbsniere oder ein in Würfel geschnittenes Stück Kalbfleisch schwitzen, thut dann Sauce espagnole hinzu, sowie ein wenig durchgegossenen Fond, von dem das Fett abgenommen ist. Ebenso werden Scheiben Trüffeln, Champignons, Quenelles von Geflügel, farcirte Oliven mit Trüffelfarce (siehe Trüffelfarce), gekochte Hahnenkämme, bestes Rindfleisch, welches bereits gekocht und in viereckige Stücke geschnitten ist, endlich die Lebern von Geflügel hinzugethan. Alles dies lasse man zusammen kochen und kurz vor dem Anrichten werden noch hinzugefügt: sechs hartgekochte Eigelb, Krebsschwänze, welche einige Augenblicke mit feinen Kräutern und ein wenig durchgegossener Bouillon gezogen haben, sowie Pfeffergurken. Nachdem dies Gekochte geschäumt ist, wird es durchgegossen und mit den einzelnen Sachen das betreffende Fleisch garnirt. Mit diesem Gericht kann man den Gesättigtsten wieder hungrig machen.

---

17. September.

Suppe mit Körbel.
Fricassée von Huhn à la Dubarry.
Wassermuschel (moules) à la Villeroi.
Rehbraten mit Pfeffer-Sauce.
Kruste mit Champignons gefüllt.
Törtchen mit Birnen.

Fricassée von Huhn à la Dubarry. — Nachdem die Hühner zum Braten zubereitet sind, schneide man sie in Stücke, lege dieselben eine Stunde in kaltes Wasser, welches aber öfter gewechselt wird. Dann läßt man die Stücke abtropfen und trocknet sie noch sorgfältig ab, um sie nun in Wasser kochen zu lassen. Wenn das Wasser zu perlen anfängt, werden die Hühner nochmals abgetrocknet und das Wasser wird durch ein Sieb gegossen. Nun wird eine Kasserolle mit Butter, gehacktem Speck und einigen Scheiben Schinken auf das Feuer gesetzt, und wenn die Butter sowie der Speck zergangen sind, werden die Hühner hineingelegt; sobald dieselben anfangen sich zu bräunen, wird ein Löffel voll Mehl hinzugerührt, sowie halb Bouillon und halb von dem Wasser, in welchem die Hühner gewässert sind, ein Bouquet und eine mit Nelken gespickte Zwiebel. Sobald geschäumt ist, wird die Kasserolle zugedeckt und läßt man die Hühner drei Viertel Stunden kochen. Dann wird das Bouquet, sowie die Zwiebeln herausgenommen, und wenn die Sauce eingekocht ist, wird sie mit Eigelb abgezogen.

Schweinebraten (Rippespeer) à la Robert. — Ein Rippenstück wird mit Sel-épice bestreut und muß zwei Tage damit liegen, dann wird es am Spieß gebraten und mit einer Sauce Robert angerichtet.

18. September.

Suppe mit kleinen italienischen Pasteten.
Gekochtes Rindfleisch en matelote.
Rebhühner gedämpft.
Hecht blau.
Chicorien mit Velouté.
Baba mit Rum.

Gekochtes Rindfleisch en matelote. — Man brate in Braunmehl kleine Zwiebeln, gieße ein Glas Rothwein und ein halbes Glas Bouillon dazu und füge noch einige Champignons, Salz, Pfeffer, Lorbeerblatt und Thymian hinzu. Wenn die Sauce fertig ist, lege man die Stücke Rindfleisch hinein, lasse sie auf dem Feuer noch in der Sauce ziehen und gebe sie dann zu Tisch.

Rebhühner gedämpft. — Nachdem die Rebhühner ausgenommen und gesengt sind, werden sie gespickt und dann in einer Kasserolle mit Zwiebeln, Carotten, Speckstreifen, einem garnirten Bouquet, Bouillon und Weißwein gekocht. Wenn sie weich sind, werden sie mit dem durchgegossenen Fond, zu welchem, wenn es nöthig ist, noch etwas Fleisch-Jus gethan wird, angerichtet.

Kalbsfüße au naturel. — Man reinige, blanchire, spalte sie, um die Knochen herauszunehmen und koche sie dann im Suppentopf. Wenn sie gekocht sind, werden sie mit einer Sauce aus Bouillon, Pfeffer, Salz, feinen Kräutern und ein wenig Essig gegeben.

Barbe à la provençale. — Man brate eine Barbe in Butter, nachdem sie marinirt ist, die Mittelgräte ausgenommen und die Stücke geglättet sind, und gebe dazu farcirte Oliven oder eine Sardellen-Sauce.

---

19. September.

Suppe mit geröstetem Brod.
Meerbrassen mit Weißwein.
Ackerlerche in Kästchen.
Wildschweins-Keule à la royale.
Sellerie mit Jus.
Crême mit Kaffee.

Ackerlerche in Kästchen. — Die Lerchen werden, nachdem die Knochen herausgenommen mit gekochter Farce gefüllt, zu welcher noch die gehackten Lebern der Lerchen gefügt werden. Von geöltem Papier werden so viel Kästchen gemacht, als Lerchen sind, in den Fond der Kästchen wird Farce gethan und auf die letztere die mit Speck umwickelten Lerchen, welche mit einem Butterpapier bedeckt sind, gelegt. Dann werden sie in einem Ofen gebraten; wenn sie gut sind, wird das Fett aus den Kästchen genommen und dafür ein wenig Jus hineingethan.

Wildschweins-Keule à la royale. — Nachdem die Keule gespickt und vier oder fünf Tage marinirt ist, wird sie vollständig in ein weißes Tuch gewickelt, zusammengebunden und mit sechs Flaschen Weißwein, ebensoviel Wasser, acht Carotten, acht Zwiebeln, Nelken, Muskatennuß, einem Bouquet Petersilie, weißen Zwiebeln und Salz gekocht. Nach sechs Stunden des gleichmäßigen Kochens und einer Stunde Siedens muß die Keule weich sein. Dann läßt man sie noch eine halbe Stunde in dem Gekochten stehen, wickelt sie auf, und wenn sie erkaltet ist, richtet man sie, mit Brod bestreut, an.

20. September.

Menu für Fasten.

Braune Suppe mit Purée von Linsen.
Zungenfisch (sole) en matelote normande.
Wilde Ente mit Chokolade.
Gründlinge in der Pfanne gebraten.
Alant à la poulette.
Reiskuchen.

Zungenfisch en matelote normande. — In eine Schüssel, welche dem Feuer ausgesetzt werden darf, wird Butter gethan, hierüber gehackte Petersilie und Zwiebeln gestreut, und darauf der mit Salz und Pfeffer bestreute Zungenfisch gelegt, und Weißwein oder vorzüglicher Apfelwein dazu gegossen. Wenn der Zungenfisch gekocht ist, wird etwas helles Roux und auch von der Brühe, worin der Fisch gekocht ist, dazu gegeben. Die Hälfte dieser Sauce wird mit Eigelb abgezogen, über die Fische gethan, welche mit Austern, Champignons und Wassermuscheln, die vorher schon zubereitet sind, garnirt werden. Die andere Hälfte der Sauce wird nun über das Ganze gegossen, fünf Minuten lang die Schüssel in den Ofen gestellt, und mit Krebsschwänzen, gebratenen Stinten und Croutons garnirt zu Tisch gegeben.

Wilde Ente (macreuse) mit Chokolade. — Nachdem die Enten ausgenommen sind, werden sie in frischem Wasser gewaschen, dann braisirt und darauf mit Weißwein, Salz, Pfeffer, Lorbeerblatt und feinen Kräutern gekocht. Sie werden mit Chokolade bestreut zu Tisch gegeben.

Alant à la poulette. — Diese Alant werden ebenso zubereitet wie die, welche mager gekocht werden. Dann thut man in eine Kasserolle Butter mit Mehl und Sahne, läßt die Alante darin bräunen, zieht die Sauce mit Eigelb ab und thut, wenn sie angerichtet sind, etwas Citronensaft oder ein paar Tropfen Essig über die Fische.

---

21. September.

Suppe à la julienne.
Kalbs-Carré gespickt und braisirt.
Karpfen gebraten.
Bekassinen mit Weingeist.
Kartoffel-Salat.
Pfirsich mit Reis und Marasquin.

Kalbs-Carré gespickt und braisirt. — Nachdem die Knochen herausgelöst sind, spickt man das Carré und legt in eine Kasserolle Speckstreifen, sowie gehackte Petersilie, Zwiebeln, Knoblauch, ein Lorbeerblatt, Thymian, Salz und Pfeffer. Auf diese Unterlage lege man das Carré mit einigen in Scheiben geschnittenen Zwiebeln, Citronenschale und Dill, lasse es eine halbe Stunde kochen, gieße dann Bouillon hinzu und wenn das Fleisch weich ist, wird die Brühe eingekocht, durchgegossen und über das Carré gethan.

Kartoffel-Salat. — Nachdem die Kartoffeln in Wasser gekocht oder noch besser in der Asche gebraten sind, werden sie in runde Scheiben geschnitten und noch warm in eine Salatschüssel gethan mit in Viertel geschnittenen Zwiebeln, einigen Löffeln Rothwein, Salz, ein wenig Pfeffer, Oel und etwas weniger Essig als Oel. Nun füge man noch gehackten Körbel hinzu, und wer es liebt, kann auch recht feingeschnittenen Hering dazu nehmen. Alles wird tüchtig gemengt, die Viertelstücke Zwiebeln aber nimmt man später heraus. Diese Zubereitung ist vorzüglich.

22. September.

Suppe mit Profiteroles.
Beefsteak mit Sardellen-Butter.
Wachteln mit kleinen Erbsen.
Hase gebraten.
Artischoken in der Pfanne gebraten.
Macedoine mit Früchten und Champagner.

Suppe mit Profiteroles. — Die Profiteroles werden von kleinem Milchbrod gemacht, welche man aushöhlt und mit einer Farce von Wildpret füllt. Diese Profiteroles werden mit Butter im Ofen gebacken und wenn sie fertig sind, werden sie in eine Suppenterrine gethan und vorzügliche Kraftbrühe darüber gegossen. Diese Suppe muß gleich zu Tisch gegeben und sofort gegessen werden.

Wachteln mit kleinen Erbsen. — Man richte die Wachteln wie gewöhnlich zu, thue sie dann in eine Kasserolle mit Stücken Kalbfleisch und Scheiben Schinken, sowie Carotten, Zwiebeln und einem Bouquet, lege wieder Speckstreifen darüber, bedecke sie mit einem Butterpapier und lasse sie kochen. Dann werden die Wachteln mit kleinen Erbsen angerichtet, welche vorher schon entweder mit Butter oder Bouillon gekocht sind.

Farce mit Trüffeln. — Man lasse gut gereinigte Trüffeln mit feinen Kräutern und eben solcher Quantität Kuh-Euter oder klein geschnittenem Speck in Butter schwitzen. Dann wird Alles mit Salz und Pfeffer, sowie eben so viel Mitonnage bestreut und mit so viel Eigelb als nöthig in einer Satte gerieben. Zu dieser Farce genügen die Trüffeln aus Hannover oder Baden.

Die dreihundert sechs und sechzig Menus.

23. September.

Suppe à la Faubonne.
Wassermuscheln (moules) fett gekocht.
Rebhühner mit Escalopes.
Rostbeef gebraten.
Kartoffeln sautirt.
Kuchen mille feuilles.

Wassermuscheln (moules) fett gekocht. — Die Muscheln werden sorgfältig gereinigt, aber ohne sie im Wasser liegen zu lassen, sonst öffnen sie sich und verlieren von ihrem Wohlgeschmack. Dann setzt man die Muscheln in einer Kasserolle auf das Feuer, wodurch sie sich öffnen, das Innere wird herausgenommen und das Wasser, welches in den Schalen enthalten ist, aufgehoben. Nun werden kleine Champignons in Speck geschwitzt, mit Mehl bestreut und eingekochte Bouillon dazu gethan, sowie ein Bouquet und Pfeffer. Nachdem hiervon das Fett abgenommen ist, werden die Muscheln hierin, sowie mit ein wenig von dem aufbewahrten Muschelwasser in der Sauce warm gemacht und zu Tisch gegeben.

Escalopes von Rebhühnern. — Vier in Stücke geschnittene Rebhühner werden in Escalopes in Butter sautirt. Sobald dieselben braun sind, läßt man sie abtropfen, thut in eine Kasserolle drei Löffel Wildpret-Sauce, zwei Löffel deutsche Sauce, läßt sie aufkochen und legt die Escalopes hinein mit Scheiben Trüffeln, guten Champignons, ein wenig guter Butter und Citronensaft. Die Escalopes werden kranzförmig angerichtet und die Sauce in die Mitte gethan.

Sauce für alle Braten. — Man thue in eine Kasserolle eine Sardelle, ein Glas Rothwein, ein wenig Jus, eine gehackte Schalotte und etwas Citronensaft, lasse Alles dies zusammen kochen, gieße es durch ein Sieb und vermische es dann mit dem Jus des betreffenden Bratens.

---

24. September.

Hammel-Bouillon.
Gekochte Hammelkeule mit Kapern-Sauce.
Warme Pastete mit Godiveau.
Huhn gebraten.
Blumenkohl in Butter.
Brioche mit Sahne.

Hammel-Bouillon. — Man thue die Hammelkeule in einen Schmortopf, fülle denselben mit Wasser oder Rindfleisch-Bouillon, füge noch Wurzeln, Lauch, Sellerie, Zwiebeln, Nelken und Ingwer hinzu, lasse die Keule fünf Stunden gleichmäßig kochen, nehme dann von der Brühe das Fett ab, gieße sie durch ein Sieb und thue in die Terrine gebratenes Brod. Man fügt zuweilen noch in Butter geschwitzten Sauerampfer hinzu.

Warme Pastete mit Godiveau. — Von dem Teig zu einer warmen Pastete mache man eine Form, welche man will, von 12 bis 15 Centimeter Höhe, fülle den Grund derselben mit einer Farce Godiveau, einigen in Butter geschwitzten Champignons, Artischoken, welche in Stücke geschnitten sind und endlich mit runden Quenelles, welche aus Kalbfleisch und Godiveau-Farce zusammengesetzt sind, bedecke dann die Pastete mit einem Deckel von demselben Teig, feuchte die Ränder etwas an, bestreiche sie mit Eigelb und backe sie im Ofen. Ist dies geschehen, nehme man den Deckel ab und garnire sie obenauf mit gutem Jus.

Enten farcirt. — Die Leber der Ente wird mit eben so viel Speck gehackt, das Gehackte mit feinen Kräutern und fein gewürzten Trüffeln, sowie Eigelb vermischt, damit wird die Ente gefüllt, am Spieß gebraten und mit einer Sauce italienne angerichtet.

25. September.

Suppe mit Nudeln.
Hecht en dauphin.
Schweineohren à la Sainte-Menehould.
Rinder-Filet gebraten.
Farcirte Tomate.
Aepfel mit Reis.

Hecht en dauphin. — Man nehme einen großen Hecht, schuppe ihn, nehme ihn aus und marinire ihn mit Oel, feinen Kräutern, Salz und feinen Gewürzen. Nun stecke man ein Hackelet durch die Augen und die Mitte des Leibes so, daß er sich am Spieß drehen und wenden muß, wie ein Delphin, den Kopf nach einer und den Schwanz nach der andern Seite. Man begießt den Hecht mit seiner Marinade und giebt ihn mit einer Sardellen- oder Kapern-Sauce zu Tisch.

Schweineohren à la Saint-Menehould. — Vor allen Dingen reinige und braisire man die Ohren, lasse sie erkalten, lege sie dann in laulichtes Wasser, bestreue sie zweimal mit geriebener Semmel und wälze sie auch zweimal in Eigelb, brate sie in der Pfanne und richte sie mit einer Remuladen-Sauce an.

Kalbsfüße gebraten. — Man schneide sie in Stücke oder in dünne Streifen von gleicher Größe, marinire sie mit Essig, lasse sie abtropfen und brate sie in Butter, nachdem sie mit einem Teig umhüllt sind. Die Kalbsfüße werden mit Petersilie garnirt angerichtet.

Pfannkuchen. — 1 Pfund Mehl, 6 Loth Butter, 4 Loth Zucker, 2 Loth Hefe, 4 Eier und $1/8$ Liter Milch werden zu einem Teig gerührt, in Schmalz gebacken und je nach Belieben mit Muß oder Gelée gefüllt.

26. September.

Suppe mit Purée von weißen Rüben und mit Croutons.
Escalopes von Hummer.
Kalbsmilch in Papilotten.
Rehkeule gebraten.
Chicorien mit Velouté.
Vanille=Törtchen.

— —

Kalbsmilch in Papilotten. — Nachdem die Milch gereinigt und blanchirt ist, braisire man sie, lasse sie abtropfen, lege sie dann auf eine Schüssel, gieße eine Sauce à la duxelles darüber und lasse sie darin erkalten. Dann schneide man feine Scheiben Schinken, lege jedes Stück Kalbsmilch gut mit Sauce eingehüllt zwischen zwei Scheiben Schinken, wickele diese eingehüllte Milch in geöltes Papier, daß nichts von dem Inhalte heraus kann, und röste sie.

Junge Trappe gebraten. — Sie wird gepflückt, ausgenommen, gesengt und gespickt, dann mit Butterpapier umwickelt und am Spieß gebraten. Die Sauce dazu besteht aus der gehackten Leber der Trappe, Salz, Pfeffer, etwas Citronensaft und dem Jus der Bratpfanne.

Tiegel (poêle). — Man bezeichnet hiermit ein Gefäß, welches man zum Kochen der Zwischengerichte nimmt und nennt davon diese Art zu kochen poêlées. In kochendem Wasser wird blanchirtes Kalbfleisch in Stücke geschnitten, mit Schinken, Speck, welcher ebenfalls kleingeschnitten ist, sowie mit Zwiebeln und Carotten in Butter geschwitzt, dann Bouillon hinzugethan, geschäumt, und wenn es gekocht ist, wird es aufbewahrt, um es je nach Bedarf anzuwenden.

———

27. September.

Braune Suppe.
Kalbsviertel marinirt.
Bekassinen à la provençale.
Hammelrücken gebraten.
Bohnen sautirt.
Kleine Pasteten.

———

Kalbsviertel marinirt. — Man nehme die Knochen aus und klopfe das Fleisch tüchtig, spicke es mit Sardellen, bestreue es mit Salz und Pfeffer und gieße Essig darüber. Nachdem es acht bis zehn Stunden in dieser Marinade geblieben ist, trockne man das Fleisch ab, bestreue es mit Mehl und brate es in einem Tiegel mit Olivenöl. Wenn es auf beiden Seiten gebraten ist, nehme man es aus der Pfanne, thue etwas Citronensaft in die Sauce und gieße sie über das Fleisch.

Bekassinen à la provençale. — Die in Stücke getheilten Bekassinen werden in Oel, Salz, Pfeffer, Gewürz und etwas gestoßenen Knoblauch gelegt. Dann werden sie in einer Kasserolle mit Oel, etwas Petersilie, Knoblauch, sechs Schalotten, einem Lorbeerblatt und zwei Nelken gekocht, mit Hinzufügung von etwas Mehl, einem Glase Weißwein und drei Gläsern Bouillon. Wenn die Brühe bis zur Hälfte eingekocht ist, wird das Fett abgenommen und dieselbe durchgegossen. Die Bekassinen werden kranzförmig, unterbrochen von glacirten Croutons, auf einer Schüssel angerichtet, die Sauce wird mit Citronensaft abgeschärft über die Bekassinen gegossen.

28. September.

Suppe mit Reis und Erbsen=Purée.
Barbe geröstet.
Lerchen in Salmi.
Kalbsniere gebraten.
Spinat mit Jus.
Vanille=Törtchen.

Lerchen in Salmi. — Nachdem die Lerchen am Spieß gebraten sind (es können auch von der Tafel übrig gebliebene dazu genommen werden), nehme man die Köpfe, die Magen, wie alle sonstigen Eingeweide heraus und hacke sie zusammen, und rühre sie mit etwas Bouillon durch ein Sieb. In diesem Durch= gegossenen, zu dem noch Salz, Pfeffer, sowie Citronensaft gefügt wird, werden die Lerchen warm gemacht, aber ohne sie kochen zu lassen, und beim Anrichten mit gebratenen Croutons garnirt.

Rührei. — Man nehme gute Butter, schlage nach Gut= dünken Eier hinein, sowie Salz, Pfeffer und gestoßene Muskaten= nuß, lasse es unter beständigem Umrühren auf dem Feuer sich verdicken, und mische ganz zuletzt etwas Citronensaft oder unreife Weintrauben darunter. Das Rührei muß weich sein, wenn es gut sein soll. Man macht auch Rührei mit Trüffeln, mit Spargel, mit Marmelade von allen Sorten, mit Fleisch=Jus ꝛc. ꝛc.; nur den letzteren Fall ausgenommen, kann man immer etwas Zucker hinzuthun, da dies das Rührei noch schmackhafter macht.

Die dreihundert sechs und sechzig Menus.

29. September.

Suppe mit Purée von Bohnen.
Kabeljau mit Bechamelle.
Rebhuhn mit Kohl.
Rinder-Filet gebraten.
Krabben gratinirt.
Kohl mit Sahne.

Rebhühner mit Kohl. — Man mache zwei Rebhühner zurecht, lasse sie ein wenig in Braunmehl bräunen, gieße dann drei Gläser Bouillon dazu, und füge noch 125 Gramm Speck hinzu. Dann wird Weißkohl apart mit einem halben Kilogramm Petit-salé (dem gemischten Gewürz) gekocht, und wenn er fast gar ist, läßt man ihn abtropfen, thut ihn zu den Rebhühnern und kocht ihn mit diesen zusammen fertig. Die Rebhühner werden auf einer Schüssel angerichtet, der Kohl, in Stücke geschnitten, wird um dieselben herumgelegt; derselbe wird mit Scheiben Cervelat- und Scheiben Fleischwurst, sowie mit kleinen Scheiben Speck garnirt. Die Sauce läßt man einkochen und gießt sie über die Rebhühner.

Hammelniere in der Pfanne gebraten. — Die Hammelniere ist ein wohlschmeckendes Zwischengericht. Nachdem sie von ihrer Haut gereinigt ist, wird sie in Stücke geschnitten, Citronensaft darüber ausgedrückt, mit einer Farce überzogen und ein wenig knupprig gebraten.

Jus von Wurzeln. — Man läßt Carotten, weiße Rüben, Zwiebeln und Sellerie, welche in Würfeln geschnitten sind, in Butter schwitzen, nimmt dann etwas Roux, sowie Bouillon, etwas Bohnen oder Erbsen hinzu, rührt Alles durch ein Sieb, läßt es einkochen und bewahrt es für den Gebrauch.

30. September.
Menu für Fasten.

Suppe mit Kraftbrühe von Fischen.
Schwänze von Kabeljau à l'anglaise.
Timbale mit Nudeln.
Stücke Lachs mit Mayonnaise.
Macedoine von Gemüsen mit einem Rand von Spinat.
Pfannkuchen mit Korinthen à la Dauphine.

Schwänze von Kabeljau à l'anglaise. — Die Schwänze werden vierundzwanzig Stunden eingewässert und dann in Flußwasser gekocht, geschäumt und, vom Feuer genommen, läßt man sie zugedeckt eine Viertelstunde in dem heißen Wasser stehen und dann abtropfen. Die Sauce wird bereitet aus dem Fleisch von einer oder zwei Citronen, welche in Würfel geschnitten sind, Stücken Sardellen, Petersilie, weißen Zwiebeln, gehackten Schalotten, etwas Knoblauch, ein wenig Pfeffer, ein Viertel Butter und ebensoviel guten Oels; das Alles muß zusammen ziehen und umgerührt werden, dann gießt man die Hälfte auf eine Schüssel, legt die Schwänze darauf, garnirt mit in Butter gebratenen Croutons, gießt den Rest der Sauce über und bestreut das Ganze mit geriebenem Brode und läßt es im Ofen braun werden.

Pfannkuchen mit Korinthen à la Dauphine. — Sie werden ebenso bereitet wie die gewöhnlichen, nur nimmt man statt der Früchte oder Confituren Korinthen. Man muß dieselben sorgfältig verlesen und waschen, zwei Minuten in geklärtem Zucker ziehen lassen und sie nicht eher gebrauchen, als bis sie wieder ganz erkaltet sind.

1. October.

Suppe mit Reis.
Hecht in Wasser und Salz mit Sauce von Wassermuscheln.
Hasenklein (civet).
Huhn gebraten.
Maccheroni à l'italienne.
Croutes mit Aprikosen.

Hasenklein (civet). — Ein Hase wird in Stücke geschnitten und diese werden in 250 Gramm Butter und kleingeschnittenem, nicht zu salzigem Speck gebraten. Wenn sie anfangen, sich leicht zu bräunen, werden zwei gute Löffel Mehl, eine Flasche Rothwein, Pfeffer, Gewürz, ein Bouquet, Thymian, Lorbeerblatt und mit Nelken gespickte Zwiebeln hinzugethan, aber für den Augenblick noch kein Salz. Nachdem der Hase so fünfviertel Stunden gekocht hat, wobei er vor dem Anhaken bewahrt werden muß, läßt man kleine Zwiebeln in Butter schwitzen; sobald sie bräunlich sind, wird Kraftbrühe und Zucker hinzugethan, um sie zu glaciren. Dann putzt man zwei Händevoll Champignons und läßt sie mit dem Hasen kochen, nimmt dann die mit Nelken gespickten Zwiebeln, sowie das Bouquet aus der Sauce, schmeckt dieselbe ab und thut, wenn es nöthig ist, noch Salz hinzu. Die Hasenstücke werden mit den glacirten Zwiebeln und Champignons angerichtet und mit einigen Löffeln Sauce begossen. Wer es liebt, kann die letztere mit dem Blut des Hasen vermischen, wozu dann noch einige Stückchen Butter gethan werden.

2. October.

Suppe mit Brod.
Gekochtes Rindfleisch garnirt à la flamande.
Zungenfisch à la parisienne.
Krammetsvögel gebraten.
Purée von weißen Bohnen.
Mandelkuchen.

Gekochtes Rindfleisch garnirt à la flamande. — Ein Stück Rindfleisch wird im Suppentopf gekocht; nach vier Stunden des Kochens nehme man das Fleisch heraus, lasse es abtropfen und dann in der Kasserolle mit einer Flasche Weißwein ein oder zwei Stunden nur ziehen, nicht kochen, füge etwas Roux hinzu und gieße die Sauce durch. Das Fleisch wird auf einer Schüssel angerichtet, garnirt mit Kohl, welcher apart gekocht ist, sowie mit kleingeschnittenem Speck und Fleischwurst, Carotten und weißen Rüben, welche in Wasser gekocht und in Butter geschwitzt sind, schließlich mit glacirten Zwiebeln. Die Gemüse werden in einem Kranz um das Fleisch gelegt, unterbrochen von dem Speck und der Fleischwurst. Die eingekochte Sauce kann man auch zu einem Stück glacirten Rindfleisch geben.

Mandelkuchen. — Man ziehe von einem Kilo süßen und 10 Gramm bitteren Mandeln die Haut ab und stoße sie fein, thue eingemachte Citronenschale, gehackte Pomeranzenschale, gebranntes Orangenwasser, ein wenig Salz, ein Kilo Zucker, von 125 Gramm Kartoffeln den ausgepreßten Saft, zwölf Eigelb und fünf ganze Eier hinzu. Wenn Alles tüchtig zusammengerührt ist, gebe man es in eine Form, welche vorher gut mit zerlassener Butter ausgestrichen ist, und lasse sie im Ofen bei mäßiger Hitze backen. Zu diesem Zwischengericht eignet sich ein flüssiger Crème von Eigelb und Mandelmilch.

3. October.

Suppe à la Faubonne.
Lendenbraten mit Kartoffeln garnirt.
Fasan à la bohémienne.
Stinte gebraten.
Sellerie mit Jus.
Pfirsich-Marmelade.

Fasan à la bohémienne. — Der zurecht gemachte Fasan wird mit Trüffeln und mit seiner Leber gefüllt, zugebunden und in Madeira-Wein gekocht. Er wird mit einem Trüffel-Ragout umgeben, sowie mit Lebern, Kämmen und Nieren vom Hahn angerichtet. Die Sauce giebt die eingekochte und durchgegossene Brühe, in welcher der Fasan gekocht ist.

Hammelleber à la menagère. — Die Hammelleber wird in kleine Scheiben geschnitten und mit Salz, Pfeffer und Lorbeerblättern in Butter geschwitzt. Sobald dies geschehen, wird die Leber herausgenommen, warm gehalten und statt dessen werden Zwiebeln im Tiegel gebräunt, dann Bouillon, auch etwas Mehl hinzugethan, und wenn es zusammen aufgekocht ist, wird die Leber wieder hineingelegt und noch einmal aufgewellt. Die Sauce wird dann mit drei Eigelb, etwas Citronensaft oder ein wenig Essig abgezogen und angerichtet.

Pfirsich-Marmelade. — Von recht reifen Herbst-Pfirsichen ziehe man die Haut ab und nehme die Kerne heraus, lege sie, mit Zucker bestreut, schichtweise und lasse sie so 12 oder 15 Stunden an einem kühlen Orte stehen. Dann lasse man sie mit Zucker, auf 500 Gramm Zucker 500 Gramm Früchte, aufkochen und schäume aufmerksam. Von einigen Kernen lasse man den inneren Kern in Wasser und Zucker kochen und mische sie unter die Marmelade, nachdem dieselbe durch ein Seidensieb gerührt ist.

---

4. October.

Suppe à la Gouffé.
Zungenfisch à la Joinville.
Flügel vom Puter mit Kastanien=Purée.
Rinder=Filet gebraten.
Sellerie mit Jus.
Darioles mit Kaffee.

Suppe à la Gouffé. — Man lasse in Kraftbrühe Tapioca aufkochen, gieße sie in eine Suppenterrine auf in Stücke geschnittene Trüffeln, auf weißes Geflügel und in Stücke geschnittene geräucherte Zunge.

Zungenfisch à la Joinville. — Man lasse den in Stücke geschnittenen Zungenfisch in Butter schwitzen, richte ihn kranzförmig auf einer Schüssel an, garnire die Mitte mit einigen Krebsschwänzen und Trüffeln und gieße eine deutsche Sauce mit etwas Butter von Krabben darüber.

Puter (Flügel) mit Kastanien=Purée. — Der große Knochen wird aus den Flügeln herausgenommen, dieselben blanchirt und in Mirepoix gekocht. Dann werden sie kranzförmig angerichtet, in die Mitte wird ein Kastanien-Purée gethan, und die Sauce durchgegossen und entfettet apart herumgegeben.

Mirepoix. — Es giebt fetten und mageren Mirepoix Zum fetten läßt man Kalbfleisch, Schinken, in Würfel geschnittenen Speck, Carotten und Zwiebeln, ebenfalls in Würfel geschnitten, mit Salz, Pfeffer, Lorbeerblättern und gehackten Schalotten kochen. Wenn Alles recht weiß ist, lasse man es mit Bouillon und Weißwein noch eine volle Stunde kochen, gieße es durch und bewahre es für den Gebrauch auf. Der magere Mirepoix wird ebenso gekocht, nur ohne Fleisch und ohne Bouillon. Die Krebse schmecken am besten, wenn sie in magerem Mirepoix gekocht werden.

---

5. October.

Purée von Kartoffeln mit Nudeln.
Escalopes von Hummer.
Enten mit Oliven.
Hammelkeule gebraten.
Bohnen sautirt.
Dumpling.

Enten mit Oliven. — Die zurechtgemachten Enten werden in Butter geschwitzt und vom Feuer genommen. Dann wird Mehl mit Butter in eine Kasserolle gethan, Bouillon zugegossen, und sobald es zusammen gekocht hat, wird es durch ein Sieb gegossen, aber gleich wieder mit den Enten nebst einem Bouquet, gespickten Zwiebeln, Salz und Pfeffer auf das Feuer gesetzt. Man lasse die Enten so eine Stunde kochen, füge dann die Oliven hinzu, von welchen vorher die Kerne herausgenommen, auch bereits blanchirt und auf einem Tuche abgetrocknet sind, und lasse sie aufkochen. Die Enten werden mit den Oliven und der durchgegossenen Sauce auf einer Schüssel angerichtet. Man kann die Enten auch mit in Jus gekochtem Sellerie garniren. (Siehe das Recept.)

Escalopes von Hummer à la parisienne. — Escalopes von Hummerschwänzen oder den Schwänzen von Meerkrebsen werden in Court-Bouillon gekocht. Man lasse sie dann in zerlassener Butter ziehen, richte sie kranzförmig an und thue in die Mitte folgendes Ragout: in eine Sauce à la parisienne werden Quenelles von Aal (siehe Quenelles von Fischen) gethan, sowie Austern, welche von ihren Schalen befreit und blanchirt sind nebst blanchirten Champignons; Alles dies wird zusammen aufgekocht.

6. October.

Suppe mit Purée von weißen Rüben und Croutons.
Grenadin von Rindfleisch à la financière.
Rothfische in Kästchen.
Rebhühner gebraten.
Nachtschatten (aubergines) farcirt.
Pfannkuchen mit Aepfeln.

Grenadin von Rindfleisch à la financière. — Man schneide ein Stück Rindfleisch in Stücke und gebe ihnen die Form einer Birne, spicke sie mit feinem Speck und koche sie in Mirepoix und Madeira-Wein. Dieselben werden kranzförmig auf einer Schüssel angerichtet, in die Mitte ein Ragout à la financière gethan und die durchgegossene Sauce darüber gegeben.

Huhn à la Chivry. — Die Hühner werden in einer Kasserolle mit Speckstreifen und Mirepoix gekocht und hierauf mit einer Kräuter-Sauce (siehe Ravigote) zu Tisch gegeben.

Nachtschatten (aubergines) farcirt. — Man schneide sie ihrer Länge nach durch, schneide in das Fleisch kleine Kerben, aber ohne dabei die Haut zu verletzen, bestreue sie mit Salz und lasse sie mariniren. Nach einer halben Stunde drücke man jedes Stück aus, um das Wasser daraus zu entfernen, nehme die Kerne heraus und ordne sie auf einer Schüssel zum Gratiniren mit drei oder vier Löffeln voll Oel. Nun mache man eine Farce, welche aus dem Innern der Aubergines zusammengesetzt und vor allen Dingen marinirt und gehackt ist, mische sie halb mit Roux und halb mit Bouillon, sehr feinen Kräutern, Salz, Pfeffer und Olivenöl, lasse diese Farce einige Minuten kochen und garnire damit die Aubergines, welche, mit geriebener Semmel bestreut, im Ofen gebacken werden.

Die dreihundert sechs und sechzig Menus.

7. October.

Suppe mit Kraftbrühe und Tapioca.
Kabeljau à la hollandaise.
Lamm=Cotelettes sautirt mit grünen Bohnen.
Gebratener Hasenrücken.
Artischoken farcirt.
Bavarois mit Vanille.

Lamm=Cotelettes sautirt und mit grünen Bohnen garnirt. — Die Cotelettes werden zurecht gemacht, in Butter sautirt, kranzförmig angerichtet und das Innere der Schüssel mit grünen Bohnen, welche in Wasser und mit einer Bechamelle gekocht sind, ausgefüllt.

Krammetsvögel à la paysanne. — Die Krammetsvögel werden gepflückt, gesengt und zusammengebunden an den Spieß gesteckt. An einem kleinen Spieß wird oberhalb der Vögel ein in Papier gewickeltes Stück Speck befestigt, so daß er heiß auf dieselben abtropfen muß; wenn dieser zergangen ist, bestreue man die Vögel mit Salz und geriebener Semmel. Nun hacke man einige Schalotten und lasse sie mit Salz, Pfeffer und ein wenig Jus ziehen; in Ermangelung von Jus nimmt man Wasser, ein Stück Butter, Citronensaft und unreife Weintrauben oder Essig, lege die Vögel hinein und gebe sie zu Tisch.

Artischoken farcirt. — Sie werden zubereitet wie die Artischoken à la barigoule, dann wird ein Hachée von Fleisch, Petersilie und kleinen Zwiebeln gemacht und die Artischoken damit gefüllt. Man kocht sie mit Speckstreifen, etwas Oel, feinen Kräutern und Citronensaft.

8. October.

Suppe mit Brodrinde.
Bar mit Sauce von Krabben.
Hammel-Carbonade à la nivernaise.
Rehkeule gebraten.
Cardons (eine Art Artischoken) mit Jus.
Pfirsiche à la Richelieu.

Carbonade von Hammel à la nivernaise. — Man thue in Mirepoix-Bouillon oder noch besser in Kalbfleisch-Brühe zwei Stücke gut gesalzene und fein gespickte Hammel-Carbonade, wovon die Knochen herausgelöst sind, ohne sie zu zerreißen. Wenn sie gekocht sind, werden sie auf einer Schüssel von einem Carotten-Purée umgeben angerichtet. Man garnirt die Carbonade auch noch mit einem Purée von Sauerampfer oder Chicorien, Artischoken 2c.

Cardons (eine Art Artischoken) mit Jus. — Man schneide die weißesten Cardons in Stücke von gleicher Länge, blanchire sie in kochendem Wasser, damit sie sich leichter reinigen lassen, lege sie dann in kaltes Wasser, trockne oder bürste sie ab, wasche sie mehrere Male und lasse sie abtropfen. Dann thue man in eine Kasserolle Speckstreifen, Schinken, Carotten, Zwiebeln, Nelken und ein Bouquet und lege darauf die Cardons mit Citronenscheiben ohne Kerne und Schale, sowie mit Speckstreifen, Wasser und Salz. Sobald das Kochen beginnt, thue man Butter und Mehl hinzu, lasse die gekochten Cardons abtropfen, nehme etwas Roux, Fleisch-Jus und in bain-marie zerlassenes Rindermark, lasse in dieser Sauce die Cardons ziehen und richte sie an.

9. October.

Suppe mit Brod.
Rindfleisch mit kleinen Pasteten garnirt.
Huhn sautirt.
Hase gedämpft (en daube).
Salat von Gemüsen.
Aepfel mit Butter.

———

Hase gedämpft (en daube). — Von einem Hasen werden die Knochen ausgelöst, diese, sowie der Kopf mit einem in Stücke geschnittenen Kalbsfuß, Carotten, Zwiebeln, Bouillon und Nelken eine halbe Stunde gekocht und dann durch ein Sieb gedrückt. In eine Terrine, welche dem Feuer ausgesetzt werden darf, werden Speckstreifen gelegt, darauf das Fleisch des Hasen mit Kalbfleisch, Salz, Pfeffer, Gewürz und der Brühe, in welcher die Knochen gekocht sind. Oben auf kommen wieder Speckstreifen. Wenn der Hase auf gelindem Feuer gekocht ist, lasse man ihn abkühlen, gebe ihn in der Terrine kalt zu Tisch und schmecke die Sauce ab.

Huhn sautirt. — Man zerschneide ein Huhn, sautire es in Butter, thue Mehl dazu, sowie Bouillon, Weißwein, Salz, Pfeffer, Petersilie und gehackte Champignons, lasse die Sauce einkochen, nehme das Fett ab und richte es an.

Sauce mit Schalotten. — Man thue in eine Kasserolle sechs oder sieben fein gehackte Schalotten, einen Löffel Bouillon, einen kleinen Löffel voll Essig, ein wenig Pfeffer und Salz, lasse Alles zusammen aufkochen und gieße es in eine Saucière. (Englische Küche.)

10. October.

Menu für Faſten.

Suppe mit Kürbis.
Karpfen à la Chambord.
Eier farcirt.
Stör am Spieß gebraten.
Haberwurzel (salsifis) gebraten.
Reiskuchen.

Stör am Spieß gebraten. — Man breite auf einem geölten oder ſtark mit Butter beſtrichenen Papier in Scheiben geſchnittene Zwiebeln, Carotten, Lorbeerblätter, Thymian und gehackte Peterſilie aus, wickele die Stücke Fiſch, nachdem die Haut davon abgezogen iſt, hinein, wickele noch ein eben ſolches Papier herum, ſtecke den Fiſch an den Spieß und laſſe ihn bei gelindem Feuer braten. Man giebt ihn mit einer mageren Sauce piquante.

Haberwurzel (salsifis) in der Pfanne gebraten. — Die Haberwurzeln werden, nachdem ſie abgeſchabt und die Köpfe abgeſchnitten ſind, in Waſſer, worin etwas Eſſig iſt, gelegt. Inzwiſchen werden drei Liter Waſſer mit Mehl auf dem Feuer gerührt bis es kocht und dann die Haberwurzeln mit Salz, Pfeffer und etwas Eſſig hineingelegt. Nachdem ſie gekocht ſind, läßt man ſie erkalten, abtropfen, ſchneidet ſie in gleich lange Stücke und legt ſie in Oel, Salz und Pfeffer mit einem Löffel Eſſig. Bevor ſie in den Teig zum Braten gehüllt werden, müſſen ſie nochmals abtropfen, worauf ſie dann in der Pfanne gebraten werden. Sobald das geſchehen iſt, läßt man ſie wieder abtropfen und richtet ſie dann pyramidenförmig mit einem Bouquet gebratener Peterſilie an.

11. October.

Suppe mit verlorenen Eiern.
Rindfleisch braisirt.
Reis in der Kasserolle mit Lammshirn.
Ortolanen gebraten.
Gemischtes Gebratenes à l'italienne.
Meringues mit Sahne.

Reis in der Kasserolle mit Lammshirn. — Eine hinreichende Quantität ausgequollener Reis wird gerieben und eine gewöhnliche Pastete daraus geformt. Nun bestreicht man dieselbe mit zerlassener Butter, sowie Eigelb und läßt sie im Ofen gelbbraun backen. Dann wird die Mitte derselben ausgehöhlt und ein vorher gereinigtes und blanchirtes, in deutscher Sauce gekochtes Lammshirn hineingethan, welches mit einigen Hahnenkämmen gekocht ist. Der Reis in der Kasserolle kann übrigens mit jedem beliebigen Ragout oder Purée, mit Escalopes und sautirtem Rücken von Kaninchen nebst einem Ragout von Champignons oder Trüffeln gefüllt werden.

Gemischtes in der Pfanne, Gebratenes à l'italienne. — In Nachstehendem gebe ich die Zusammensetzung dieser wohlschmeckenden Speise, zu der vor allen Dingen jedes Zubehör zum gemeinschaftlichen Braten zubereitet werden muß, wie es seine Eigenheit erfordert: Brod, Hammelniere in Salz marinirt, Amourettes, Gehirne, Kalbsmilch, Croquettes von Reis, Blumenkohl, kleine Kürbis, Nachtschatten (aubergines), wenn es die Jahreszeit erlaubt, Sardellen, Artischoken ꝛc. ꝛc. Hinreichend frische Butter ist unbedingt zum Braten nöthig.

12. October.

Suppe mit italienischen Nudeln (Semoule).
Kabeljau mit Kapern=Sauce.
Chaufroix von Rebhühnern.
Lammskeule gebraten.
Cardons (Art Artischoken) fett gekocht.
Gelée von Granatäpfeln.

Chaufroix von Rebhühnern. — Die Rebhühner werden braun gebraten, das Fleisch so viel als möglich in ganzen Stücken von den Knochen abgelöst, das Uebrige wird mit Trüffeln und Champignons gehackt; die Knochen werden in einer Kasserolle mit einem Glase Weißwein, einigen Trüffeln, Schalotten und Lorbeerblättern gekocht. Bis zu Dreivierteln muß es einkochen, dann wird es durch eine Serviette gerührt. Zu dieser Sauce werden nun zwei Löffel voll Kraftbrühe gethan und mit der Hälfte davon das gehackte Fleisch aufgekocht, mit einem hölzernen Löffel umgerührt und wenn es kocht, durch ein Sieb gerührt und dann erkaltet. Die Stücke vom Rebhuhn werden kranzförmig auf einer Schüssel angerichtet, zwischen jedes Stück kommt ein Stück Trüffel, welches ebenso geformt ist, wie das Stück Rebhuhn, in die Mitte wird ein Purée von Wildpret gelegt und die erkaltete Sauce darüber gegossen. Mit einem Kranz des vorzüglichsten Fleisch=Gelées wird dies Gericht umgeben.

Cardons (Art Artischoken) fett gekocht. — Nachdem sie zurechtgemacht sind wie die Cardons au maigre, läßt man sie in weißer Sauce ziehen, nicht kochen, und giebt sie mit dieser Sauce und Jus zu Tisch.

13. October.

Suppe mit Reis und Bohnen-Purée.
Kleine Pasteten à la reine.
Barbe mit feinen Kräutern.
Rehklein (civet).
Poularde gebraten.
Chicorien mit Sahne.
Timbale mit Birnen.

Kleine Pasteten à la reine. — Man lege fünfmal Blätterteig übereinander, jedoch so dünn, daß derselbe noch nicht einen Centimeter hoch ist und schneide denselben in Stücke wie einen guten Bissen groß, lege diese auf eine Platte, bestreiche sie mit Eigelb, bedecke und backe dieselben im Ofen. Wenn sie gebacken sind, nehme man die Deckel ab, höhle sie aus und fülle sie mit einem Ragout, welches aus recht feinen gehackten in Bechamelle gekochtem Geflügel besteht, decke die Deckel wieder über und gebe sie zu Tisch. Die kleinen Pasteten à la reine gehören zu den feinen Zwischengerichten.

Sauce italienne. — In eine Kasserolle wird Folgendes gethan: Ein Stück Butter, so groß wie ein Ei, zwei Löffel gehackte Petersilie, zwei Löffel recht fein gehackte Schalotten und ebensoviel Champignons werden mit einer Flasche Weißwein zusammen gekocht, und wenn es eingekocht ist, werden noch vier Löffel Velouté und zwei Löffel Kraftbrühe hinzugefügt; Alles schnell gekocht, geschäumt, das Fett abgenommen und wenn die Sauce die nöthige Consistenz hat, wird sie in bain-marie warm gehalten. Die Sauce italienne ist eine der besten der modernen Küche.

14. October.

Suppe à la française.
Gekochtes Rindfleisch mit Nudeln garnirt.
Wachteln mit Lactuke.
Hecht blau.
Omelette mit Spargel.
Aepfel im Ofen glacirt.

Rindfleisch mit Nudeln garnirt. — Das Rindfleisch wird ebenso gekocht wie es bei dem Rindfleisch à la flamande angegeben ist. Die Nudeln werden blanchirt (siehe Teig zu Bandnudeln — nouilles) und in Bouillon gekocht, dann abgetropft und in Würfel geschnittener, gekochter magerer Schinken, sowie geriebener Parmesankäse und Fleisch=Gelée hinzugefügt. Das Fleisch wird von den Nudeln umgeben angerichtet.

Wachteln mit Lactuke. — Nachdem die Wachteln zusammengebunden sind, werden sie in einer Kasserolle gekocht mit Speckstreifen, Schinken, gutem Kalbfleisch, welches in Würfel geschnitten ist, einer Nelke, einer Zwiebel, einem Lorbeerblatt, einem Bouquet Petersilie, einer Carotte, Kraftbrühe, Weißwein und obenauf werden wieder Speckstreifen, sowie ein Butterpapier gelegt. Wenn die Wachteln gekocht sind, werden sie mit dem Innern der Lactuke, welche blanchirt und in Kalbfleischbrühe gekocht ist, angerichtet. Die Brühe, in welcher die Wachteln gekocht sind, wird durchgegossen.

Sauce mit brauner Butter. — In einem Tiegel wird Butter gebräunt und dann in eine Assiette gethan, worin sie erkaltet. Nun wird Essig in dem Tiegel aufgekocht, auf die erkaltete braune Butter gegossen, Beides zusammen heiß gemacht und Pfeffer und Salz hinzugethan.

---

15. October.

Suppe mit verlorenen Eiern.
Stör braisirt.
Cotelettes von Wildschwein à la Saint-Hubert.
Lerchen gebraten.
Kruste mit Champignons gefüllt.
Birnen-Compot.

Stör braisirt. — Ein guter Stör wird gespickt und dann braisirt mit Speckstreifen, in Scheiben geschnittenen Zwiebeln, Carotten, Pastinaken, Salz, Pfeffer, Gewürz, garnirtem Bouquet und Weißwein. Der braisirte Stör wird mit einer piquanten Sauce, zu welcher etwas von der Brühe desselben genommen wird, angerichtet.

Kruste mit Champignons gefüllt. — Man blanchire die Champignons in Wasser mit etwas Essig, lasse sie abtropfen, mit einem Stück Butter schwitzen und füge etwas Mehl, sowie mäßig Bouillon, Salz, Pfeffer, etwas Knoblauch und gehackte Petersilie hinzu. Nach zwei- oder dreimaligem Aufkochen werden noch zwei Eigelb und Citronensaft hinzugefügt und das Ragout in eine Kruste gethan, welche vorher im Ofen gebacken ist.

Birnen-Compot. — Es wird wie das von Aepfeln bereitet, nur, weil die Birnen härter sind, müssen sie in weißem Syrup aufgekocht werden, damit sie nicht zu lange auf dem Feuer bleiben müssen.

16. October.

Purée von Kartoffeln mit Körbel.
Schinken mit Spinat.
Timbale à la champenoise.
Stinte oder Gründling in der Pfanne gebraten.
Artischoken à l'italienne.
Kuchen (talmouse) ohne Käse.

Lamm-Cotelettes mit Purée von Cardons. — Die Cotelettes werden wie gewöhnlich zurecht gemacht, mit Semmel bestreut, geröstet, kranzförmig angerichtet und in die Mitte ein Purée von Cardons gelegt.

Timbale à la champenoise. — Ein gutes Stück Schinken läßt man schwitzen, bis es fast weich ist, schneidet es dann in Würfel, setzt dieselben mit Champignons, zwei oder drei Trüffeln und einer gekochten Carotte, welches Alles ebenfalls in Würfel geschnitten ist, auf das Feuer und läßt es in Butter schwitzen; dann wird etwas Mehl, Kraftbrühe und Weißwein hinzugefügt. Wenn es eingekocht ist, wird das Fett abgenommen und gebratenes Geflügel (weißes Fleisch), blanchirte Pfeffergurken, Petersilienblätter und Sardellen, von denen die Hälfte gewässert und in kleine Würfel zerschnitten ist, hineingethan. Wenn Alles heiß geworden ist, ohne zu kochen, wird noch Citronensaft hinzugefügt und angerichtet.

Kuchen (talmouses) ohne Käse. — Man nehme zu dem gewöhnlichen Tortenteig noch einige Eier, hüte sich aber, daß er zu flüssig wird, füge noch etwas Frangipane-Teig hinzu, nehme dann von dem Butterteig und schneide davon runde Stücke, ungefähr zehn Centimeter im Umfang, lege darauf von dem präparirten Teig, forme aus demselben drei Hörner, backe sie schnell und gebe sie so heiß als möglich zu Tisch.

17. October.

Suppe mit Brodrinde.
Petit-salé mit Gemüsen garnirt.
Kalbsfuß marinirt.
Hasenrücken mit Pfeffer=Sauce.
Rebhühner in Auflauf.
Cabinet=Pudding.

Rebhühner in Auflauf. — Das Fleisch wird von mehreren Rebhühnern, welche am Spieß gebraten sind, abgelöst, mit den Lebern gehackt und mit eingekochter Kraftbrühe, worin die Farce aber nicht kochen, sondern nur warm werden darf, auf das Feuer gesetzt. Die Gerippe der Rebhühner werden grob gestoßen, mit Roux und Kraftbrühe eingekocht und dann mit etwas Glace wieder eingekocht, bis es eine halbe Glace ist. In diese Sauce wird das Purée, zu welchem vorher ein Stück frische Butter, gestoßene Muskatennuß, vier Eigelb und zwei zu Schnee geschlagene Eiweiß nach und nach hinzugefügt sind, gethan und wird Alles in einer Blechform in den Ofen geschoben. Sobald die Speise steigt, muß sie gleich zu Tisch gegeben werden.

Bachstelzen gebraten. — Man nehme allein den Magen von den Bachstelzen aus, stecke den Schnabel in das so gemachte Loch, spicke sie fein, brate sie 10 bis 12 Minuten, salze sie und richte sie dann auf gerösteten Brodscheiben an.

18. October.

Suppe mit Purée von Wildpret.
Zungenfisch en matelote normande.
Rinderschwanzstück à la bordelaise.
Kleine Vögel à l'italienne gebraten.
Sellerie mit Jus.
Blanc-manger mit Pistazien.

Suppe mit Purée von Wildpret. — Man koche zusammen Rebhuhn, Kaninchen und einen Kalbsfuß, nehme etwas Bouillon dazu, schäume es und thue noch Carotten, Zwiebeln, sowie Sellerie hinein. Wenn das Wildpret gekocht ist, wird das Fleisch von den Knochen gelöst, erkaltet und dann fein gehackt mit in Bouillon eingeweichtem Weißbrod. Das gehackte Purée wird mit Bouillon durch ein Sieb gerührt, damit heiß gemacht, ohne zu kochen und dann in die Terrine auf gebratene Croutons gegossen.

Rinderschwanzstück à la bordelaise. — Das Fleisch wird geklopft, geglättet, mit Salz und Pfeffer bestreut, in Stücke von vier Centimeter Stärke geschnitten, geölt und dann geröstet. Es wird mit einer Sauce bordelaise mit blanchirtem und glacirtem Rindermark, sowie mit Fleisch-Glace angerichtet.

Kleine Vögel à l'italienne gebraten. — Nachdem die Vögel gepflückt und gereinigt sind, werden sie am Hatelet abwechselnd mit fein gebratenen Brodschnitten, sowie mit kleinen gebratenen Schinkenstreifen befestigt. Das Hatelet wird an den Spieß gesteckt und die Vögel schnell mit zerlassener Butter gebraten. Nach einigen Minuten werden sie leicht gesalzen, mit Brod bestreut, mit Butter begossen und dann auf der Schüssel in derselben Abwechslung angerichtet, wie sie am Spieß gesteckt haben.

---

19. October.

Suppe von Ochsenschwänzen.
Rothfische mit feinen Kräutern.
Cotelettes mit pré salé à la jardinière.
Eine junge fette Henne gebraten.
Chicorien mit Velouté.
Savarin von Ananas.

Suppe von Ochsenschwänzen. — Zwei Schwänze werden in Scheiben geschnitten, gereinigt, einige Minuten blanchirt, dann abgetropft, in eine Kasserolle gelegt mit Gemüsen, einigen Scheiben Schinken, einem Bouquet, Pfefferkörnern, Nelken und einigen Löffeln Bouillon und so lange auf mäßigem Feuer gekocht, bis es fast glacirt ist; dann wird die nöthige Bouillon hinzugethan, sowie ein Glas Madeira und hiermit läßt man Alles langsam kochen. Nachdem wird die Suppe durchgegossen, etwas gehacktes Fleisch oder Eier hineingethan, das Fett abgenommen, einige vorher gekochte Carotten und Sellerie hinzugefügt. Vor dem Anrichten werden die Schwanzstücke geputzt, glacirt und auf eine Schüssel gelegt, die Suppe in eine Terrine gegossen und zu Tisch gegeben.

Eine junge fette Henne gebraten. — Die Henne wird gesengt, abgetrocknet, sorgfältig gebunden, fein gespickt und gebraten, wobei man sie fleißig begießt. Beim Anrichten wird sie von Kresse umgeben.

20. October.

Menu für Fasten.

Suppe à la parisienne.
Matelote von Aal.
Maccheroni mit Tomate.
Zungenfisch gebraten.
Croquettes von Kartoffeln.
Aepfel mit Reis.

Kabeljau in der Pfanne gebraten. — Nachdem der Kabeljau zurechtgemacht ist, wie zum Gratiniren (siehe das Recept), wird er in Stücke geschnitten, mit Semmel bestreut, in Ei gelegt, wieder mit Semmel bestreut, in der Pfanne gebraten und mit gebratener Petersilie angerichtet.

Karpfen mit Milch weiß gekocht. — In einer Kasserolle wird ein kleiner, in Scheiben geschnittener Karpfen mit in Scheiben geschnittenen Zwiebeln in Butter geschwitzt, der aber nicht anhaken darf; dann wird Bouillon, etwas Butter, ein Bouquet, ein wenig Knoblauch, zwei Nelken, Salz und Pfeffer hinzugethan. Nach einer Stunde unausgesetzten Kochens wird die Sauce durch ein Sieb gerührt, dann wieder auf das Feuer gesetzt und die Karpfenmilch eine Viertelstunde darin gekocht. Wenn die Sauce fast eingekocht ist, wird sie mit Eigelb, welches in Sahne gerührt ist, sowie mit etwas Citronensaft abgezogen.

Kartoffeln als Croquettes. — Man koche in Wasser und Salz gelbe Kartoffeln; wenn sie dreiviertel gar sind, werden sie in der Asche fertig gekocht, dann durch einen Durchschlag gerührt und mit Butter und Eigelb vermischt. Der Teig wird in gleiche Formen getheilt, in Ei und Semmel gewälzt, in der Pfanne gebraten und mit Salz bestreut zu Tisch gegeben.

---

21. October.

Suppe mit Brod.
Gekochtes Rindfleisch mit Sauce tomate.
Bouchées von Geflügel-Purée.
Hammelkeule gebraten.
Verlorene Eier auf Purée von Sellerie.
Blanc-manger mit Vanille.

Bouchées von Geflügel-Purée. — Die Bouchées sind ein sehr leicht zu bereitendes Zwischengericht. Man nimmt Butterteig, ungefähr 4 bis 5 Centimeter dick, und wenn derselbe einige Minuten gestanden hat, höhlt man ihn vermittelst eines Teigmessers ungefähr 5 Centimeter im Durchmesser aus. Nun wird dieser Teig auf ein Blech gelegt, und nachdem von Butterteig kleine runde Stücke von 3 Centimeter geschnitten sind, die als Deckel dienen und leicht mit einem in heißes Wasser getauchten Messer oben auf eingeschnitten werden, werden die Törtchen in den Ofen geschoben, nach zwanzig Minuten herausgezogen, auch die Deckel abgenommen, aber dennoch Alles warm gehalten. Will man die Bouchées zu Tisch geben, so muß man sie mit einem Purée von Geflügel, oder ganz nach Belieben mit einem Purée von Austern, Hummern, Krabben, Ragout, Salpicon ꝛc. ꝛc. füllen.

Enten mit kleinen Erbsen. — Diese Enten werden zubereitet, wie die mit Oliven (siehe das Recept), und gekocht, wie die Tauben mit kleinen Erbsen.

Purée von Cardons (Art Artischoken). — Die Cardons werden blanchirt, in Bechamelle gekocht, durchgegossen, das Fett abgenommen und Butter und Sahne hinzugefügt.

22. October.

Suppe mit kleinen italienischen Pasteten.
Wassermuscheln (moules) en coquilles.
Bohnen mit Hammelfleisch und weißen Rüben.
Lerche gebraten.
Artischoken à la barigoule.
Parfait mit Kaffee.

Wassermuscheln (moules) en coquilles. — Die Wassermuscheln werden gereinigt, aus den Schalen genommen, in Stücke geschnitten und in etwas Roux, welches mit dem Wasser der Muscheln gemischt wird, gelegt. Dann wird Eigelb, frische Butter, sowie gehackte Petersilie hinzugethan und mit dem Allen läßt man die Muscheln ziehen, füllt dann die Schalen damit, bestreut sie mit geriebener Semmel und backt sie im Ofen gelbbraun.

Cromesquis. — Hierzu werden zusammen Stücke von Geflügel, Wild, Trüffeln, feine Scheiben fetter Gänseleber, etwas geräucherte Zunge und in Stücke geschnittene Champignons genommen und dies mit einer „spanischen Sauce" eingekocht (siehe spanische Sauce). Wenn nun Alles kalt geworden ist, wird es in gleiche Theile getheilt, jeder Theil in Stücke Kuh-Euter, sowie in einen Teig zum Braten gewickelt und dann in der Pfanne gebraten. Sobald die Cromesquis schön braun sind, werden sie übereinander, mit gebratener Petersilie ausgeputzt, angerichtet.

Lerche gebraten. — Die Lerchen werden gepflückt, gesengt, aber nicht ausgenommen, eine jede in Speck gewickelt, vermittelst eines Hatelets, welches durch die Eingeweide der Lerche gesteckt wird, am Spieß befestigt, am hellen Feuer gebraten und auf gerösteten Semmelscheiben, auf welche beim Braten die Eingeweide abgetropft sind, angerichtet.

23. October.

Suppe à la Faubonne.
Vives (Fische) à la maître d'hôtel.
Kalbs-Cotelettes mit Champignons.
Hase gebraten.
Blumenkohl gratinirt.
Törtchen mit Erdbeeren.

Hase gebraten. — Nachdem derselbe gereinigt, ausgenommen und zurechtgemacht ist, wird er in eine heiße Braise gelegt, um ihm eine schöne Außenseite zu geben. Dann wird er fein mit Speck gespickt und am Spieß ein- bis anderthalb Stunden gebraten. Hierzu wird eine Pfeffer-Sauce gegeben, zu welcher das Gehirn und die Leber des Hasen, nachdem sie gehackt, gekocht und durchgesiebt sind, gethan wird. Es gehört zum guten Ton, zu diesem Braten ein Johannisbeer-Gelée zu geben.

Vives (Fische) à la maître d'hôtel. — Nachdem dieselben auf beiden Seiten leicht eingeschnitten sind, werden sie in Oel mit Salz und Petersilie marinirt, dann geröstet und mit einer Sauce à la maître d'hôtel angerichtet.

Remuladen-Sauce. — Es werden zusammen Petersilie, Zwiebeln, Kapern, Sardellen, Knoblauch, Senf und Salz mit hinreichend gutem Olivenöl so lange zusammengerührt, bis sich Alles gut mit einander verbunden hat.

Kalbs-Cotelettes mit Purée von Champignons. — Dieselben werden zubereitet wie die gewöhnlichen Cotelettes und mit einem Champignon-Purée angerichtet.

24. October.

Suppe mit Purée von Sauerampfer.
Lendenbraten braisirt.
Barbe in der Pfanne gebraten.
Auerhahn gebraten.
Champignons gratinirt.
Charlotte von Aepfeln.

Auerhahn gebraten. — Der Auerhahn muß sehr jung sein, wenn er zart sein soll. Derselbe wird gespickt und gebraten, beim Anrichten mit Citronenscheiben und mit seinem eigenen guten Jus umgeben.

Charlotte von Aepfeln. — Ein Dutzend guter Reinetten werden geschält, das Innere herausgenommen, in recht feine Scheiben geschnitten und in einem Tiegel mit Zucker, ein wenig Zimmt, etwas Citronensaft und Wasser gekocht. Der Tiegel muß von Zeit zu Zeit geschüttelt werden; dann wird ein gutes Stück Butter hinzugethan, aber alsbald der Zimmt, sowie die Citronenschale herausgenommen. Nun werden in eine Form oder eine Kasserolle von entsprechender Größe Weißbrodscheiben, welche von guter Butter durchzogen sind, eine auf die andere gelegt, aber so, daß in der Mitte eine Höhlung bleibt. In diese wird nun die Marmelade gethan, zu der noch Confituren, von welcher Art es immer sind, als Kirschen, Johannisbeeren, Aprikosen ꝛc., gefügt werden können. Ueber die Marmelade werden wieder in Butter getränkte Brodscheiben gelegt, hierauf die Charlotte in den Ofen geschoben, und wenn sie gebacken ist, recht heiß zu Tisch gegeben.

25. October.

Suppe mit Sauerampfer.
Hammelkeule von sieben Stunden.
Makrelen mit Sauce tartare.
Bekassinen gebraten.
Blumenkohl mit Butter.
Darioles.

Hammelkeule von sieben Stunden. — Die Knochen werden herausgenommen, die Keule läßt man in Butter sich bräunen, damit sie Farbe bekommt; hierzu wird ein wenig Wasser gegossen, sowie drei Stückchen Knoblauch, vier oder fünf Zwiebeln, zwei Carotten und Salz hinzugefügt, worin man sie sechs oder sieben Stunden kochen läßt. Die Sauce wird durchgegossen, etwas Fond hinzugethan, die Keule darin glacirt und auf einer Unterlage von Cichorien, Bohnen oder Kastanien zc. angerichtet.

Zungenfisch in der Pfanne gebraten. — Der Fisch wird ebenso zubereitet, als wenn er à la matelote normande gekocht wird, seiner Länge nach am Rücken leicht eingeschnitten und das Fleisch ein wenig von der Gräte gelöst, dann wird er einige Augenblicke in Milch gelegt, mit Mehl bestreut, in der Pfanne gebraten und mit gebratener Petersilie und Citrone angerichtet.

Ortolanen oder auch Bachstelzen in Kästchen. — Der Grund der kleinen, geölten Kästchen wird vor allen Dingen mit ein wenig Sauce perigueux gefüllt, in jedes wird einer der kleinen Vögel gelegt, welcher vorher ausgenommen und von dem der Kopf in die dadurch entstandene Oeffnung gesteckt ist. Dieselben werden im Ofen gebraten und beim Anrichten wird in jedes Kästchen noch von der Sauce perigueux gethan.

26. October.

Suppe mit Bandnudeln.
Stockfisch à la Orly.
Rebhühner braisirt.
Roſtbeef gebraten.
Haberwurzel in Butter ſautirt.
Kirſch-Gelée.

Stockfiſch à la Orly. — Man ſchneide die Stücke vom Stockfiſch etwas groß, marinire ſie mit Citronenſaft oder etwas Eſſig, Salz, Peterſilie und Zwiebeln. Kurz vor dem Anrichten werden die Stücke Fiſch in Mehl gewälzt, wenn man es nicht vorzieht, ſie in Teig zu hüllen, und in der Pfanne gebraten. Dann läßt man ſie abtropfen und giebt ſie mit einer italieniſchen Sauce oder Sauce tomate zu Tiſch.

Rebhühner braiſirt. — Dieſelben werden gepflückt, ausgenommen, geſengt, geſpickt, mit Speckſtreifen und feinem Kalbfleiſch umwickelt. Nun werden in einen Schmortopf Speckſtreifen, ſehr gutes Kalbfleiſch, ſowie Carotten, Zwiebeln und ein Bouquet Peterſilie gethan, darauf die Rebhühner mit Salz, Pfeffer, Nelken gelegt, Weißwein und Bouillon hinzugegoſſen und Alles läßt man eine Stunde kochen. Wenn die Hühner weich ſind, werden ſie auf einer Schüſſel angerichtet, die Sauce durchgegoſſen darüber gethan, ſowie etwas Citronenſaft.

---

27. October.

Kraftbrühe mit Reis.
Goldbrassen mit feinen Kräutern.
Krammetsvögel mit Cognac.
Kalbsniere gebraten.
Maccheroni gratinirt.
Kuchen (meringues) mit Sahne.

Krammetsvögel mit Cognac. — Die Krammetsvögel werden erst sorgfältig gepflückt, gereinigt, gebunden und der Magen ganz klein geschnitten; dann werden sie in einer Kasserolle mit etwas zerlassenem Speck, einem Bouquet, zwei Zwiebeln, Champignons und Trüffeln geschwitzt. Darauf werden zwei Gläser Cognac hinzugethan, womit es aber schnell kochen muß, damit der Cognac recht heiß wird, fügt noch etwas Jus hinzu und läßt nun die Vögel langsam damit ziehen. Wenn sie weich sind, schmecke man die Sauce ab, thue, wenn es nöthig ist, noch etwas Citronensaft hinzu und richte sie auf einer vorher erwärmten Schüssel an.

Sauce perigueux. — Man lasse in Würfel geschnittenen mageren Schinken mit Zwiebel und gehackter Schalotte in Butter schwitzen. Wenn Alles braun ist, wird Weißwein hinzugethan und mit eingekocht. Zu dieser Sauce nimmt man dann Roux und ebensoviel Bouillon, fügt noch einige Trüffeln hinzu und läßt dieses zusammen bis zur nöthigen Consistenz einer Sauce einkochen, gießt sie durch und fügt noch in Scheiben geschnittene, vorher gekochte Trüffeln hinzu.

28. October.

Suppe mit Nudeln.
Makrelen gekocht mit Sauce von Muscheln.
Rindszunge in Papilloten.
Poularde gebraten.
Selleriewurzel mit weißer Sauce.
Gelée mit Granatäpfeln garnirt.

Teig zu den Nudeln. — Man rühre ein halbes Liter Mehl in Wasser klar, thue etwas Salz, drei oder vier Eier, ein Stück Butter wie eine Wallnuß groß dazu, knete einen Teig und theile ihn dann in vier Theile, welcher jeder für sich gemangelt wird. Dieser Teig wird nun in dünne und ziemlich gleiche Streifen oder Bänder geschnitten, die man leicht mit Mehl bestreut und auf ein Papier zum Trocknen ausbreitet; dann werden sie in kochendem Wasser mit Salz sechs oder sieben Minuten gekocht, zum Abtropfen in ein Sieb gethan und dieser Teig wird zur Suppe mit Nudeln genommen. (Siehe das Recept.)

Rindszunge in Papilloten. — Nachdem eine Zunge braisirt ist, wird sie in gleiche Stücke geschnitten, jedes Stück in ein geöltes Papier gewickelt, nachdem es vorher mit Speckstreifen und feinen Kräutern umwickelt ist. Das Papier muß fest schließen, damit der Saft darin bleibt. Diese Papilloten werden geröstet und dann zu Tisch gegeben.

29. October.

**Suppe mit Reis und Purée von grünen Bohnen.
Kabeljau gekocht mit Sauce von Krabben.
Schinken à la maillot.
Pastete von Bekassinen.
Krebse gekocht.
Glacirte Bomben.**

Schinken à la maillot. — Nachdem der Schinken gewässert hat und geputzt ist, wird er in eine Serviette gebunden, in Wasser gekocht, dann abgetropft und mit einer Flasche Madeira wieder auf das Feuer gesetzt, worin der Schinken aber nicht kochen, sondern nur eine halbe Stunde ziehen darf. Dann wird der Schinken angerichtet und mit einem Kranz von Carotten, Zwiebeln, Lactuke, weißen Rüben und grünen Bohnen, welche vorher gekocht sind, garnirt. Eine Madeira-Sauce wird dazu gegeben.

Pastete von Bekassinen. — Die Knochen werden von den Bekassinen herausgelöst, eine Farce halb von Kalbfleisch und halb von gehacktem Speck gemacht mit Hinzufügung der Eingeweide der Bekassinen, welche auch gehackt werden. Nun schneide man Trüffeln in Scheiben, streiche eine Farce mit Teig aus, lege die Trüffeln hinein, darauf die farcirten Bekassinen, etwas Salz und Pfeffer darüber, fülle jeden Zwischenraum mit Farce und Trüffeln aus und lege auf die Bekassinen wieder eine starke Lage Farce. Hierauf bedecke man die Pastete mit Teig, der mit Ei bestrichen und gemustert wird, und mache gerade in die Mitte desselben ein Loch wie ein Finger groß. Nachdem die Pastete gebacken ist, wird durch das Loch des Deckels Fleisch-Gelée oder Jus gegossen.

30. October.

Menu für Fasten.

Suppe mit Reis und Purée von weißen Rüben.
Coquilles mit der Milch von Karpfen.
Pastete von Steinbutte.
Mayonnaise mit Schleie.
Farcirte Tomate.
Citronen-Crême.

Coquilles mit der Milch von Karpfen. — Die Milch wird gereinigt und in Wasser mit etwas Essig und Salz gekocht, dann in Würfel geschnitten und in eine Sauce gelegt, welche aus etwas Roux, dem Wasser, worin die Milch gekocht ist, Champignons, Weißwein, Salz, Pfeffer und einem Bouquet besteht, und die man einkochen läßt. Nun werden noch vorher gekochte Scheiben Champignons, sowie Krebsschwänze hinzugefügt, und wenn Alles zusammen gezogen hat, wird das Bouquet herausgenommen, ein Stück frische Butter hinzugefügt, die Schalen gefüllt, mit in Butter gebratener Semmel bestreut und im Ofen gebacken.

Pastete von Steinbutte. — Wenn die Steinbutte zurechtgemacht ist, wird sie halbweich mit Salz, Pfeffer, Nelken, Muskatennuß und feinen Kräutern gekocht. Dann wird der Teig zur Pastete ausgebreitet, die Steinbutte mit gehacktem hartem Eigelb, einer geschnittenen Zwiebel und recht frischer Butter hineingelegt, der Teig fest geschlossen und im Ofen gebacken. Man ißt die Pastete warm und kalt. (Englische Küche.)

Sauce bordelaise. — Etwas Roux wird halb mit Bouillon, halb mit Weißwein gemischt, gehackte Schalotten, gehackte Petersilie, Salz und Pfeffer hinzugethan, zusammen aufgekocht und angewendet.

31. October.

Suppe mit Tapioca.
Rindfleisch braisirt.
Huhn sautirt.
Stinte in der Pfanne gebraten.
Russischer Salat.
Apfelkuchen (meringues).

Tomate farcirt. — Die Tomate werden in kochendes Wasser gethan, dann mit einem kleinen Löffel ein Loch hineingemacht, die Kerne herausgenommen und nun auf einer Schüssel zum Gratiniren geordnet. Vorher macht man eine Farce, welche aus ein wenig Mehl mit Butter, Champignon-Extract, recht steif gekochtem Purée von Tomate, Olivenöl, gehackter Petersilie, Schalotten, Salz und Pfeffer besteht und welches Alles zusammen heiß werden muß. Mit dieser Farce wird jede Tomate gefüllt, mit geriebener Semmel bestreut, einige Löffel Olivenöl noch über die Schüssel gegossen und dann dieselbe in den Ofen geschoben. Zehn Minuten reichen zum Gratiniren hin.

Russischer Salat. — Der russische Salat ist zusammengesetzt aus Rebhühnern, Hühnern und Lachs, die vor allen Dingen vorher gebraten oder in Butter sautirt, erkaltet und in Würfel geschnitten sein müssen, dann aus in Stücke geschnittenen Sardellen, gekochten und ebenfalls in Würfel geschnittenen Carotten, weißen Rüben, rothen Rüben (Runkelrüben), Oliven, Krebsschwänzen und Kapern. Nun werden noch gehackte Schalotten, Caviar, Cayenne-Pfeffer, gewöhnlicher Pfeffer, Mostrich, Oel und Essig hinzugenommen. Die Hauptsache ist, daß von allen Zuthaten gleichviel genommen wird, so daß keins davon vorschmeckt.

1. November.

Suppe mit verlorenen Eiern.
Roftbeef à l'anglaise.
Timbale von Maccheroni.
Wachteln gebraten.
Gefüllte Tomate.
Omelette-Auflauf.

Timbale von Maccheroni. — Die Maccheroni werden in Waffer mit Salz, einer mit Nelken gespickten Zwiebel, einem Stück Butter und einigen Carotten gekocht, dann abgetropft und in einer Kafferolle mit Fleisch-Jus, geftoßenem Schweizer- und Parmesankäse und etwas Geflügel, oder noch beffer, einem Fricaffée von Geflügel wieder auf das Feuer gefetzt. Hierauf wird eine Form mit Butterteig ausgestrichen, die Maccheroni hineingethan, mit eben folchem Teig wieder überdeckt, in die Mitte desselben ein Loch gemacht und die Form in den Ofen geschoben. Ift die Timbale gebacken, so wird fie auf eine Schüffel gethan, der Deckel abgenommen, recht guter Jus hineingethan und wieder zugedeckt zu Tisch gegeben.

Omelette-Auflauf. — Zu fünf Eigelb werden 75 Gramm geriebener Zucker, fünf geftoßene bittere Mandeln, ein wenig gebranntes Orangenwaffer und etwas Salz gerührt. Die fünf Eiweiß werden zu Schnee geschlagen und dazu gerührt. Wenn Alles gut mit einander verbunden ift, wird es auf eine gut mit Butter ausgeftrichene Schüffel gegoffen, in den Ofen geschoben, und fobald es fteigt, gleich zu Tisch gegeben.

Die dreihundert sechs und sechzig Menus.

2. November.

Suppe Solferino.
Barbe mit Austern-Sauce.
Kalbsbrust farcirt.
Rehkeule gebraten.
Lactuke mit Jus.
Blanc-manger.

Blanc-manger. — Von 500 Gramm süßen und einem halben Dutzend bitteren Mandeln wird die Haut abgezogen und die Mandeln mit etwas Citronenschale recht fein gestoßen und von Zeit zu Zeit ein wenig frisches Wasser hinzugefügt, um noch mehr Saft zu erhalten. Aus eben dem Grunde drückt man die Mandeln vier oder fünf Mal durch eine Serviette, immer wieder etwas kaltes Wasser hinzufügend, bis die Mandelmilch genug ausgepreßt ist. In diese Mandelmilch werden 375 Gr. ganzer Zucker gethan und wenn er zergangen ist, die Milch durch ein Sieb gegossen und 25 Gramm geläuterte Gelatine, welche mit drei Gläsern heißen Wassers aufgelöst ist, sowie einige Tropfen Orangenwasser hinzugefügt. Diese Masse wird auf eine Schüssel gegossen und erkaltet zu Tisch gegeben.

Kastanien-Compot. — Die Kastanien werden in einem Tiegel mit Wasser gekocht, dann abgeschält und in heißen Syrup gethan. Wenn sie darin ein paar Mal aufgekocht sind, wird ihnen entweder durch Orangenwasser oder etwas Vanille ein angenehmer Geschmack gegeben.

3. November.

Suppe mit Brod.
Gekochtes Rindfleisch mit Merrettig=Sauce (raifort).
Geflügel sautirt à la cardinal.
Wildschweinsbraten mit Pfeffer=Sauce.
Purée von Mousserons.
Aepfel mit Butter.

Geflügel sautirt à la cardinal. — Die Stücke Geflügel werden vorbereitet, sautirt und kranzförmig angerichtet, wie es beim Sautiren von Geflügel gesagt ist. Auf jedes Stück werden zwei Krebsschwänze, welche durch Scheiben Trüffeln getrennt sind, gelegt und in die Mitte eine „deutsche Sauce" mit Krebsbutter gethan. (Siehe die Recepte.)

Purée von Mousserons. — Die Mousserons werden gewaschen, verlesen, blanchirt und abtropft, dann recht fein gehackt und in Butter geschwitzt mit Citronensaft; wenn sie bräunlich sind, wird etwas Jus, Salz und Pfeffer hinzugethan. Man läßt sie bis zur gewöhnlichen Consistenz eines Purées einkochen.

Spanische Sauce. — In eine Kasserolle werden zwei Scheiben Schinken, einige Scheiben Kalbfleisch, zwei Carotten, und zwei in Scheiben geschnittene Zwiebeln gethan und zusammen geschwitzt, dann wird Bouillon, eine halbe Flasche Weißwein, etwas Knoblauch, ein Bouquet Petersilie, Nelke und Lorbeerblatt hinzugethan. Hat Alles drey Stunden mäßig gekocht, so läßt man die Sauce noch mit etwas Roux einkochen, gießt sie durch ein Sieb und nimmt das Fett ab. Diese Sauce wird dann zum Gebrauch aufbewahrt, darf aber nicht zu stark gesalzen werden, wie überhaupt Nichts vorschmecken darf.

---

4. November.

Suppe mit Reis und Purée von trocknen Erbsen.
Schinken braisirt, mit weißen Rüben garnirt.
Junger Hase (marinirt).
Ortolanen gebraten.
Sellerie mit Jus und Trüffeln.
Macedoine von Früchten.

Junger Hase (marinirt). — Das Fleisch wird losgelöst, geglättet, gespickt und in Oel mit Salz und Gewürzen marinirt. Es wird ebenso gebraten, wie die Stücke Hammelfleisch à la minute und mit einer Pfeffer-Sauce angerichtet.

Roux. — Roux ist die Grundlage von fast allen braunen Saucen. In einen Tiegel wird Butter und Mehl gethan, das auf gelindem Feuer so lange gerührt wird, bis es gelbbraun und nicht zu dick ist, auch wird unter stetem Umrühren Wasser oder Bouillon hinzugethan. Beim ersten Aufkochen wird der Tiegel zurückgezogen. Ist das Roux zu hart geworden, so hat es zu lange gekocht. Sobald das Roux anfängt sich zu bräunen, ist es besser, wenn auch obenauf Hitze ist, deshalb wohl rathsam, dasselbe in einem Ofen zu kochen. Sobald es gut ist, ziehe man den Tiegel zurück und feuchte es mit Bouillon oder Wasser, wie es angegeben ist, an.

5. November.

Suppe von Kraftbrühe mit Maccheroni.
Paupiettes von Dorsch.
Hammel-Cotelettes à la jardinière.
Wachteln gebraten.
Purée von Kastanien.
Kruste mit Madeira.

Paupiettes von Dorsch. — Das Fleisch wird von den Gräten abgelöst, hierauf gesalzen, eine Lage Fischfarce darüber gelegt, dann zusammengerollt und vermittelst eines Hatelets an den Spieß gesteckt, nachdem die verschiedenen Stücke vorher noch mit einem Butterpapier umwickelt sind. Wenn sie fast gebraten sind, wird das Papier abgenommen, die Paupiettes in Semmel gewälzt und in der Pfanne gebraten. Sie werden stufenförmig angerichtet und mit einer deutschen Sauce oder mit Krebsbutter zu Tisch gegeben. Man kann die Paupiettes auch in einer niedrigen Krustade anrichten, die Mitte wird dann mit Austern und Champignons ausgefüllt und eine deutsche Sauce mit Champignons-Essenz darüber gegeben.

Purée von Kastanien. — Die Kastanien werden sorgfältig gereinigt, abgezogen, in Butter geschwitzt, mit Bouillon und Weißwein so lange gekocht, bis sie sich leicht auseinander brechen lassen, dann gerieben und durch ein Sieb gerührt.

Purée von weißen Bohnen. — Man kocht das Purée von Bohnen entweder mit Brühe von Wild, Schinken-Essenz oder Kalbsbrühe, auch wohl mit dem Fett von der Gans, Hammmelfett oder Butter ꝛc. Beim Anrichten umgiebt man dies Purée mit gebratenen Croutons.

6. November.

Suppe mit Purée von weißen Rüben.
Brassen geröstet.
Kalbsmilch am Hatelet.
Rebhühner à la Cussy.
Hammelkeule gebraten.
Weiße Bohnen mit Jus.
Gelée mit Rum.

Rebhühner à la Cussy. — Die Knochen der Rebhühner werden herausgelöst mit Ausnahme des Knochens an den Patten, über das Fleisch der Hühner eine dünne Farce gelegt, welche aus Rebhühnerfleisch besteht, und gefüllt mit einem Ragout (salpicon) aus Kalbshirn, Champignons, Trüffeln, Hahnenkämmen ꝛc., welche Zuthaten vorher alle in Würfel geschnitten sind. Nachdem nun die Hühner gefüllt sind, werden sie zugenäht, wobei man ihnen ihre ursprüngliche Form so viel als möglich wiederzugeben sucht, hierauf die Magen in einem Tiegel mit Scheiben Schinken geschwitzt, auch Zwiebeln, Carotten, ein Bouquet, gehackter Speck, alle gehackten Knochen und Theile der Rebhühner, Pfeffer, sowie Weißwein hinzugethan, und wenn das Gekochte gut schmeckt, werden die Rebhühner, mit einem Butterpapier bedeckt, hineingelegt. Sind sie gut, so werden sie auf einer Schüssel angerichtet, die Sauce durchgegossen, bis auf das Nöthige eingekocht, einige in Scheiben geschnittene Trüffeln hinzugefügt und über die Hühner gegossen.

Ortolanen gebraten. — Der Magen wird ausgenommen, der Kopf in das dadurch entstandene Loch gesteckt, die Vögel fein gespickt und 10 bis 12 Minuten am Spieß gebraten und auf gebratenen Croutons angerichtet.

---

7. November.

Suppe mit Tapioca.
Kalbsnuß braisirt.
Wachteln mit Trüffeln.
Hasenrücken mit Johannisbeer-Gelée.
Bohnen mit Butter und Cayenne-Pfeffer.
Bavarois mit Kaffee.

Wachteln mit Trüffeln. — Die Wachteln werden ausgenommen und gesengt, die Trüffeln fein geschält und in große Würfeln geschnitten. Die Schalen werden mit den Lebern der Wachteln gehackt, mit Salz und kleinen Nelken in Butter geschwitzt, nach dem Erkalten die Vögel damit gefüllt und dann braisirt. Die Wachteln muß man mit einer Sauce perigueux anrichten.

Bohnen mit Butter und Cayenne-Pfeffer. — Nachdem die Bohnen vorher gekocht sind, muß man sie mit einem Stück vorzüglicher Butter ziehen lassen und Cayenne-Pfeffer darüber streuen.

Kalbsmilch am Hatelet. — Die gereinigte, blanchirte 2c. Kalbsmilch wird in viereckige Stücke geschnitten, mit einer deutschen Sauce gekocht, in welcher sie erkaltet; ebenso wird Kuh-Euter gekocht, der, wenn er erkaltet, in eben solche Stücke geschnitten wird. Ist Beides am Hatelet befestigt, so fülle man, wo es nöthig ist, noch von der Sauce hinzu, streue Semmel darauf, bestreiche es mit Eigelb, streue wieder Semmel darüber und röste sie auf schnellem Feuer. Hierzu wird eine „italienische Sauce" gegeben.

Die breihundert sechs und sechzig Menus.

8. November.

Suppe mit verlorenen Eiern.
Kalbfleischklößchen en Troyes geröstet.
Rinderrippenstück braisirt.
Wassermuscheln à la Villeroi.
Fasan gebraten.
Farcirte Tomate.
Eier mit Schnee.

Kalbfleischklöschen en Troyes geröstet. — Man koche zusammen ein Kalbsgekröse und ein Kuheuter, Beides in Stücke geschnitten, hacke dann Champignons, Trüffeln, Petersilie und Schalotten, schwitze sie in Butter, thue etwas Brühe von Geflügel, sowie Weißwein und Gewürz hinzu und lasse es bis auf die Hälfte einkochen. Nun thue man das Gekröse, sowie die Euter mit Eigelb, Salz und mit gestoßenem Pfeffer hinzu, hüte es vor dem Anbrennen, lasse es nur ziehen, nicht kochen, und fülle damit einen recht gereinigten Darm, der in Wasser mit Essig eingeweicht gewesen ist, wie zu Saucischen. Nachdem die Andouillettes fertig sind, werden sie ganz langsam in Bouillon mit Weißwein und einem Stück Zucker gekocht, worauf man sie dann erkalten und abtropfen läßt. Beim Rösten darf das Feuer nur mäßig sein. Sie werden heiß und knusprig zu Tisch gegeben.

Wassermuscheln à la Villeroi. — Die Muscheln werden zum Oeffnen in eine Kasserolle mit einem Glase Weißwein gethan, dann ausgenommen, erkaltet eine nach der andern in eine Sauce Villeroi getaucht, mit Semmel bestreut, in der Pfanne gebraten und mit einer Garnirung gebratener Petersilie angerichtet.

9. November.

Purée von Bohnen mit Croutons.
Kabeljau à la hollandaise.
Ortolanen à la périgourdine.
Lammskeule gebraten.
Rothe Rüben à la chartreuse.
Dumpling.

Ortolanen à la périgourdine. — Dieselben werden zubereitet wie es zu den gebratenen Ortolanen angegeben ist, dann in bainmarie mit Speckstreifen, Citronensaft und Bouillon gekocht. Nun nehme man ebensoviel große Trüffeln als man Ortolanen hat, koche sie in Champagner und höhle das Innere derselben aus. Zuerst wird ein wenig Purée von Wildpret hineingethan, darauf der Ortolan gelegt und Alles einen Augenblick im Ofen heiß gemacht.

Rothe Rüben à la chartreuse. — Man schneide gekochte gelbe Rüben in Streifen, nehme zwei und zwei und befestige zwischen ihnen ungekochte Zwiebeln mit Körbeln, gehackter Pimpernelle, Salz, Pfeffer, Muskatennuß, umhülle sie mit einem Teig zum Braten, was in der Pfanne geschehen muß. Wenn sie gut sind, werden sie mit Salz bestreut und zu Tisch gegeben.

Dumpling. — Man mache wie ein Puterei große Kugeln, die aus Teig von Mehl, Wasser, Salz und Korinthen gemacht sind, bestreue sie mit Mehl, wickele sie in eine Serviette und lasse sie eine halbe Stunde in kochendem Wasser kochen. Man giebt hierzu eine gut gezuckerte Sauce von Xérès-Wein. (Englische Küche.)

Die dreihundert sechs und sechzig Menus. 315

10. November.

Menu für Fasten.

Suppe mit Linsen-Purée und Croutons.
Brandade von eingesalzenem Kabeljau.
Verlorene Eier mit Sauce tomate.
Kriechente gebraten.
Maccheroni gratinirt.
Blanc-manger mit Vanille.

Brandade von eingesalzenem Kabeljau. — Der Fisch wird erst acht und vierzig Stunden gewässert, wobei man das Wasser so oft als möglich wechselt. Dann wird er in hinreichendem Wasser gekocht und wenn es anfängt, Blasen zu werfen, wird ein Glas frisches Wasser hinzugegossen, die Kasserolle vom Feuer zurückgezogen, die mit dem Fisch darin stehen bleibt. Nach einer Viertelstunde wird der Fisch aus dem Wasser genommen, abgetropft und sorgfältig gereinigt. Nachdem dies geschehen ist, wird er in eine Kasserolle gethan, Citronensaft über ihr ausgepreßt und tropfenweise feines Olivenöl nach und nach hinzugethan, gerade immer so viel, daß der Fisch nicht anhaken kann; dann wird unter fortwährendem Bewegen der Kasserolle ein halbes Glas frisches Wasser oder ein halbes Glas Milch hinzugethan, aber dabei immer noch in derselben Weise das Oel hinzugeträufelt. Ist nun endlich Alles zu einer dichten Sauce geworden, so füge man noch Scheiben Trüffeln, gehackte Petersilie und Knoblauch hinzu, aber vor allen Dingen müssen diese Zuthaten vorher in Butter geschwitzt sein. Der Kabeljau, auf diese Art zubereitet, muß mit der Brandade sehr heiß gehalten werden, die aber niemals kochen darf. Zuletzt wird noch so viel Pfeffer und Salz als nöthig ist darüber gestreut.

11. November.

Suppe mit Kastanien-Purée.
Gans à la chipolata.
Rindfleisch mit Pfeffer-Sauce.
Gründling in der Pfanne gebraten.
Kartoffel-Salat.
Croquenbouche.

Gans à la chipolata. — Man nehme eine sehr gute Gans, mache sie wie gewöhnlich zurecht, lege dann in einen Schmortopf Speckstreifen, Abgänge von Rindfleisch, zwei Scheiben Schinken, das Gänseklein, drei Carotten, drei Zwiebeln, ein garnirtes Bouquet, Nelken, Salz und Pfeffer, lege die Gans auf diese Unterlage, decke ein Butterpapier darüber und lasse sie mit Bouillon und Madeira-Wein oder Weißwein gleichmäßig kochen. Wenn sie weich ist, wird sie mit einer Garnirung à la chipolata angerichtet.

Rindfleisch mit Pfeffer-Sauce. — Man schneide Rindfleisch in feine Stücke ungefähr ein und einen halben Centimeter dick, spicke sie und marinire sie zwei Stunden in einer gekochten Marinade. Dann lasse man sie abtropfen, bestreue sie mit Pfeffer und Salz, brate sie schnell in Butter und richte sie kranzförmig auf einer Schüssel an. Jedes Stück Fleisch wird von einer Scheibe in Butter gebratenen Weißbrodes unterbrochen und eine Pfeffer-Sauce darüber gegeben.

Wildschweins-Cotelettes à la Saint-Hubert. — Die Cotelettes werden zurechtgemacht, mit Salz und Pfeffer bestreut, in Butter auf beiden Seiten gebraten und kranzförmig auf einer Schüssel angerichtet. Die Sauce wird mit Roux, Kraftbrühe und Weißwein eingekocht und über die Cotelettes gegossen.

12. November.

Kraftbrühe mit verlorenen Eiern.
Hecht in Court-Bouillon.
Hammelfleisch mit Bohnen.
Puter gebraten.
Cardons (Art Artischoken) gratinirt.
Pudding à la Cowlay.

Cardons (Art Artischoken) gratinirt. — Nachdem eine Schüssel mit Butter ausgestrichen und mit Semmel bestreut ist, werden die blanchirten und gekochten Cardons darauf geordnet, wieder Semmel darüber gestreut und hierauf zerlassene Butter gegossen. Die Schüssel wird zum Gratiniren in den Ofen gestellt. Wenn man noch geriebenen Käse unter die Semmel mischt, hat man cardon à l'italienne.

Eier mit Bechamelle. — Zwölf oder funfzehn Eier werden der Länge nach getheilt. Vier oder fünf Löffel voll Bechamelle — fett oder mager, je nachdem die Eier fett oder mager sein sollen — werden in einer Kasserolle erwärmt und dann die Eier, sowie ein wenig Butter und gestoßene Muskatennuß hineingethan. Die Eier dürfen nur in der Sauce warm werden, nicht kochen; sie werden mit gebratenen Croutons angerichtet.

Pudding à la Cowlay. — Geriebener Zucker wird mit Eigelb und ebensoviel gestoßenen Mandeln gemischt, dann mit gekochten und geriebenen Kartoffeln zusammengerührt, und hierauf etwas Vanillezucker und zu Schnee geschlagenes Eiweiß hinzugefügt. Wenn der Pudding gekocht ist, wird eine „Crême-Sauce" mit Vanille darüber gethan.

13. November.

Suppe à la parisienne.
Schleie à la poulette.
Bekassinen en canapé.
Kalbsniere gebraten.
Blumenkohl mit Butter.
Cabinet-Pudding.

Bekassinen en canapé. — Nachdem das Fleisch von vier Bekassinen gesalzen und gepfeffert ist, wird heiße Butter darüber gegossen, eine Farce von den feingehackten Eingeweiden gemacht, die mit Salz, Pfeffer, gehackten Schalotten, Petersilie und gehacktem Speck vermischt werden. Nun werden Croutons in der Höhe von drei Millimeter und von der Form eines Canapés gemacht, in Butter geschwitzt, ausgehöhlt und mit Farce gefüllt; man brät sie in Butter oder röstet sie. Von den sautirten Stücken Bekassinen wird jedes auf ein Crouton gelegt, die Bekassinen-Sauce dann mit Fleisch-Jus vermischt.

Teig zum Braten in der Pfanne. — In einer Assiette werden 375 Gramm Mehl mit lauwarmem Wasser und 60 Gramm zerlassener Butter gerührt; die Butter wird erst hineingethan, ehe das Wasser dazu kommt. Wenn der Teig glatt ist und keine Klümpchen mehr im Mehl sind, wird noch etwas lauliches Wasser hinzugenommen, bis er die nöthige Consistenz hat; dann wird noch eine Messerspitze Salz und das zu Schnee geschlagene Eiweiß von zwei Eiern hinzugefügt.

14. November.

Suppe mit Linsen-Purée.
Makrelen à la maître d'hôtel.
Filet vom Wildschwein au chasseur.
Poularde gebraten.
Cardons (Art Artischoken) mit Jus.
Bavarois mit Maismehl.

Filet von Wildschwein au chasseur. — Das Filet wird wenigstens zwei Tage marinirt, dann abgetropft und mit gutem Rindfleisch, Speckstreifen, Carotten, Zwiebeln, einem Bouquet, Salz, Pfeffer, Kraftbrühe und ebensoviel Weißwein gekocht. Sobald das Filet genug gekocht hat, wird es glacirt und mit einer Sauce piquante, welche mit der durchgegossenen Brühe vermischt ist, angerichtet.

Bavarois mit Maismehl. — Es werden 25 Centiliter Milch mit 70 Gramm Zucker und einer Messerspitze Salz auf das Feuer gesetzt; sobald dies heiß ist, werden 8 Gramm Maismehl, welche mit drei Eigelb in kalter Milch klar gequirlt sind, während des Aufkochens hinzugethan und einige Minuten auf dem Feuer umgerührt, dann wird Citronensaft oder eine andere aromatische Essenz hinzugethan und die Masse durch ein Sieb gleich in eine Form gerührt. Nachdem die Speise erkaltet ist, wird sie aus der Form auf eine gefaltete Serviette gestürzt. — Die Amerikaner geben zu diesem Bavarois, dessen Geschmack man noch dadurch erhöhen kann, daß die Form in frisches Wasser oder Eis gestellt wird, einen Saft von Erdbeeren, Johannisbeeren oder anderen Früchten. Diese Speise schmeckt sehr gut und kostet wenig.

15. November.

Suppe mit Kastanien-Purée.
Rindfleisch gekocht und panirt.
Kriechente mit Sardellen.
Rehkeule gebraten.
Croquettes von Kartoffeln.
Aepfel mit Reis.

Rindfleisch gekocht und panirt. — Nachdem das Rindfleisch gekocht ist, wird es mit eingekochter Bouillon auf eine Schüssel gelegt, mit Eigelb bestrichen, Semmel, sowie Salz und Pfeffer darüber gestreut und im Ofen gebräunt. Es wird mit einer „spanischen Sauce" zu Tisch gegeben.

Croquettes von Kartoffeln. — Die Kartoffeln werden in Wasser und Salz gekocht, durch ein Sieb gerührt, mit Butter, Salz und Pfeffer gemischt, hierauf Croquettes davon geformt, dieselben in Mehl, dann in Ei und Semmel gewälzt und in der Pfanne gebraten. Sie werden mit einer Garnirung gebratener Petersilie zu Tisch gegeben.

Rinderschwanzstück à la bordelaise. — Das Fleisch wird geklopft und beputzt, mit Salz und Pfeffer bestreut und obenauf mit Oel bestrichen, dann wird Rindermark blanchirt, in feine Streifen geschnitten und diese in laulichte Fleisch-Glace gelegt. Während die Streifen Rindermark nun in den Ofen geschoben werden, legt man das Fleisch auf den Rost. Beim Anrichten wird das Fleisch auf das Rindermark und eine Sauce bordelaise darüber gethan.

Die dreihundert sechs und sechzig Menus.

16. November.

Suppe mit Kraftbrühe à la brunoise.
Rothfische gratinirt.
Hasenwurst.
Rinderbraten.
Haberwurzel mit weißer Sauce.
Heiße Baba mit Madeira.

Stockfisch gratinirt. — Vier Stockfische werden geschuppt und zurechtgemacht. Die Lebern steckt man in den Leib der Fische, die auf eine Schüssel gelegt werden, welche die Hitze verträgt. Dann wird lauwarme Butter darüber gegossen, feine Kräuter, Salz, Pfeffer, gestoßene Muskatennuß darüber gestreut und zuletzt geriebene Semmel. Ueber das Alles wird wieder zerlassene Butter gegossen, sowie etwas Weißwein. Die Schüssel wird in den Ofen geschoben, und wenn die Sauce eingekocht ist, zu Tisch gegeben.

Hasenwurst. — Das Fleisch des Hasen wird abgelöst und nachdem die Sehnen herausgenommen sind, recht fein gehackt und durch ein Sieb zu Quenelles gerührt. Ebenso wird vorher gekochte Kuh-Euter auch fein gehackt und durchgerührt. Nun wird Semmel in Bouillon eingeweicht und recht ausgedrückt. In Ermangelung von Kuh-Euter kann man dasselbe durch eine doppelte Portion Butter ersetzen. Es wird Alles mit einander gerieben und eine Farce daraus gemacht, zu der noch gestoßenes Gewürz, Salz, Pfeffer, recht fein gehackte Schalotten und Petersilie gerührt werden, ebenso noch Eigelb und ein oder zwei Eiweiß, wie es je nach der Quantität der Farce nöthig ist. Nun wird dieselbe wie eine Wurst zusammengerollt und einen Augenblick in kochendes Wasser gelegt, dann mit Mehl bestreut, in zerlassene Butter, sowie in Semmel gewälzt und geröstet, oder im Ofen gebraten.

---

17. November.

Suppe mit Schinken-Purée.
Stör als Fricandeau.
Rebhühner sautirt mit Trüffeln.
Hasenrücken (râble) gebraten.
Spinat mit Jus.
Mandelkuchen.

Suppe mit Schinken-Purée. — 500 bis 750 Gramm Schinken werden so fein als möglich gehackt und dann gerieben, wobei man ihn mit etwas Kraftbrühe anfeuchtet und auch einige Löffel voll spanischer Sauce oder Soubise hinzufügt. Dann wird der Schinken durch ein Sieb gerührt und gleich die Bouillon, welche man für sechs oder sieben Personen nöthig hat, hinzugethan. Eine Viertelstunde vor dem Anrichten wird eine Flasche Madeira-Wein hinzugegossen, sowie ein Stück feine Butter hinzugefügt. Mit dem Wein wird die Suppe in bain-marie heiß gemacht und dann auf gebratene Croutons gegossen.

Rebhühner sautirt mit Trüffeln. — Von vier Rebhühnern wird das Fleisch abgelöst und auf beiden Seiten in Butter gebraten; nachdem dasselbe dann abgetropft ist, wird es in kleine, runde Stücke von gleicher Größe geschnitten. Die Gerippe und der Abgang der Rebhühner werden zusammen gekocht, die Brühe durchgegossen und wieder eingekocht mit drei Löffel voll spanischer Sauce und etwas Fleisch-Glace. In diese Sauce werden die Stücke Rebhühner gelegt, es muß aber vermieden werden, daß sie nicht kochen; auch wird ein halbes Pfund Trüffeln hinzugethan, welche in der Butter geschwitzt sind, in welcher vorher die Hühner sautirt wurden, etwas feine Butter wird noch hinzugefügt und dem Ganzen beim Anrichten eine so hohe Form als möglich gegeben. In Butter gebratene Croutons werden um die Hühner gelegt.

Die dreihundert sechs und sechzig Menus.

18. November.

Suppe mit Purée à la Crécy.
Barbe mit Austern-Sauce.
Huhn sautirt.
Rehkeule gebraten.
Weiße Rüben mit Zucker.
Aepfel mit Butter.

Sauce mit Austern. — Etwas helles Roux wird mit 30 Gramm Mehl und 50 Gramm Butter heiß gemacht; dann 7 Deciliter Bouillon hinzugethan und umgerührt, bis es zu kochen anfängt, nachdem wird es vom Feuer zurückgezogen und zugedeckt. Nun werden drei Dutzend Austern mit dem Salzwasser in einer Kasserolle heiß gemacht, dann abgetropft und beputzt, das heißt man läßt die Nuß unberührt und legt sie wieder in ihr eigenes Wasser. Von dem vorher Gekochten werden drei gute Löffel voll genommen, mit dem Wasser der Austern vermischt, zu einer Sauce eingekocht, dann durchgegossen und die Austern in dieser Sauce wieder erwärmt.

Weiße Rüben mit Zucker. — Dieselben werden gereinigt und in Butter geschwenkt, wenn sie braun sind, mit Zucker bestreut, etwas Bouillon und Salz hinzugefügt und langsam weich gekocht.

Meerrettig-Sauce. — 100 Gramm geriebener Meerrettig werden mit einem Liter kochender Sahne vermischt, etwas gesalzen und zu Tisch gegeben.

19. November.

Suppe Baraquine.
Hecht à la Clermont.
Junger Hase à la minute.
Gänseleber-Pastete.
Aspic von Krebsen.
Crême à la Chantilly.

Suppe Baraquine. — Gute Kraftbrühe wird mit Tapioca vermischt in eine Terrine gegossen, in der bereits Stücke von einer Poularde und Scheiben Trüffeln sind.

Hecht à la Clermont. — Nachdem von einem großen Hecht die Haut abgezogen ist, wird er in Stücke geschnitten und in Oel mit Citronensaft, Zwiebeln und Petersilie marinirt. Eine halbe Stunde vor dem Anrichten werden die Stücke in fein geriebener Semmel gewälzt und mit Oel angefeuchtet, darauf geröstet. Wenn der Fisch gar ist, wird er in seiner ursprünglichen Form auf einer Schüssel angerichtet und mit Karpfenmilch umgeben. Eine Sauce maître d'hôtel wird dazu herumgereicht. Der Kopf, welcher apart gekocht ist, wird angelegt.

Junger Hase à la minute. — Nachdem die Haut abgezogen und der Hase ausgenommen ist, wird er in Stücke geschnitten und mit Salz, Pfeffer und Gewürzen in Butter geschwitzt. Dann wird Bouillon, Weißwein, Champignons, fein gehackte Schalotten und Petersilie hinzugefügt und der Hase wird damit fertig gekocht.

Die dreihundert sechs und sechzig Menus.

20. November.
Menu für Fasten.

Suppe mit Kohl (garbure), mager.
Rothfische in Kästchen.
Vol-au-vent mit Quenelles von Stör.
Kriechente gebraten.
Eier auf Spargel geschlagen.
Kuchen mit Rum.

Suppe mit Kohl (garbure), mager. — Man schwitze Kohl in Butter, Zwiebeln, Carotten und Sellerie und wenn die Gemüse sich ansetzen wollen, wird Bouillon zugegossen und müssen sie darin noch kochen. Um die Suppe zu verbessern, kann man noch Karpfen, Schleie ꝛc., Alles recht frisch, darin kochen, salze sie, gieße sie durch und verfahre im Uebrigen wie bei der fetten Garbure, nur, daß hier der Kohl mit Butter statt mit Speck gekocht wird, und daß dazu statt der Bouillon Wasser genommen wird.

Vol-au-vent mit Quenelles von Stör. — Das Fleisch vom Stör wird zu gleichen Theilen mit Butter und Mitonnage zusammengemischt und wird dieses ebenso zubereitet wie die gewöhnlichen Quenelles; nur beim Salzen nehme man hierzu feines Gewürz und etwas feine Kräuter, welche vorher in Butter geschwitzt sind.

Sauce diplomate. — Eine Bechamelle wird mit Sahne und mit Coulis von Krebsen gemischt.

Sauce à la Cardinal. — Dieses ist eine Sauce mit Krebsen und Bouillon.

21. November.

Purée von trockenen Erbsen.
Zungenfisch à la Colbert.
Hammel-Cotelettes à la Soubise.
Auerhahn gebraten.
Sellerie mit Jus und Trüffeln.
Torten mit Sahne und Reis.

Auerhahn gebraten. — Dieser wird zum Braten wie der Fasan zugerichtet und ebenso sorgfältig gespickt. Der Braten darf nicht frisch sein, aber auch nicht so lange gehangen haben, daß er übel riecht.

Crême mit Teig von Maismehl. — Ein Deciliter Milch wird aufgekocht, dann werden 60 Gramm Maismehl in einem Deciliter kalter Milch klar gerührt und zwei Eigelb hinzugethan. Zu der kochenden Milch werden 50 Gramm Zucker, 60 Gramm Butter und eine Messerspitze Salz hinzugerührt, die Kasserolle dann vom Feuer genommen und unter fortwährendem Umrühren das aufgelöste Maismehl hinzugethan, die Kasserolle wiederum auf das Feuer gesetzt und wenn Alles fünf Minuten gekocht hat, wird der Inhalt in eine Assiette gegossen und so lange gequirlt, bis er erkaltet ist.

22. November.

Suppe à la Bagration.
Matelote à la marinière.
Rebhühner à l'anglaise.
Schinken gebraten.
Spinat mit Jus.
Bavarois mit Marasquin.

Suppe à la Bagration. — Mit Suppe aus dem Suppentopf wird Fisch-Essenz vermischt, Beides muß mit einander ziehen; dann wird das Fett abgenommen, klar gequirlter Gries, sowie Eigelb und Sahne hinzugethan. In die Terrine werden Stücke Zungenfisch, in Butter geschwitzte Gemüse, sowie eine hinreichende Anzahl ebenfalls gekochter Krebsschwänze gelegt und die Suppe darauf gegossen. Apart werden dazu in Butter gebratene Croutons herumgegeben.

Rebhühner à l'anglaise. — Diese werden mit einer Farce gefüllt, welche aus den Lebern der Hühner, Butter, Salz und Pfeffer bereitet wird; dann werden die Hühner in ein Butterpapier gewickelt und an den Spieß gesteckt. Nachdem sie dreiviertel Stunden gebraten haben, werden sie abgenommen, das Fleisch von den Knochen abgehoben, aber ohne es abzulösen, dazwischen wird eine Farce geschoben, welche aus geriebener Semmel, Butter, Salz, Pfeffer, gestoßener Muskatenuß, gehackten Schalotten, Petersilie und Zwiebeln besteht. Damit gefüllt, werden die Hühner in Bouillon und Weißwein fertig gekocht, aber ohne den Deckel aufzulegen. Wenn die Sauce eingekocht ist, wird sie mit Citronensaft abgeschärft.

Aspic von Krebsen. — Die Krebse werden mit verschiedenen Gemüsen zu einem Aspic eingekocht. Hat man denselben aus der Form auf eine Schüssel gethan, so wird er mit Blumenkohl und geschnittenem Spargel garnirt und eine Mayonnaisen-Sauce darüber gegeben.

23. November.

Suppe mit Tapioca.
Rostbeef mit Bohnen-Purée.
Fette Lebern mit Périgueux.
Haselhuhn gebraten.
Kleine Bohnen mit Lactuke.
Bavarois mit Orangenwasser.

Fette Lebern mit Périgueux. — Hierzu nimmt man sieben Lebern von Poularden, weil sie nicht die mindeste Bitterkeit haben, spickt sie mit Trüffeln, legt sie dann in eine Kasserolle auf Speckstreifen, fügt gutes Mirepoix, ein Glas Weißwein, Kraftbrühe, ein wenig Salz, eine Carotte, einige Zwiebeln, von denen eine mit Nelken gespickt ist, ein Bouquet Petersilie, weiße Zwiebeln, ein Lorbeerblatt und etwas Knoblauch hinzu. Die Lebern werden wieder mit Speckstreifen und einem runden Papier bedeckt, und so müssen sie eine Viertelstunde tüchtig kochen. Nachdem sie dann abgetropft sind, werden sie mit einer Trüffel-Sauce angerichtet. Ganz nach der Angabe des Receptes zu verfahren, ist nur zu empfehlen.

Haselhuhn gebraten. — Nachdem dasselbe gepflückt, ausgenommen, gespickt und gebunden ist, wird es in 20 Minuten am Spieß gebraten, kurz vor dem Anrichten mit Salz bestreut und mit dem eigenen Jus zu Tisch gegeben. In England schneidet man das Haselhuhn, sobald es gebraten ist, in Stücke, dann wird es auf einer Schüssel angerichtet, die weniger guten Stücke und die Magen liegen unten, die Brust und die anderen Stücke darauf. Dieses glacirt man entweder mit Fleisch-Jus oder giebt es einfach mit seinem eigenen Jus zu Tisch.

Die breihundert sechs und sechzig Menus. 329

24. November.

**Suppe mit Maccheroni und Parmesankäse.
Kabeljau farcirt.
Kalbsmilch mit Spargel.
Keule von gebratenem Frischling.
Chicorien mit Sahne.
Kuchen mit Rum.**

Kabeljau farcirt. — Man nehme einen guten Kabeljau, welcher recht weiß ist und koche ihn in Court-Bouillon, löse dann obenauf das Fleisch ab und lege dasselbe auf eine Serviette. Nun wird eine Farce von Dorsch oder Flußfisch gemacht und der Kabeljau damit gefüllt, nachdem erst mit einer Scheere sorgfältig alle Gräten herausgeschnitten sind. Das abgelöste Fleisch wird dann wieder übergedeckt. Der Kabeljau wird mit Semmel bestreut, mit einem Butterpapier umwickelt und im Ofen gebraten, darauf das Papier abgenommen und der Fisch auf einem Ragout von Fischmilch wie folgt angerichtet: In Butter werden Petersilie, Zwiebeln, auch das Innere von Artischoken, die Krebse und die Fischmilch geschwitzt, dann mit vier Eigelb abgerührt, sowie ein wenig Essig hinzugefügt.

Sauce chaud-froid von Rebhühnern oder Belassinen. — Spanische Sauce wird mit der Brühe, worin Rebhühner gekocht sind, eingekocht, durch ein Sieb gegossen, mit braunem Fleisch-Jus vermischt und für den Gebrauch aufbewahrt.

---

25. November.

Suppe à la Soubise.
Hecht gratinirt.
Fasan gedämpft.
Junger Hase gespickt und gebraten mit Pfeffer-Sauce.
Cardons (Art Artischoken) mit Käse.
Crêpes mit Mais.

Zwiebeln-Purée à la Soubise. — Ungefähr dreißig geschälte und gehackte weiße Zwiebeln werden in einem Tiegel in Butter oder Gänseschmalz geschwitzt; die Zwiebeln dürfen aber nicht braun werden. Dann werden zwei oder drei Löffel Purée von weißen Bohnen, etwas gestoßene Muskatennuß hinzugethan und Alles durch ein Sieb gerührt. Zur Suppe à la Soubise reicht es hin, wenn das Purée mit so viel Bouillon als nöthig ist, verdünnt und dieselbe mit gebratenen Croutons angerichtet wird.

Fasan gedämpft. — Der Fasan wird gepflückt und ausgenommen, die Keulen werden kreuzweise übereinander gesteckt, gebunden, gespickt, mit Salz, Pfeffer und Gewürz bestreut, mit Speckstreifen umwickelt und zusammengebunden, auch der Magen gespickt. Nun werden Speckstreifen und der Fasan in eine Kasserolle gelegt, worin derselbe mit Weißwein und Bouillon, von jedem die Hälfte, zwei Stunden kochen muß. Nachdem der Fasan aufgebunden und abgetropft ist, wird er mit einer Sauce von Wildpret angerichtet.

Crêpes mit Mais. — 90 Gramm Maismehl werden in zwei Deciliter Milch klar gerührt, ein Löffel Olivenöl, ein ganzes Ei und eine Messerspitze Salz hinzugefügt. Alles wird gut durcheinander gerührt und benutzt man diesen Teig ebenso wie zu den gewöhnlichen Crêpes.

26. November.

**Suppe mit italienischen Nudeln und Sauerampfer.
Gans gedämpft.
Kleine Pasteten à la bourgeoise.
Chateaubriand garnirt mit rohen gebratenen Kartoffeln.
Krebse.
Madelaine mit Orangenwasser.**

Kleine Pasteten à la bourgeoise. — Von Butterteig werden mit einem Pastetenstecher kleine, runde Stücke geschnitten, wie sie gewöhnlich zu den Pasteten nöthig sind. Die Hälfte davon wird auf ein Blech gelegt, die Ränder derselben werden angefeuchtet und in die Mitte eines jeden Stücks Butterteig wird Farce von fetten oder mageren Quenelles, wie eine Wallnuß groß, gelegt. Auf diese Farce wird die andere Hälfte des Butterteigs gelegt, die Ränder gut auf einander gepaßt, jede Pastete mit Eigelb bestrichen und eine Viertelstunde im Ofen gebacken. Diese kleinen Pasteten dienen als warmes Zwischengericht.

Kartoffeln roh gebraten. — Nachdem die Kartoffeln abgeschält sind, werden sie, damit sie nicht gleich in zu große Hitze kommen, wodurch sie auswendig braun würden und inwendig hart blieben, in mäßig warmer Butter gebraten. Erst nach und nach wird die Butter heißer gemacht und die Kartoffeln darin fertig gebraten. Sie werden dann abgetropft, etwas mit Salz bestreut und heiß zu Tisch gegeben.

27. November.

Suppe mit Brod.
Gekochtes Rindfleisch mit Sauce Robert.
Meerbrassen mit Weißwein.
Pfau gebraten.
Artischoken à la barigoule.
Pfannkuchen.

Meerbrassen mit Sauce Robert. — Dieselben werden geschuppt, ausgenommen und in schräge Streifen geschnitten. Diese Stücke werden in einer Kasserolle, die groß genug ist, daß erstere nicht auf einander zu liegen brauchen, mit hinreichendem Weißwein, Salz, Pfeffer, Petersilie, Thymian, Lorbeerblatt, Knoblauch und 100 Gramm Zwiebeln gekocht. Wenn die Fische weich sind, wird etwas Roux mit 100 Gramm Butter und etwas Mehl hinzugethan und man läßt sie noch zwanzig Minuten darin ziehen. Dann werden die Fische auf einer Schüssel angerichtet, die Köpfe in die Mitte, die übrigen Stücke darumgelegt, die Sauce wird durchgegeben und, nachdem etwas gehackte Petersilie hinzugefügt, darübergegossen.

Ragout von Zwiebeln. — Nachdem die Zwiebeln sorgfältig geschält sind, werden sie mit Schinken-Essenz und Kalbfleischbrühe langsam zwanzig Minuten gekocht. Wer es liebt, kann dieses Ragout noch mit etwas englischem Pfeffer vermischen.

Die dreihundert sechs und sechzig Menus.

28. November.

Suppe mit Sellerie-Purée.
Steinbutte à la hollandaise.
Hammelrücken mit Purée von weißen Rüben.
Ortolanen gebraten in bedeckter Kasserolle.
Kartoffeln sautirt.
Nougat.

———

Steinbutte à la hollandaise. — Eine Steinbutte, wenn sie gut sein soll, muß dick und der Bauch gelblich-weiß sein; ist dieser bläulich-weiß, so taugt sie nichts. Die Steinbutte wird ausgenommen, geputzt und muß zwei Stunden in kaltem Wasser wässern; dann wird sie in ihren Kessel gelegt und ganz mit Salz bestreut. Eine Stunde nachher wird sie mit kochendem Wasser auf das Feuer gesetzt und muß, je nachdem, 20 bis 24 Minuten ziehen, dann ist sie fertig gekocht. Wenn die Steinbutte abgetropft ist, wird sie auf einer Serviette, mit ganzer Petersilie und abgekochten Kartoffeln umgeben, angerichtet. Zu gleicher Zeit wird eine „holländische" und eine „Sauce von Krabben" herumgegeben. Um der Steinbutte ein besseres Ansehen zu verschaffen, kann man unter die Serviette ein großes, rundes Stück Brod legen und obenauf die Steinbutte.

Ortolanen gebraten in zugedeckter Kasserolle. — Es genügt, wenn man sie wie die Ortolanen am Spieß zu braten vorbereitet; sie werden mit Butter in einer zugedeckten Kasserolle unter öfterem Bewegen derselben gebraten, wozu einige Minuten hinreichen.

29. November.

Suppe mit Kastanien-Purée.
Kabeljau-Sauce mit Eiern.
Ravioles (italienische Speise) gratinirt.
Hammelkeule wild zubereitet.
Champignons à l'italienne.
Eier mit Schnee.

Suppe mit Kastanien-Purée. — Ein Kastanien-Purée wird mit Purée von Wildpret vermischt, mit Bouillon verdünnt, in bain-marie heiß gemacht und über gebratene Croutons angerichtet.

Ravioles (italienisches Gericht) gratinirt. — 125 Gramm Kalbfleisch, eben so viel Kuh-Euter und halb so viel Bratwurstfleisch, 100 Gramm Rindermark oder Kalbsnierenfett und feine Kräuter werden zusammen gehackt; dann wird Alles in einer Satte mit ein wenig blanchirtem Spinat, welcher in Butter geschwitzt wird, und etwas Salz gerieben, bis es halb erkaltet ist. Nun wird noch Quarkkäse durch ein Tuch gedrückt und hinzugethan, ebenso werden noch zwei Eigelb und das zu Schnee geschlagene Weiße der Eier dazugerührt. Von diesem Teig werden kleine Pasteten geformt wie die Rissoles, in kochendem Wasser einige Minuten gekocht, dann auf eine Schüssel zum Gratiniren gelegt, mit Parmesan- und Schweizerkäse bestreut und mit etwas gutem Fleisch-Jus obenauf kurze Zeit in den Ofen geschoben.

30. November.

Menu für Fasten.

Braune Suppe mit Linsen-Purée.
Karpfen à la russe.
Croquettes von Reis mit Parmesankäse.
Barbe mit Remuladen-Sauce.
Grüne Erbsen (conservirt) mit Butter.
Kartoffel-Salat mit Trüffeln.
Kuchen à la Saint-Charles.

Karpfen à la russe. — Ein nicht zu großer Karpfen wird geschuppt, ausgenommen, gesalzen, mit Mehl bestreut und mit hinreichender Butter und Weißwein gekocht. Nachdem derselbe gekocht ist, wird er auf eine Unterlage von Sauerkohl gelegt, mit glacirten Zwiebeln, Champignons, in Scheiben geschnittenen Pfeffergurken garnirt und eine Meerrettig-Sauce dazu gegeben. Dieses russische Gericht ist eine Abwechselung in unserer Küche.

Kartoffel-Salat mit Trüffeln. — Die Kartoffeln werden, nachdem sie gekocht sind, in Scheiben geschnitten; auch in Weißwein gekochte Trüffeln werden in feine Scheiben geschnitten und abwechselnd mit den Kartoffeln, eine Lage von diesen und eine Lage Trüffeln, in eine Salatschüssel gelegt. Obenauf kommt eine Lage Trüffeln mit kleinen, gekochten Zwiebeln garnirt, Streifen Sardellen, gefüllte Oliven, Salz, Pfeffer, Oel und Essig. Man gebe den Salat gut durchgemengt zu Tisch.

1. December.

Suppe mit italienischen Pasteten.
Frische Heringe à la bruxelloise.
Civet von Reh.
Puter mit Trüffeln.
Chicorien mit Sahne.
Aepfel à la Condé.

Puter mit Trüffeln gebraten oder gedämpft. — Nachdem der Puter zugerichtet ist, als ob er am Spieß gebraten werden solle, macht man eine Farce von weißem Geflügel, fetten Lebern, klein geschnittenem Speck, einigen Trüffeln, Salz, Pfeffer und Lorbeerblättern, läßt Alles zusammen eine halbe Stunde kochen, und nachdem es abgekühlt ist, wird der Puter damit, sowie mit drei Dutzend ausgesuchten Trüffeln gefüllt; dann wird er zugenäht und mit dieser Füllung bleibt der Puter mehrere Tage, je nach der Witterung, liegen. Nun wird er gespickt, in Butterpapier gehüllt und gebraten; wenn er fast weich ist, gebe man ihm mehr Hitze, damit er braun wird. Zu diesem Braten giebt man eine aus dem Jus des Puters mit gehackten oder in Scheiben geschnittenen Trüffeln zubereitete Sauce. Ein so gefüllter Puter kann auch gedämpft werden; nur muß dann das Geflügel sowohl wie die Leber und der Speck in große Stücke geschnitten werden.

Frische Heringe mit Mostrich. — Die besten Heringe sind diejenigen, welche recht voll sind. Nachdem sie ausgenommen, gewaschen und obenauf gemustert sind, wie dies bei den Stockfischen geschieht, werden sie in Olivenöl, Salz und Pfeffer marinirt, hierauf schnell geröstet und mit einer „weißen Sauce", zu der ein Theelöffel Mostrich gerührt ist, zu Tisch gegeben.

Die dreihundert sechs und sechzig Menus.

2. December.

Suppe mit gelben Erbsen.
Zungenfisch à la Colbert.
Junger Hase in Salat.
Rostbeef am Spieß.
Rothe Rüben à la poitevine.
Speise von Schweizerkäse.

Junger Hase in Salat. — Das Fleisch von einem jungen Hasen wird abgelöst, in Scheiben geschnitten und in Oel, Essig mit Salz, Pfeffer, Estragon, Pimpernelle und gehacktem Schnittlauch marinirt. Dann wird das Herz von Lactuke in vier Theile geschnitten in eine Salatschüssel gelegt und die Stücken Hase darauf, unterbrochen von in Stücke geschnittenen Sardellen, einer Anzahl Kapern, gehackten Eiern, welche vorher hart gekocht sind, rothen Rüben, Körbel und Pimpernelle, Alles fein gehackt. Oben auf wird ein Kranz von dem Innern der Lactuke gelegt, von welcher jede vorher in vier Theile geschnitten sein muß.

Rothe Rüben à la poitevine. — In Roux werden in Scheiben geschnittene gekochte rothe Rüben mit ebenfalls gekochten und gehackten Zwiebeln und etwas Gewürz warm gemacht. Kurz vor dem Anrichten wird ein Löffel Essig hinzugefügt.

Speise von Schweizerkäse. — In einer Kasserolle wird ein knappes Glas Wasser mit 100 Gramm frischer Butter und ein wenig Salz auf das Feuer gesetzt; sobald es zu kochen anfängt, thut man 200 Gramm Mehl hinzu und unter beständigem Umrühren noch vier Eigelb. Wenn das Weiße der Eier zu Schnee geschlagen ist, wird es nach und nach mit 100 Gramm geriebenem Schweizerkäse zu der Masse gerührt. Wenn Alles gut durchgerührt ist, wird der Teig in Form eines Kranzes auf eine Blechplatte gelegt, oben auf recht fein geschnittene, mit Eigelb bestrichene Stücke Käse, und dann im Ofen 25 Minuten gebacken. Diese Speise von Käse ist überaus schmackhaft.

3. December.

Suppe à la grecque.
Stinte und Gründlinge in der Pfanne gebraten.
Kalbs=Cotelettes en papillotes.
Rehkeule gebraten.
Trüffeln mit Champagner.
Gebäck.

Suppe à la grecque. — Zu einer braunen Suppe wird ein Erbsen=Purée gefügt, in diese Melange werden Stücke von braisirtem Hammelfleisch gethan, sowie von dem Fond, in welchem das Hammelfleisch gekocht ist. Vor dem Anrichten wird das Fett abgenommen.

Kalbs=Cotelettes en papilottes. — Erst werden die Cotelettes in Oel mit feinen Kräutern, gehackten Champignons, Salz, Pfeffer, Citronensaft und ein wenig Essig marinirt, dann in ein geöltes Papier gewickelt und in der Marinade gebraten. Sie werden ohne Sauce mit dem Papier angerichtet.

Trüffeln mit Champagner. — In eine Kasserolle wird Kalbfleisch und Schinken gelegt, darauf die geschälten Trüffeln mit einem Bouquet, einigen Champignons, Salz, Pfeffer und zerlassenem Speck, darüber Speckstreifen, nun wird Champagner hinzugegossen. Wenn die Trüffeln gekocht sind, werden sie mit ihrer eingekochten und durchgegossenen Sauce angerichtet.

Gekochte Marinade. — Man läßt Butter zergehen, thut eine Zwiebel, eine in feine Scheiben geschnittene Carotte, Lorbeerblatt, Knoblauch, Petersilie und Pfeffer hinein, läßt Alles mit Bouillon oder Wasser und Essig kochen und gießt es dann durch.

Die dreihundert sechs und sechzig Menus.

4. December.

Braune Suppe.
Zander mit brauner Butter.
Hammelrücken à l'anglaise.
Lerchen geröstet.
Purée von Selleriewurzeln.
Fladen von Frangipane mit Rindermark.

Fladen von Frangipane mit Rindermark. — In eine Kasserolle werden 150 Gramm Mehl, 6 Gramm Butter, 7 Deciliter Milch und etwas Salz gethan; vorher werden Eier mit dem Mehl zusammengerührt, dann kommt die Milch hinzu, wobei man vermeiden muß, daß das Mehl sich nicht klar rührt. Wenn Alles gut mit einander vermischt ist, wird die Kasserolle vom Feuer genommen, aber immer noch mit einem Löffel umgerührt und ab und zu auch wieder warm gestellt. Zu diesem Teig werden dann 150 Gramm geriebener Zucker, 100 Gramm Rindermark (das Mark ist gehackt und in Milch zergangen), dann 30 süße und 10 gestoßene bittere Mandeln und ein Glas Madeira-Wein hinzugefügt. Nun wird eine Fladen-Form mit Butter ausgestrichen, Blätterteig in acht Lagen hineingelegt, darauf der Crème gegossen, im Ofen gebacken und glacirt heiß zu Tisch gegeben.

Sauce chaude-froid von Geflügel. — Eine Partie Velouté wird mit Essenz von Geflügel eingekocht, mit Eigelb abgezogen, durch ein Sieb gerührt, mit etwas weißem Fleisch-Gelée vermischt und gebraucht.

5. December.

Suppe mit indianischen Vogelnestern.
Poupiettes von Stockfisch.
Poularde à la Montmorency.
Hammelkeule gebraten.
Weiße Bohnen mit Jus.
Kruste mit Madeira.

Suppe mit indianischen Vogelnestern. — Zu dieser Suppe rechnet man auf die Person ein Nest. Während 24 Stunden werden sie in frischem Wasser gewässert, dann auf eine Serviette gelegt, gereinigt, die Federn, wenn noch welche daran kleben sollten, abgenommen, sowie von Allem gesäubert, was etwa noch daran hängen könnte. Dann wird das Nest verschiedene Male in kaltem Wasser gewaschen, auf mäßigem Feuer drei Viertelstunden in Kraftbrühe gekocht und etwas Cayenne-Pfeffer und so viel Kraftbrühe, als für die Anzahl der Gäste nöthig ist, hinzugethan. Die Kraftbrühe, welche hierzu expreß gekocht wird, muß sehr stark und mit Geflügel-Essenz vermischt sein, auch muß man sorgfältig darauf achten, daß die Brühe hell und klar bleibt, denn nur solche giebt dieser Suppe den feinen Geschmack, wodurch sie ihren Ruf erlangt hat.

Kabeljau mit Eier-Sauce. — Mit einer Carotte und etwas Speck wird der in Stücke geschnittene Kabeljau gefüllt, dann in Salz und Wasser gekocht, abgetropft und mit einer Eier-Sauce angerichtet. Apart werden noch zerlassene Butter, sowie in Wasser und Salz abgekochte Kartoffeln herumgegeben.

6. December.

Suppe mit Sauerampfer und Sahne.
Barbe mit Butter-Sauce.
Lerche au chasseur.
Roſtbeef à l'anglaise.
Salat von rothem Kohl.
Bavarois mit Kaffee.

Suppe mit Sauerampfer und Sahne. — Sauerampfer wird in Butter geſchwitzt, dann etwas Mehl und Waſſer hinzugefügt, ſowie Salz und Pfeffer. Beim erſten Aufkochen werden Eier, welche mit Sahne gequirlt ſind, hinzugethan und dieſe vorzügliche Suppe auf Brod in die Terrine gegoſſen.

Lerche au chasseur. — Nachdem Scheiben Speck und Saucischen in einer Kaſſerolle erwärmt ſind, werden die Lerchen mit Champignons darauf gelegt, etwas Mehl darüber geſtreut, Wein hinzugethan und hinreichend geſalzen. Die Sauce wird durchgegoſſen, das Fett abgenommen und dazu gegeben. Um die Lerche à la chipolata zu bereiten, genügt es, wenn zu der obigen Zubereitung noch geröſtete oder in der Aſche gebratene Kaſtanien gefügt werden.

Paſtete von Zungenfiſch. — Nachdem 1 Kilo Aal gekocht iſt, löſt man das Fleiſch von den Gräten ab, thut die letzteren mit Salz und Pfeffer in das Waſſer, worin der Aal gekocht iſt, läßt daſſelbe bis auf ein Glas einkochen und gießt es durch. Dann wird das Fleiſch vom Aal gehackt und geſtoßene Citronenſchale, ſowie gehackte Peterſilie, Sardellen, Salz, Pfeffer und 25 Gramm Butter hinzugefügt. Alle dieſe Ingredienzen werden gut gemiſcht und in den Paſtetenteig gethan. Nun wird das Fleiſch von zwei ſchönen Zungenfiſchen abgelöſt, auf die Farce in die Paſtete gethan und dieſelbe geſchloſſen. (Engliſche Küche.)

7. December.

Suppe mit Reis und Coulis von Krebsen.
Rothfische geröstet à la maître d'hôtel.
Kalbsnuß à la Godard.
Hase gebraten.
Champignons gefüllt.
Gelée mit Rum.

Coulis von Krebsen. — 30 kleine Krebse werden mehrere Male gewaschen, in Wasser gekocht, dann die Schwänze und Scheeren ausgebrochen und das Uebrige mit 12 süßen Mandeln gestoßen. Nun schneidet man 725 Gramm gutes Kalbfleisch mit Scheiben Schinken, Zwiebeln, Carotten und eingeweichtem Weißbrod recht klein und schwitzt es in zerlassenem Speck mit Mehl. Wenn es recht durchzogen ist, wird Bouillon, Salz, Pfeffer, Nelken, Basilienkraut, Petersilie, kleine Zwiebeln, Champignons, Trüffeln und Brodkruste hinzugethan, und wenn dieses zusammen gezogen hat, werden die gestoßenen Krebse hinzugefügt, eine Weile darin auf dem Feuer gelassen und dann Alles durch ein Sieb gerührt. Die Hinzufügung von Krebs-Coulis giebt jeder Suppe einen vorzüglichen Geschmack, sei sie mit Reis, Pasteten, ja selbst nur mit Croutons gekocht; die Coulis werden auch zu verschiedenen Ragouts und warmen Pasteten benutzt, ebenfalls zu einigen Zwischengerichten von Gemüsen, als Artischoken, Blumenkohl ꝛc.

Cardons mager gekocht. — Die Cardons werden gewaschen, in Stücke geschnitten, in Wasser und Salz mit einem Löffel Mehl dazu gekocht. Sind diese gekocht, so läßt man sie abtropfen und giebt sie mit einer „weißen Sauce".

Die dreihundert sechs und sechzig Menus. 343

8. December.

Puchero.
Zander geröstet.
Hirschbraten à l'anglaise.
Gefüllte Champignons.
Pfannkuchen mit Aepfeln.

Puchero. — Man thue in einen irdenen Schmortopf, welcher fünf bis sechs Liter enthält, ein Kilo Rinderschwanzstück und vier Liter Wasser, das sorgsam geschäumt werden muß. Nachdem es eine Stunde gekocht hat, wird eine Hand voll Kichern-Erbsen, welche schon seit dem Tage vorher in Wasser eingeweicht sind, hinzugethan. Nach einer Stunde werden noch 250 Gr. petit salé, eine Garnirung gut gewaschene Carotten, Lauch, ein Bouquet, Petersilie, Körbel und etwas Knoblauch hinzugefügt. Drei Viertelstunden vor dem Anrichten endlich werden noch Scheiben Schinken, sowie ein gutes Stück Fleisch mitgekocht. Salz und Pfeffer wird nach Geschmack dazugethan. Zum Anrichten lege man feine Stücke Braten in eine Suppenterrine und gieße die Suppe durch ein Sieb darauf. Zu gleicher Zeit wird mit Bouillon durchzogenes Brod auf eine Schüssel gelegt, hiernach die in der Suppe gekochten Gemüse und auf diesen das Suppenfleisch angerichtet.

Salat von Rothkohl à la russe. — Ein Kopf Rothkohl wird, nachdem er recht klein geschnitten ist, in Salzwasser aufgekocht, dann in kaltes Wasser gelegt, abgetropft und in eine Assiette mit Essig, Salz und Estragon gelegt. Unterdeß wird Eigelb mit einem halben Glase Sahne klar gerührt und Salz, Pfeffer, Essig, gehackter Estragon und Körbel hinzugethan. Zu dieser Melange wird der Kohl mit etwas feingeschnittenem Rettig gemengt.

9. December.

Suppe à la paysanne.
Stinte in der Pfanne gebraten.
Rinderschwanzstück mit gebratenen Kartoffeln.
Trappe à la russe.
Maccheroni à l'italienne.
Croquettes von italienischen Nudeln.

Kalbsniere sautirt. — Nachdem die Haut abgezogen und das Fett abgeschnitten ist, wird die Niere in Butter mit gekochten Champignons, gehackten Schalotten, Petersilie, Salz, Pfeffer und gestoßener Muskatennuß und etwas Mehl sautirt, sowie Weißwein und ein wenig spanische Sauce, mit der sie einkochen muß, hinzugefügt. Kurz vor dem Anrichten wird etwas gute Tischbutter und ein wenig Citronensaft hinzugethan.

Huhn marinirt. — Ein Huhn wird gebraten, dann in Stücke geschnitten und dieselben mit Essig, Salz, Pfeffer und gehackten feinen Kräutern eine Stunde marinirt. Dann müssen die Stücke abtropfen und auch noch abtrocknen. Nun werden sie in einen Teig, zu dem zwei Eier gequirlt sind, zum Braten gewickelt, in der Pfanne gebraten und mit gebratener Petersilie zu Tisch gegeben.

Trappen à la russe. — Junge Trappen werden zurechtgemacht und gesengt, dann macht man kleine Einschnitte in das Fleisch, thut Butter in dieselben, streut Salz und Pfeffer darüber, bindet feine Speckstreifen herum, umhüllt sie mit feinem Blätterteig, legt sie in eine Pfanne, bestreicht sie mit Ei und bäckt sie im Ofen. In einer Saucière wird die eingekochte Sauce dazu herumgegeben.

10. December.
Menu für Fasten.

Suppe mit weißen Zwiebeln.
Lachs geräuchert.
Stör en matelote.
Croquettes von Kartoffeln mit Bechamelle.
Nordische Ente (pilet) gebraten.
Omelette russisch mit Maismehl.
Madelaines mit Orangenwasser.

Stör en matelote. — Kleine Scheiben Weißbrod werden in Butter geschwitzt und wenn sie gelbbraun sind, abgetropft. Dann wird ein Stück Stör in recht feine Scheiben geschnitten, eine Viertelstunde mit Butter, Salz und Pfeffer auf das Feuer gesetzt, stets umgewendet, dann aus der Butter genommen und in zwei Gläsern Rothwein mit gehackter Petersilie, Zwiebeln und Schalotten gekocht. Nach einer Viertelstunde werden die Stücke wieder in Butter, Salz und Pfeffer geschwitzt, Kapern hinzugefügt, auf einer Schüssel auf das gebratene Weißbrod gelegt, die Sauce durch ein Sieb gerührt und übergegossen.

Omelette russisch mit Maismehl. — Zwei Löffel Maismehl werden in zwei Gläsern Wasser oder Milch klar gerührt, dann acht Eier, Salz und Pfeffer hinzugequirlt und in eine Pfanne, worin Butter zerlassen ist, gegossen. Wenn die Omelette gelbbraun ist, läßt man sie auf eine Schüssel gleiten und thut vorsichtig zerlassene Butter darüber.

11. December.

Suppe mit Purée à la Crécy.
Grondins mit Kapern-Sauce.
Rebhühner à la parisienne.
Roſtbeef gebraten.
Salat von Brunnenkreſſe mit Aepfeln.
Charlotte von Aepfeln und Vanille.

Rebhühner à la parisienne. — Die Rebhühner werden in Butter geſchwitzt, aber noch ehe ſie braun ſind, wird Kraftbrühe, ſpaniſche Sauce und Weißwein hinzugegoſſen. Wenn die Rebhühner drei Viertelſtunden damit gekocht haben, wird die Sauce eingekocht, kurz vor dem Anrichten noch friſche Butter hinzugefügt, durch ein Sieb gerührt und über die Rebhühner gegoſſen.

Sauce mit Purée von weißen Zwiebeln. — Eine hinreichende Anzahl weiße Zwiebeln wird in Scheiben geſchnitten und in Kalbfleiſchbrühe mit Salz und Pfeffer gekocht, das Purée dann durch ein Sieb gerührt. Wenn man das Purée braun haben will, werden die Zwiebeln erſt in Butter gebräunt.

Rothkelchen. — Die Vögel werden in Streifen Kuh-Euter gewickelt, geröſtet oder in Käſtchen gebraten, dann kommt oben auf eine Farce von Quenelles, welche in Rindermark mit feinen Kräutern ſautirt iſt, etwas Citronenſaft und geriebene Semmel. Man ißt die Rothkehlchen gebraten oder auch als Salmis.

Salat von Brunnenkreſſe mit Aepfeln. — Die Brunnenkreſſe wird verleſen, gewaſchen und abgetropft, mit recht fein geſchnittenen Aepfeln gemiſcht, etwas geſalzen und im Uebrigen wie jeder gewöhnliche Salat behandelt.

---

12. December.

Suppe mit Reis.
Hammelkeule braisirt.
Lerchen als Cotelettes.
Hummer à la bordelaise.
Spinat mit Velouté.
Vanille-Eis.

Lerchen als Cotelettes. — Man nimmt das Fleisch und die Magen der Lerchen, formt daraus so viel als möglich Cotelettes, hüllt sie in einen Teig, nachdem sie mit Salz bestreut sind, brät sie und richtet sie kranzförmig an. Hierzu kann jede beliebige Sauce gegeben werden.

Hummer à la bordelaise. — Die Hummer werden in acht schräge Stücke geschnitten und die Scheeren ausgenommen, jedoch ohne sie zu zerbrechen. Dann werden die Stücke mit Weißwein, Knoblauch, Lorbeerblatt, Thymian, ganzer Petersilie, Salz und Pfeffer gekocht, stets umgerührt, nach fünf Minuten vom Feuer genommen und jedes Stück abgetrocknet. Nun wird Butter mit Zwiebeln, Schalotten und etwas Mehl in eine Kasserolle gethan, auch etwas Roux und ein Theil von der Brühe, worin die Hummer gekocht sind. Nachdem Alles zehn Minuten unter Umrühren gekocht hat, wird noch Sauce tomate mit Cayenne-Pfeffer hinzugethan, um dieser Speise einen recht scharfen Geschmack zu geben. Wenn die Sauce hinreichend gekocht hat, wird ein wenig Wasser hinzugenommen und die Stücke Hummer hineingelegt. Beim Anrichten wird ein Stück über das andere gelegt, die Scheeren oben auf und die Sauce darüber gegossen.

13. December.

Suppe Livonien.
Thunfisch in der Pfanne gebraten.
Fricassée von Huhn.
Hirsch=Filet gebraten.
Champignons gratinirt.
Brioche mit Crême.

Suppe Livonien. — Carotten, weiße Rüben, Sellerie, Petersilie, Lauch und Zwiebeln werden blanchirt, dann in Butter geschwitzt und zwei Hände voll Reis, sowie Wasser oder Bouillon hinzugefügt. Alles wird zusammen gekocht, dann durch ein Sieb gerührt, wieder auf das Feuer gesetzt, Eier mit Sahne klar gerührt hinzugethan und auf gebratenen Croutons angerichtet.

Thunfisch in der Pfanne gebraten. — Der Fisch wird in Scheiben wie drei Finger dick geschnitten und zwei oder drei Stunden in Olivenöl mit Salz, Pfeffer, Citronensaft und gehackter Petersilie marinirt, hierauf in der Pfanne mit ein wenig Olivenöl langsam auf beiden Seiten gebraten. Eine Remuladen=Sauce wird darüber gegeben.

Hirsch=Filet gebraten. — Nachdem es vorher geputzt ist, wird es fein gespickt, in Weißwein, Essig, einem starken Bouquet und gespickten Zwiebeln 48 Stunden marinirt, dann abgetropft und am Spieß gebraten. Das Filet wird mit seiner Marinade begossen und mit einer Pfeffer=Sauce, welche mit dem Jus der Bratpfanne vermischt ist, angerichtet.

14. December.

Suppe à la Saint-Germain.
Reis mit brauner Butter.
Gänsekeulen geröstet à la lyonnaise.
Rinder-Filet gebraten.
Sellerie mit Jus.
Madelaines.

Suppe à la Saint-Germain. — Die Suppe besteht aus einem Purée von frischen grünen Erbsen, einigen ganzen Schoten und etwas Körbel. Im Winter ersetzt man die grünen Erbsen durch getrocknete, welche mit Sahne ausgequollen sind und einige conservirte grüne Erbsen.

Gänsekeulen geröstet à la lyonnaise. — Sechs große in Scheiben geschnittene Zwiebeln werden in Schweineschmalz gebraten und wenn sie braun sind zurückgezogen, aber warm gehalten. Ebenfalls werden in Schweineschmalz drei oder vier Gänsekeulen erwärmt, dann abgetropft, auf einer Schüssel angerichtet, mit den gebratenen Zwiebeln garnirt und einer Pfeffer-Sauce oder Sauce piquante zu Tisch gegeben.

Hase gebraten à la finnoise. — Carotten, weiße Rüben, Lorbeerblättter 2c. werden in Butter geschwitzt. Halb Essig und halb Wein wird kochend über einen zurechtgemachten Hasen gegossen, der nun mit feinen Kräutern gespickt in einem hermetisch verschlossenen Gefäß 12 oder 14 Stunden mariniren muß, worauf er mit seiner Marinade, sowie mit einigen Löffeln Sahne begossen und so am Spieß gebraten wird.

15. December.

Suppe à la Colbert.
Coulibiac von Aal.
Hammel-Cotelettes à la financière.
Rebhühner gebraten.
Cardons à l'italienne.
Pfannkuchen à la Chantilly.

Coulibiac von Aal. (Russische Küche.) In eine Kasserolle werden 250 Gramm Mehl, ein Glas laue Milch und etwas Hefe gethan, Alles mit einem Holzlöffel so lange gerührt, bis es ein flüssiger Teig geworden ist und dieser dann zugedeckt an einen warmen Ort gestellt. Nachdem er aufgegangen, werden 250 Gramm Mehl, dieselbe Quantität zerlassene Butter und sechs ganze Eier hinzugethan und zusammen tüchtig gerührt. Hält man den Teig für gut, was man daran erkennen kann, wenn er nicht mehr am Finger klebt, wird er auf einen mit Mehl bestreuten Tisch gelegt, mit Mehl bestreut, in eine Schüssel gethan und wieder auf eine warme Stelle gesetzt. Nach drei oder vier Stunden kann der Teig benutzt werden.

Pfannkuchen à la Chantilly. — 500 Gramm feinstes Mehl, drei Eier, 65 Gramm gehacktes und geriebenes Rindermark, auch drei kleine recht frische Sahnenkäse werden zusammen gerieben, dann etwas Weißwein, sowie 32 Gramm gestoßener Zucker nebst etwas Salz hinzugefügt und die Pfannkuchen wie gewöhnlich recht langsam gebacken.

Kalbfleisch (amourettes) gebraten. — Nachdem das Fleisch geputzt ist, wird es in Stücke von gleicher Länge geschnitten, dieselben in Wasser mit Essig marinirt, dann abgetropft, mit Mehl bestreut und in der Pfanne gebraten.

16. December.

Suppe mit Ravioles.
Geschmortes Kalbfleisch.
Dorsch mit feinen Kräutern.
Hasenrücken (râble) gebraten.
Purée von Selleriewurzeln mit Croutons
Kuchen à la Saint-Louis.

Geschmortes Kalbfleisch. — Ein Bruststück oder ein Stück aus der Keule wird blanchirt, mit Mehl bestreut und in einer Kasserolle mit Salz, Pfeffer, einem Bouquet, weißen Zwiebeln und Wasser auf das Feuer gesetzt. Wenn das Fleisch weich ist, wird noch ein gutes Stück frische Butter, etwas gestoßene Muskatennuß, zwei Eigelb und etwas Essig hinzugethan.

Farce mit Eiern. — Die Farce wird von einer Omelette gemacht, welche mit harten Eiern und Mitonnage (siehe das Recept) gerieben wird. Verbunden wird der Teig durch zwei frische Eigelb und dem zu Schnee geschlagenen Eiweiß.

Kuchen à la Saint-Louis. — 200 Gr. Mehl, 100 Gr. Butter, Salz und ein wenig Wasser werden mit 50 Gramm gestoßenen und ausgepreßten Mandeln gerieben, dann kommen zwei Eiweiß, sowie 5 Gr. Butter, 50 Gr. Mehl, 100 Gr. Zucker und später das zu Schnee geschlagene Weiß von zwei Eiern hinzu. Dieser Teig wird in eine mit Butter ausgestrichene Form gethan, obenauf mit gehackten Mandeln bestreut und im Ofen gebacken. Wenn der Teig gut ist, wird er aus der Form auf eine Schüssel gethan, mit Zucker glacirt und warm oder kalt zu Tisch gegeben.

17. December.

Suppe von Linsen-Purée.
Rothfische in Kästchen.
Savarin von Hammel.
Wilde Enten gebraten.
Kruste mit Champignons gefüllt.
Vanille-Crême.

Vanille-Crême. — In fünf Deciliter kochende Sahne wird zwanzig Minuten Vanille gethan, zugedeckt gehalten und dann herausgenommen. Nun werden zwölf Eigelb und ein ganzes Ei mit 250 Gramm geriebenem Zucker, sowie etwas Salz gerührt und nach und nach mit der Sahne, in welcher die Vanille gewesen ist, verbunden, hierauf dieser Crême in eine mit zerlassener Butter ausgestrichene Form gethan und in bain-marie gekocht. Sobald sich der Crême leicht von der Form loslöst, ist Alles gut. Während des Kochens muß die Form bedeckt gehalten und auch einige Kohlen auf den Deckel gethan werden. Zur Sauce werden kurz vor dem Anrichten acht Eigelb mit 280 Gramm geriebenem Zucker, etwas Salz, fünf Deciliter Sahne und etwas Vanille auf dem Feuer gerührt, aber ohne dies kochen zu lassen. Diese Sauce wird über den Crême gegossen.

Savarin von Hammel. — Das ist ein neuer Name, welcher dem alten Gericht Bohnen mit Hammelfleisch gegeben ist.

Die dreihundert sechs und sechzig Menus.

18. December.

Kraftbrühe mit italienischen Pasteten.
Godiveau von weißem Geflügel und Trüffeln.
Hirschkeule à la Saint-Hubert.
Fasan gebraten.
Spinat à l'anglaise.
Pfannkuchen.

Godiveau von weißem Geflügel mit Trüffeln. — 500 Gramm weißes Geflügel werden mit 150 Gramm Rinderfett gehackt und dann mit vier Eigelb, Salz und Gewürz gerieben. Dann wird diese Masse zwei Stunden in Eis oder an einen kühlen Ort gestellt, abermals mit Fleisch-Glace gerieben, um sie geschmeidiger zu machen, hierauf mit vier Löffeln gehackter Trüffeln nebst zwei Löffeln Velouté in eine Assiette gethan und so von dieser Farce die Quenelles gemacht.

Hirschkeule à la Saint-Hubert. — Das Fleisch wird in große Stücke geschnitten, gespickt, in eine Kasserolle mit zerlassener Butter oder Speck gelegt, dazu halb Bouillon, halb Rothwein, Salz, Pfeffer und ein Bouquet. Hat es eine Weile damit gekocht, wird Roux, ein Stückchen Zucker, in Scheiben geschnittene Pfeffergurken hinzugefügt und angerichtet. Nach Jägergebrauch gehören zu diesem Ragout, welches eigentlich stets den Tag nach Saint-Hubert gegessen wird, noch schöne gedörrte Catharinen-Pflaumen, die mit dem Wildpret zugleich gekocht werden.

19. December.

Suppe mit geröstetem Brod.
Rindfleisch mit glacirten Zwiebeln.
Hirn mit Sauce matelote.
Brod von Rebhühnern.
Fisch in der Pfanne gebraten.
Macedoine von Gemüsen.
Pfannkuchen mit Maismehl.

Hirn mit Sauce matelote. — Nachdem das Hirn vorher gereinigt, marinirt und, wie es zum Kalbskopf au naturel angegeben, gekocht ist, läßt man dasselbe in einer Sauce matelote ziehen.

Brod von Rebhühnern. — Man macht ein Purée von Rebhühnern, fügt Eigelb hinzu und rührt Alles durch ein Sieb; dann wird das Purée in eine mit Butter ausgestrichene Form gethan und eine halbe Stunde in bain-marie gekocht. Dieses sogenannte Brod wird auf eine Schüssel gelegt und eine Sauce, welche aus spanischer Sauce und Wildpret-Essenz besteht, darüber gegossen.

Pfannkuchen mit Maismehl. — 250 Gramm Butter, ein Stück Zucker, so groß wie eine Nuß, und ein halbes Deciliter Wasser werden auf dem Feuer gerührt. Wenn es zu kochen anfängt, wird es abgenommen, ganz langsam 60 Gramm Maismehl, welches in Wasser klar gequirlt sind, hinzugefügt, wieder auf das Feuer gesetzt und noch 70 Gramm Mehl hinzugerührt, dann wieder vom Feuer zurückgezogen, aber nun auf eine warme Stelle gesetzt. Nach einer Viertelstunde, wenn der Teig trocken geworden ist, wird er noch mit drei Eiern durchgearbeitet. Sollte der Teig zu dicht sein, wird noch ein Ei mehr genommen und im Uebrigen wie jeder Pfannkuchenteig behandelt.

20. December.

Menu für Fasten.

Suppe von italienischen Nudeln (Semoule).
Farcirter Kohl à la russe.
Grillvögel mit Trüffeln.
Zungenfisch farcirt.
Pudding von weißen Rüben.
Mandelkuchen.

———

Kohl farcirt à la russe. — Eine kleine Zwiebel wird in Butter geschwitzt, ohne sie braun werden zu lassen; dann werden Champignons, gehackte Petersilie, Salz, Pfeffer, Muskatennuß, sowie einige Löffel Semoule hinzugefügt und die Farce vom Feuer genommen. Die schönsten Blätter des Kohls werden nicht abgelöst, die anderen je nach der Größe in vier oder in acht Theile geschnitten, blanchirt und abgetropft. Die harten Theile von jedem Kohlblatt werden etwas beschnitten, zwischen jedes Blatt Farce gethan, auch etwas Salz und Pfeffer darüber gestreut, hierauf der Kohl in die reservirten Blätter gewickelt, dann gebunden und in einer Kasserolle mit verschiedenen Gemüsen, einem Bouquet, Butter nebst hinreichendem Wasser gekocht. Nachdem er gekocht ist, läßt man ihn abtropfen und giebt ihn mit zerlassener Butter, welche apart in einer Saucière herumgegeben wird, zu Tisch.

Grillvögel mit Trüffeln. — Nachdem die Vögel gesengt und ausgenommen sind, werden sie mit geschälten Trüffeln in Butter geschwitzt; dann wird Roux und Weißwein hinzugethan und diese darin fertig gekocht. Die Vögel nebst den Trüffeln richtet man zusammen auf einer Schüssel an, die Sauce wird durchgerührt; wenn sie zu lang ist, nochmals eingekocht und nun darüber gegossen.

21. December.

Suppe mit Reis und Erbsen.
Kleine Forellen gekocht mit Sauce von Krabben.
Hammelfleisch braisirt.
Puter mit Trüffeln.
Sellerie mit Jus.
Pfannkuchen mit Aepfeln.

Puter mit Trüffeln. — Nachdem die Trüffeln gereinigt sind, werden sie in Speck geschwitzt, dann kalt gestellt, um sie mit gut gehacktem und gesalzenem Speck zu vermischen. Ein sorgsam zurechtgemachter Puter wird mit dieser Farce, sowie mit Trüffeln gefüllt, mit Butterpapier umhüllt, in eine Serviette gewickelt und so acht Tage liegen gelassen. Vor dem Anrichten nun wird er gespickt und mit einem Butterpapier obenauf gebraten.

Pfannkuchen mit Aepfeln. — Schöne Reinetten werden in vier Theile geschnitten, die Kerne herausgenommen und in Wasser mit Zimmt und Citronen marinirt. Kurz bevor man die Aepfel braucht, werden sie abgetropft, in einen Teig zum Backen gehüllt, schön gelb-braun in der Pfanne gebacken, wiederum abgetropft, auf eine Schüssel gelegt, mit Zucker bestreut, im Ofen glacirt und geschmackvoll arrangirt zu Tisch gegeben.

Sauce zu allen Restern Braten. — Dieses ist eine Sauce Robert, zu der Eigelb, ein wenig Essig und ein wenig Mostrich gethan wird. Ehe die Sauce kocht, wird der Braten hineingelegt und darin nur erwärmt, aber ohne zu kochen.

22. December.

Suppe mit Sago.
Chateaubriand mit Sardellen-Sauce.
Hammelfuß gebraten.
Lerche geröstet.
Kartoffeln à la Macaire.
Kuchen à la Saint-Charles.

Lerche geröstet. — Diese Art der Zubereitung ist schnell und für die Küche sehr bequem. Die Lerchen werden, nachdem sie zurechtgemacht sind, auf beiden Seiten geröstet, aber ehe sie gar sind, abgenommen. Nun werden sie in eine Pfanne mit Butter gelegt und fertig gebraten, indem sich ihr eigener Jus so mit der Butter vermischt. Sie werden auf gebratenen Semmelscheiben angerichtet.

Hammel-Cotelettes à la financière. — Diese Cotelettes werden gespickt, braisirt (siehe braisirt) und auf einem Ragout à la financière angerichtet.

Kuchen Saint-Charles. — 250 Gramm süße Mandeln werden abgezogen und gestoßen, wobei man sie mit zwei Löffel Orangenwasser, Eiweiß und etwas geschabter Citronenschale anfeuchtet. Nun werden vier Eigelb nebst 250 Gramm geriebenen Zucker darunter gerührt und wenn die Masse so viel als möglich verbunden ist, so kommt der Schnee von vier Eiweiß hinzu. Dies Alles wird in eine Form gegossen, welche von Blätterteig mit einem etwas starken Rand gemacht ist, damit nichts überfließen kann. Der Kuchen wird in einen mäßig heißen Ofen geschoben, mit einem Papier bedeckt, und wenn er anfängt, braun zu werden, wird er zu Tisch gegeben.

23. December.

Suppe à la paysanne.
Kalbsnuß mit Purée von Sauerampfer.
Karpfen geröstet.
Hirschkeule gebraten.
Spinat mit Jus.
Kuchen à la Saint-Honoré.

Kalbsnuß mit Purée von Sauerampfer. — Nachdem der Sauerampfer gewaschen, abgetropft und stark ausgedrückt ist, wird er in kochendem Wasser mit Salz abgewellt. Nach zehn Minuten, in denen der Sauerampfer sich abgekühlt hat, wird er mit Roux und Bouillon gekocht, durch ein Sieb gerührt, der jetzt nur noch ziehen darf. Nachdem der Sauerampfer ganz weich ist, wird er wieder durchgerührt und ein wenig Fond, worin Kalbsnuß braisirt ist, hinzugethan; beim Anrichten wird er unter die Nuß gelegt.

Hirschkeule à l'anglaise. — Die Knochen der Hirschkeule werden herausgenommen, das Fleisch tüchtig geklopft und mit Salz bestreut; dann wird ein Teig von Mehl, Salz, ganzen Eiern, sowie ein wenig Wasser gemacht, und hat sich derselbe wohl eine Stunde recht tüchtig abgekühlt, wird er recht dünn gemangelt. Nun wird das Fleisch mit Speckstreifen umhüllt, mit Salz und Pfeffer bestreut, in den Teig, der nur aus einem Stück bestehen muß, gewickelt, aber so, daß nirgend eine Oeffnung bleibt. Die Ränder müssen mit Wasser angefeuchtet und auf einander geklebt werden, darüber wird noch Butterpapier gewickelt und das Fleisch an den Spieß gesteckt. Wenn es gebraten ist, wird das Papier abgenommen. Ist der Teig ein wenig braun geworden, so wird der Braten sorgfältig vom Spieß genommen und mit einer Pfeffer- oder Johannisbeer-Sauce angerichtet. Auch kann die Keule auf diese Art im Ofen gebraten werden.

24. December.

Reis à la Crécy.
Roche mit feinen Kräutern.
Hasenklein (civet).
Gans gebraten und mit Kastanien gefüllt.
Haberwurzel gebraten.
Brioche mit Sahne.

Brioche mit Sahne. — Diese wird aus 500 Gramm Mehl, 10 Gramm Salz, 15 Gramm geriebenem Zucker, 6 Eiern, $1/2$ Liter Schlagsahne und etwas frischer Butter zusammengesetzt. Das Mehl wird durchgesiebt auf den Tisch gethan, davon ein Viertel genommen, in die Mitte ein Loch gemacht, in das man ein wenig Hefe mit etwas laulichter Milch gethan, und so einen Teig davon macht, den man zum Aufgehen auf eine heiße Stelle setzt. Während dieser Zeit wird in den Rest des Mehls ebenfalls ein Loch gemacht, in welches Salz, Zucker, Butter nebst zwei Eiern gethan werden und dies Alles tüchtig durchknetet. Während dieser Verarbeitung werden nach und nach noch 6 Eier dazu genommen. Hat der Teig sich leicht gezogen, so wird die Schlagsahne in zwei Absätzen hinzugerührt, dann wird dieser Teig mit dem ersten aufgegangenen zusammengeknetet, der nun drei Stunden auf einer warmen Stelle stehen bleibt. Nach dieser Zeit wird eine Farce mit Butter ausgestrichen, der Teig mit einem Löffel geklopft in die Form gethan und in den Ofen geschoben. Sobald die Brioche steigt, wird die Form herausgenommen und zu Tisch gegeben.

Sauce matelote. — Kleine Zwiebeln läßt man in Butter schwitzen, fügt Roux, Bouillon und Weißwein, Beides zu gleichen Theilen, sowie Salz, Pfeffer und ein Bouquet hinzu, dann wird die Sauce aufgekocht und durchgegossen, fügt noch blanchirte Zwiebeln und Champignons dazu, worauf die Sauce zum Gebrauch fertig ist.

25. December.

Suppe mit Purée von Lauch.
Matelote von Aal.
Geflügel zerschnitten und sautirt.
Hammel-Filet gebraten.
Kruste mit Champignons gefüllt.
Aepfel in Krustade.

Geflügel zerschnitten und sautirt. — Nachdem ein oder mehrere Stück Geflügel zerschnitten sind, wird die Haut abgezogen und die Sehnen werden herausgenommen. Nun wird eine Ecke des Küchentisches feucht gemacht, darauf die Stücke Geflügel je zwei und zwei über einander gelegt, mit einer Hand festgeklopft und mit der andern wird ein Messer zwischen den Tisch und das Stück Fleisch geschoben; durch die Feuchtigkeit bleibt auf diese Weise die zweite Haut an der Tischplatte sitzen. Kurz vor dem Gebrauch werden die Stücke Geflügel auf beiden Seiten in Butter gebraten, dieselben dann, nachdem sie abgetropft sind, kranzförmig auf einer Schüssel, mit gebratenen Croutons von frischem Brode unterbrochen, angerichtet. In die Mitte wird entweder eine „deutsche" oder eine „italienische Sauce" gegossen; eine Bechamelle oder ein Purée von Wildpret wird auch wohl hinzugethan.

Roux hell. — Ungefähr ein halbes Kilo Butter wird zerlassen und viel Weizenmehl hinzugefügt, damit das Roux recht dick wird. Nun wird es auf dem Feuer gerührt und sobald es anfängt sich zu färben, läßt man es zugedeckt stehen, bis es schön gelb-braun ist. Das Roux wird dann herausgenommen und für den Gebrauch aufbewahrt.

26. December.

Suppe von Kraftbrühe mit Quenelles.
Heringe geräuchert à la Bruxelles.
Huhn à la Marengo.
Schweine-Filet gebraten.
Aepfel sautirt.
Gelée mit Marasquin.

Heringe geräuchert à la Bruxelles. — Die Heringe werden durch Dampf oder auf dem Rost heiß gemacht, dann die Haut abgezogen, in Stücke geschnitten und in geölte Kästchen gelegt, einer neben dem andern geordnet. Zwischen jedes Stück Hering wird frische Butter, sowie gehackte feine Kräuter, Champignons, Petersilie, Zwiebeln, Schalotten, selbst etwas gehacktes Knoblauch, Salz und Pfeffer gethan, mit etwas Olivenöl angefeuchtet, mit geriebener Semmel bestreut und schnell auf dem Rost gebraten. Mit Citronensaft werden sie zu Tisch gegeben.

Huhn à la Marengo. (Anderes Recept.) — Die Hühner werden wie zu einem Fricassée in Stücke geschnitten, in einem Tiegel mit Butter, etwas Jus, Schinken, einigen Scheiben Zwiebeln, Salz und Pfeffer geschmort, und wenn die Hühner, sowie die Zwiebeln weich sind, wird noch Citronensaft hinzugethan.

Kräuter-Sauce (ravigote) provençale. — Man läßt zwei Löffel Kraftbrühe mit zwei Stück Knoblauch, einem garnirten Bouquet und etwas kleinen Nelken aufkochen. Wenn dies eingekocht ist, wird das Knoblauch und das Bouquet herausgenommen, dann zwei Löffel Estragon-Essig, sowie ein Löffel Fleisch-Glace hinzugefügt. Sobald die Sauce eingekocht ist, wird sie durchgegossen, noch fein gehackter Estragon und Körbel, auch ein Stück frische Butter, so groß wie eine Nuß, damit verbunden und angerichtet.

27. December.

Suppe à la Baraquine.
Bouchées von Austern.
Steinbutte mit Sauce von Krabben.
Rinder-Filet gebraten und mit einem Ragout à la financière garnirt.
Pfau gebraten oder gedämpft.
Kruste mit Champignons.
Bavarois glacirt.

Pfau gebraten. — Der Pfau wird nicht gepflückt, sondern mit aller möglichen Sorgfalt ihm die ganze Haut abgezogen, Hals und Kopf conservirt, der Magen sehr fein gespickt und ebenfalls am Spieß gebraten. Zum Anrichten wird dem Pfau die ganze Haut wieder übergezogen, Kopf und Hals mit einem Draht befestigt und der Schwanz als Fächer ausgebreitet. Der Pfau wird kalt gegessen, wozu auch die andere Art, ihn zu dämpfen, zu empfehlen ist, bei der er dann mit einer vorzüglichen Farce gefüllt wird. Man hat zu seinem Ausputz viel Zeit nöthig und ist er dann ein vorzüglicher Schmuck der Tafel.

Ragout à la financière. — Etwa 100 Gramm in kleine Würfel geschnittener roher Schinken wird mit vorzüglichen Champignons und Trüffeln, einem garnirten Bouquet, einigen Pfefferkörnern, Weißwein und eben so viel Bouillon bis auf die Hälfte eingekocht. Während dieses Kochens wird in einer andern Kasserolle Roux mit Bouillon bis zur Hälfte ebenfalls eingekocht, dann die obige Schinken-Essenz hinzugefügt, durch ein Sieb gegossen und das Fett abgenommen. Aus dieser Zubereitung besteht die Sauce financière, zu welcher nur, wenn es ein Ragout werden soll, fette Lebern, Nieren, Hahnenkämme, Quenelles von Geflügel, Champignons und Trüffeln gethan werden.

Die dreihundert sechs und sechzig Menus. 363

28. December.

Purée von weißen Rüben mit Croutons.
Wassermuscheln à la Villeroi.
Cotelettes vom Reh sautirt.
Poularde gebraten.
Trüffeln unter der Asche gebraten.
Darioles mit Reis.

Sauce Villeroi. — Auf dem Feuer wird Mehl in Butter gerührt und Bouillon hinzugethan, vorher Schinken, mit Nelken gespickte Zwiebeln, Champignons und ein garnirtes Bouquet hinzugefügt, 25 Minuten zusammen gekocht, dann durchgegossen und mit Eigelb, welches mit Sahne gequirlt ist, abgezogen.

Cotelettes vom Reh sautirt. — In zerlassene Butter werden die mit Salz und Pfeffer bestreuten Cotelettes gelegt, schnell auf beiden Seiten gebraten, auf der einen Seite aber weniger braun, als auf der andern. Nun wird etwas Mehl in Butter gethan, sowie halb Bouillon und halb Weißwein, gehackte Schalotten, Petersilie, einige blanchirte Champignons und die Cotelettes hineingelegt. Nach drei oder vier Minuten werden sie herausgenommen, kranzförmig auf einer Schüssel angerichtet und die Sauce, wenn sie durch ein Sieb gerührt ist, darüber gegossen.

Trüffeln unter der Asche gebraten. — Die dazu geeigneten Trüffeln werden in mit Salz und Pfeffer bestreute Speckstreifen gewickelt und jede nach und nach mit einem Butterpapier, welches in Wasser getaucht war, bedeckt. So werden sie in recht heiße Asche gelegt, nach einer Viertelstunde herausgenommen, die beiden ersten Blätter Papier abgenommen und mit den beiden andern zu Tisch gegeben.

29. December.

Suppe mit Tapioca à la Crécy.
Brassen geröstet mit Mayonnaise.
Hammelkeule von sieben Stunden.
Bekassinen in Salmis mit Cognac.
Pudding von weißen Rüben.
Macedoine von Früchten mit Champagner.

Bekassinen in Salmis mit Cognac. — Diese Zubereitung wird erst gemacht, wenn die Bekassinen zu Tisch gegeben werden sollen. Sie werden gebraten, zerschnitten, mit Cognac auf ein Kohlenbecken gesetzt, Salz, Pfeffer, gehackte Schalotten, Weißwein, Citronensaft und ein wenig Butter hinzugethan, mit geriebener Semmel bestreut, darin man sie durchziehen läßt, wozu zehn Minuten hinreichen. Die Stücke werden beim Kochen umgewendet und dann sogleich zu Tisch gegeben.

Pudding von weißen Rüben. — Große weiße Rüben werden, nachdem sie gereinigt, blanchirt und abgetropft sind, in kleine Scheiben geschnitten, in Butter geschwenkt, dann mit Salz, Pfeffer und ein wenig Zucker bestreut, in eingekochter Bechamelle aufgekocht und durch ein Sieb gegossen. Nun werden einige Eier in dies Purée gerührt, dieses dann in eine mit Butter ausgestrichene Form gethan und in bain-marie gekocht. Wenn der Pudding gar ist, wird er auf eine Schüssel gestürzt und das Innere mit kleinen, in Bechamelle gekochten Rüben oder auch anderen Gemüsen ausgefüllt. Es ist gut, den Teig zu kosten, ehe er in die Form gethan wird; wenn es nöthig ist, thut man noch ein oder zwei Eier hinzu. Auch einige Löffel Sahne kann man hinzuthun und können statt der Rüben auch Kürbis, Carotten, Spinat ꝛc. genommen werden.

30. December.

Menu für Fasten.

Suppe von Fischen mit Kräutern.
Croquettes von Reis mit Parmesankäse.
Kriechente in Stücke geschnitten mit Sardellen.
Hecht mit Kräuter-Sauce (ravigote) à la provençale.
Purée von gratinirten Kartoffeln.
Orangen-Gelée.

Suppe von Fischen mit Kräutern. — Bouillon von Fischen wird warm gemacht und sobald sie kocht, Folgendes hinzugethan: das Innere von Lactuke, Körbel, Sellerie und Sauerampfer, Alles mit dem Messer gehackt. Wenn die Kräuter gekocht sind, wird Eigelb mit kochender Bouillon gequirlt, die Suppe damit abgezogen, durch ein Sieb gerührt und in die Suppenterrine gegossen, in welcher bereits Scheiben Weißbrod, welche in Butter geröstet sind, liegen.

Kriechente in Stücke geschnitten mit Sardellen. — Das Fleisch von Kriechenten oder auch von Rothfischen, welche zu Dreiviertel gar gebraten sind, wird abgelöst, in eine Pfanne gelegt, in welcher Butter nebst geriebenem Parmesankäse ist, auf jedes Stück eine Sardelle gelegt, etwas Kraftbrühe hinzugegossen, mit geriebener Semmel und Parmesankäse bestreut und im Ofen gebraten. Später wird etwas Citronensaft darüber gethan.

Purée von gratinirten Kartoffeln. — Die Kartoffeln werden abgeschält, gewaschen und mit ein wenig Wasser, Salz und Muskatennuß ungefähr eine halbe Stunde gekocht. Wenn sie gar sind, werden sie mit einem hölzernen Löffel gequetscht, ein Stück Butter hinzugefügt und im Ofen gebräunt.

31. December.

**Bisque von Krebsen.
Huhn mit Reis.
Zungenfisch en turban.
Wilder Schweinskopf.
Salat von Gemüsen.
Mandelkuchen.**

Wilder Schweinskopf. — Man präparire folgendes Pökel=
salz: In Salzwasser läßt man Lorbeerblätter, aromatische Pflanzen,
Nelken ꝛc. kochen und dann erkalten, nach diesem wird eine Mari=
nade von Weißwein, Zwiebeln, aromatischen Pflanzen, Carotten,
Salz, Pfeffer und Gewürz gemacht. Dann schneidet man einen
Schweinskopf dicht an den Schultern ab und sengt ihn so, daß
auch nicht das Mindeste daran bleibt. Mit einem heißen Drahte
werden die Ohren und Nasenlöcher gereinigt, hierauf wird er ge=
waschen und abgeschabt, aber ohne die Haut zu zerreißen, dann
unterhalb der Schnauze so viel als möglich die Knochen herausge=
nommen. Das gethan, wird der Kopf auf einen Tisch gelegt,
alles Fleisch abgelöst, in Stücke getheilt und geglättet. Die Haut
wird in das oben angegebene Salzwasser gelegt und das Fleisch
in die Marinade. Nach 24 Stunden, in welcher Zeit Alles
öfter umgewendet ist, läßt man Haut und Fleisch abtropfen,
trocknet es ab und breitet Beides auf einem Tuche aus.
Während der 24 Stunden koche man Stücke Kalbfleisch,
weißes Geflügel mit Rebhühnern, ein oder zwei gepökelte
Zungen, Trüffeln und in Scheiben geschnittenes Kalbfleisch, ver=
mische dies mit dem gehackten Gerippe der Rebhühner und dem
gehackten Geflügel, welche ebenfalls mit Kalbfleisch und Speck
gekocht sind. Mit dieser Farce fülle man die Schweinshaut
einen Centimeter dick, lege darauf die marinirten Stücke Fleisch
und wechsele so mit der Füllung ab, indem man die Zwischen=
räume mit Farce ausgefüllt. Wenn Alles gefüllt ist, wird die
Haut zugenäht und dem Kopf seine ursprüngliche Form wieder=
gegeben, derselbe in eine Serviette gebunden und mit Mirepoix
und Madeira=Wein gekocht. Wenn er gekocht ist, läßt man ihn

Die dreihundert sechs und sechzig Menus.

abtropfen und bindet ihn mit einem langen breiten Bande, welches bei der Schnauze anfängt und oben auf dem Kopfe endet. Den Tag darauf wird der Kopf aufgebunden, geputzt, mit Schweineschmalz bestrichen, mit geriebenem Brod bestreut und auf eine Schüssel gelegt. — Eine noch einfachere Art, den Schweinskopf zu bereiten, ist, wenn man ihn erst einige Stunden wässert, dann in ein Tuch bindet mit Salz, Gewürz, Lorbeerblättern, Thymian, Basilikum, Wachholderbeeren, in einem Kessel mit Wasser ankocht und, nachdem er geschäumt ist, Essig, sowie mehrere Flaschen Wein hinzugießt. Ist der Kopf weich, so zieht man ihn vom Feuer zurück, läßt denselben in seiner Brühe erkalten und giebt ihn kalt mit einer Cumberland- oder Remulanden-Sauce.

Sauce béarnaise. — Vier oder fünf Eier werden auf dem Feuer gerührt, dann eben so viel Fleisch-Jus, ohne ihn kochen zu lassen, hinzugethan, sowie der Saft von zwei Citronen, die Essenz von sieben oder acht Schalotten, die man erhält, wenn sie gerieben durch ein Tuch gepreßt werden, und endlich ein Tropfen Essig, welcher die Sauce béarnaise vollendet.

Sauce mit Kari. — 75 Gramm Butter werden mit Mehl von Kari heiß gemacht, bis das Mehl anfängt braun zu werden, dann wird Velouté und Bouillon hinzugefügt, statt Velouté kann auch Jus oder von der Brühe des Bratens, wozu die Sauce gegeben werden soll, genommen werden. Wenn die Sauce eingekocht ist, wird sie durchgegossen und in bain-marie warm gehalten. Beim Anrichten wird noch ein Stück Butter hinzugefügt und wenn die Sauce zu nüchtern schmeckt, etwas Cayenne-Pfeffer daran gethan.

Ende
der dreihundert sechs und sechzig Menus.

Inhalts-Verzeichniß.

Suppen.

	Seite
Suppe à la Condé	1
„ à la julienne	2
„ braune, mit italienischen Pasteten	3
„ von Brodrinde	4
„ von Carotten-Purée	5
„ mit Brod	6
„ mit Maccheroni und Parmesankäse	7
„ à la parisienne	8
„ Colbert	9
Reis mit Mandelmilch	10
Suppe mit kleinen Zwiebeln	11
„ à la Faubonne	12
„ paysanne	13
„ mit Tapioca	14
„ braune, mit Reis	16
„ mit Einlauf	17
„ à la Crécy	18
„ mit Lauch	19
„ mit Kräutern	20
„ à la française	21
„ mit italienischen Pasteten	22
„ mit Erbsen	23
„ mit Reis	25
„ von falscher Schildkröte à la française	26
„ mit Kruste von Brod	27
„ mit Bandnudeln (aux lazagnes)	28
„ von Kraftbrühe mit Quenelles	29
„ von Purée von weißen Rüben	30
„ von Purée und mit Croutons	31
Suppe mit Krebsen	32
„ mit Fadennudeln	33
„ mit Reis und Körbel	35
„ mit Semoule (italienischen Nudeln) und Sauerampfer	37
„ mit Sago	38
„ von Kartoffel-Purée	39
„ à la julienne (mager)	41
„ mit Kastanien-Purée	44
„ mit Purée von Artischoken	47
„ mit Reis von Kari	49
„ mit Kohl	56
„ von Purée mit Erbsen und Reis	57
„ mit Reis	58
„ mit Lactuke	59
„ mit grünen Erbsen und Reis	60
„ à la Monaco	70
„ von Reis mit Körbel	82
Französische Bouillon	86
Frühlingssuppe	86
Kraftbrühe mit Körbel	88
Suppe mit gerösteten Croutes	93
„ mit Quenelles und Geflügel	100
Kraftbrühe mit Bandnudeln (aux lazagnes)	113
Suppe mit Wirsingkohl	129
„ mit Kräutern	141
„ mit kleinen Erbsen	152
„ Solferino	153
„ mit Purée von Linsen	158
„ mit verlorenen Eiern	159

Inhalts-Verzeichniß.

	Seite
Suppe à la Brisse	166
„ von Kraftbrühe mit verlorenen Eiern	181
„ von Wurzeln	182
„ mit Purée von Bohnen	184
„ mit Purée von Carotten	192
„ à la reine	207
„ mit Reis und Fleischbrühe (pilau fett)	215
„ mit Chicorien à la Colbert	216
„ à la savoyarde	229
„ à la Nimoise	233
„ mit Reis und Kürbis	234
„ napolitaine	238
„ mit Reis à la turque	239
„ mit Kichererbsen	240
„ mit Kraftbrühe von Fischen	243
„ bisque mit Reis	246
„ mit Kräutern à la provençale	249
Suppe mit Purée von Rebhühnern	252
Schildkrötensuppe (Mockturtle)	259
Suppe mit Profiteroles	266
Hammel-Bouillon	268
Suppe à la Gouffé	278
„ mit Purée von Wildpret	292
„ von Ochsenschwänzen	293
„ mit Schinken-Purée	322
„ Baraquine	324
„ mit Kohl (garbure), mager	325
„ à la Bagration	327
„ mit Kastanien-Purée	334
„ à la grecque	338
„ mit indianischen Vogelnestern	340
„ m. Sauerampfer u. Sahne	341
„ Puchero	343
„ Livonien	348
„ à la Saint-Germain	349
„ von Fischen mit Kräutern	365

Fische.

	Seite
Barbe à la béchamel	1
Aal à la minute	2
Kabeljau mit Sahne	3
Stockfische mit feinen Kräutern	4
Hecht mit Sauce von Sardellenbutter	5
Gebratener Karpfen	8
Aal à la Souffren	9
Karpfen blau	10
Makrelen geröstet à la maître d'hôtel	11
Barbe geröstet mit Sauce tartare	11
Barbe mit Sauce diplomate	13
Barbe à la Sainte-Menehould	15
Gebratener Dorsch	16
Karpfen à la Chambord	18
Rothfische in Kästchen	20
Hecht blau	20
Barbe mit Kraftbrühe	23
Stockfisch à la Conti	25
Stinte geröstet	26
Zungenfisch à la Orly	28
Forellen à la Saint-Florentin	29
Schleie à la poulette	34
Barbe mit Kapern-Sauce	36
Schleie geröstet	40
Darne von gebratenen Seefischen	41
Hecht mit Meerrettig-Sauce	42
Darne von Karauschen geröstet à la maître d'hôtel	43
Stockfisch gratinirt	44
Meerbarbe mit zerlassener Butter	45
Barbe à la Conti	50
Barbe marinirt	51
Kabeljau mit Kartoffeln	52
Maifisch geröstet mit Sauerampfer	53
Forelle in Court-Bouillon	55
Karpfen gedämpft	61
Barbe à la béchamel	64
Maifisch mit holländischer Sauce	65
Lampreten à l'italienne	67
Aal à l'anglaise	68
Roche mit brauner Butter	68
Aal geröstet mit Sauerampfer	70
Hecht farcirt und am Spieß gebraten	70

Inhalts-Verzeichniß.

	Seite
Kabeljau mit holländischer Sauce	72
Stör in Court-Bouillon	74
Maifisch gebraten	75
Zungenfisch in Stücken à l'italienne	75
Plattfisch geröstet	76
Forellen à la Chambord	77
Aal au soleil	78
Schleie in Court-Bouillon	79
Barbe in Wasser und Salz	81
Seefasan mit Parmesankäse	85
Eingesalzener Kabeljau à la maître d'hôtel	87
Maifisch mit Court-Bouillon	90
Rothfisch mit Austernsauce	91
Schleie geröstet	92
Zungenfisch in Stücke geschnitten und gratinirt	94
Aal à la bordelaise	94
Steinbutte gratinirt	95
Forelle mit Sardellenbutter	96
Meeraal geröstet	97
Roche à la Sainte-Menehould	99
Kabeljau gratinirt	103
Grenadin von Stücken eines Zungenfisches	105
Rothfisch mit Sauce tartare	106
Kabeljau in Brandade	110
Kabeljau mit brauner Butter	111
Zungenfisch en turban	113
Hummer mit Court-Bouillon	116
Makrelen in Wasser und Salz gekocht	120
Barbe geröstet	121
Forelle à la Husar	124
Rochen mit Muskatennuß	128
Mewe (colin) gebraten	130
Zungenfisch à la parisienne	131
Lachs geröstet	132
Vive gratinirt	135
Zungenfisch farcirt mit feinen Kräutern	137
Makrelen mit Stachelbeeren	138
Dorsch geröstet	139
Kabeljau mit Bechamelle	141
Lampreten gekocht	142
Schleien gebraten	146
Seefisch en matelote	151
Forellen auf spanische Art	158
Karpfen in Bier	159
Zungenfisch gebraten	161
Quappen auf französische Art	162
Barbe mit Parmesankäse	162
Forelle mit Sauce genevoise	177
Aal am Spieß	182
Karpfen geröstet	185
Steinbutte mit Kräuter-Sauce	186
Lachs sautirt	189
Makrelen à la flamande	190
Aal à la poulette	192
Lottes (See-, auch Flußfische) à la prussienne	197
Barbe gedämpft	200
Aal mit Lactuke	203
Stör als Fricandeau	208
Schuppenbüttfisch (limande) in der Pfanne gebraten	210
Grondins in Stücke geschnitten mit Sauce tomate	218
Lottes à l'italienne	219
Rochen mit feinen Kräutern	221
Lachs blau	228
Steinbutte gebraten	231
Thunfisch geröstet mit Purée von Sauerampfer	233
Meerkrebs (langouste) am Spieß	234
Rochen in der Pfanne gebraten	235
Stinte auf englische Art zubereitet	237
Stör in Stücken gebraten	238
Fisch (meunier) mit glacirten Zwiebeln à l'allemande	239
Vives à la Normande	240
Quappe in der Kasserolle	250
Aal à la tartare	253
Steinbutte in Mayonnaise	254
Barbe à la provençale	262
Zungenfisch en matelote normande	264
Aal à la poulette	264
Hecht en dauphin	269
Schwänze von Kabeljau à l'anglaise	274
Zungenfisch à la Joinville	278
Stör am Spieß gebraten	284
Stör braisirt	289
Kabeljau in der Pfanne gebraten	294
Karpfen mit Milch, weiß gekocht	294
Vives à la maitre d'hôtel	297
Zungenfisch in der Pfanne gebraten	299

Inhalts-Verzeichniß.

	Seite		Seite
Stockfisch à la Orly	300	Steinbutte à la hollandaise	333
Paupiettes von Dorsch	310	Karpfen à la russe	335
Stockfisch gratinirt	321	Kabeljau mit Eiersauce	340
Hecht à la Clermont	324	Stör en matelote	345
Kabeljau farcirt	329	Thunfisch in der Pfanne gebraten	348
Meerbrassen mit Sauce Robert	332	Coulibiac von Aal	350

Zwischengerichte.

	Seite		Seite
Hammelrücken garnirt mit Rissoles	2	Kalbsnuß als Fricandeau	52
Kalbnuß mit Sauerampfer	6	Hühner à la bonne femme	54
Huhn à la Montmorency	7	Schinken von Pork à l'anglaise	55
Krebse à la bordelaise	7	Hammelkeule braisirt	55
Hammelbrust mit pikanter Sauce	8	Kalbszunge mit Sauce tomate	56
Huhn mit Estragon	9	Lendenbraten braisirt à la royale	57
Gänseviertel à la lyonnaise	11	Hammel-Cotelettes à la jardinière	59
Matelote von Karpfen und Aal	12		
Hammelrücken à l'anglaise	12	Rinderrippenstück braisirt mit Maccaroni	61
Ragout von Ackerlerchen	14		
Hammel-Cotelettes mit Zwiebeln	15	Poularde als Zwischengericht statt Hecht	64
Kalbsnuß à la bourgeoise	17		
Huhn mit Reis	19	Tauben-Ragout mit Krebsen	65
Ragout von Reh	19	Grillvögel gebraten als Zwischengericht für Hecht	66
Kalbsmilch à l'espagnole	21		
Rippenstück gedämpft mit Purée von Tomates	22	Huhn gekocht	71
		Kaninchen sautirt	71
Kalbskopf au naturel	24	Vorderblatt von einem Hammel als Ballon mit glacirten Zwiebeln	73
Rindszunge gedämpft	26		
Rindfleisch mit Kohl garnirt	27		
Kalbsmilch à la poulette	27	Huhn à la chasseur	73
Hammelrücken à l'anglaise	29	Lendenbraten (Rind) à la Godard	76
Bouchées von Austern	30	Kaninchen en papillote	77
Hammelkeule gedämpft mit Kapern-Sauce	31	Junges Lamm mit geschnittenem Spargel	79
Krebse mit Court-Bouillon	34	Hammelkeule à la provençale	82
Kalbshirn à la Toulouse	35	Fricassée von Hühnern	83
Das Klein eines Puters mit Würstchen à la chipolata	36	Huhn à la Grimod de la Reynière	84
Hammelrücken braisirt	37	Hammel-Cotelettes mit Sauce tomate	87
Karpfen garnirt mit einem Ragout von Karpfenmilch	37	Kalbsleber à l'italienne	88
Poularde mit körnigem Salz	38	Gefülltes Lammviertel farcirt	88
Schinken in Burgunder	39	Garbures gratinirt	89
Kalbskopf à la Destilière	42	Rinder-Filet mit Madeira	91
Tendrons von Kalb	45	Rindszunge mit Parmesankäse	92
Kalbsnuß mit Chicorien-Purée	46	Lamm mit geschnittenem Spargel	96
Boeuf à la mode	47	Beefsteak	98
Ente mit weißen Rüben	49	Kalbsragout à la bourgeoise	99
Bouchées v. Hummer m. Bechamelle	51	Kalbsmilch in d. Pfanne gebraten	100

Inhalts-Verzeichniß.

	Seite
Hammelkeule von sieben Stunden	103
Accolade von Aal am Spieß	104
Vorderviertel vom Lamm am Spieß	104
Rinder-Filet mit Madeira-Sauce	105
Kalbs-Cotelettes à la milanaise	106
Schweineohren à la lyonnaise	108
Vorderblatt vom Lamm glacirt	109
Hammel-Cotelettes à la jardinière	110
Aepfel in einer Rinde	111
Schinken am Spieß	112
Salmis von gekochten jungen Enten	112
Huhn à la d'Ecars	114
Gebratene Kalbsnieren	114
Gebratene Leber	115
Flügel von Putern à la Sainte-Menehould	116
Rinderschwanzstück braisirt	117
Accolade von gebratenen jungen Kaninchen	117
Eier mit Zwiebeln	121
Pastete von Spanferkel	122
Fricassée von Kaninchen	123
Kaninchen à la vénitienne	124
Kalbsmilch als Fricandeau	126
Kalbs-Cotelettes à la Gingarat	127
Huhn mit Sauce tomate	125
Junges Kaninchen à la chasseur	129
Kalbs-Fricandeau	132
Hammelbrust braisirt	133
Kalbsbrust (tendrons)	134
Kalbsohren mit Champignons	135
Purée von jungen Kaninchen (laperaux)	136
Tauben m. geschnittenem Spargel	140
Kalbsbrust mit kleinen Erbsen	144
Rinderschwanzstück à la flamande	145
Spanferkel à la Père Douillet	146
Feinster Blätterteig (vol-au-vent) mit Rinder-Filet und Bechamelle	147
Schweineschwanz mit Purée	149
Rinderschwanzstück braisirt	153
Junges Kaninchen mit geschnittenem Spargel	154
Huhn à la Marengo	155
Huhn auf italienische Art	156
Tauben in Compot	158
Hammelfüße mit Sauce Robert	160
Rostbeef mit Kartoffeln	160
Boeuf à la mode	161
Croquettes von Reis	162
Gänseleber-Pastete	163
Kleine Pasteten mit Jus	164
Rinderschwanzstück à la Sainte-Menehould	165
Kalbsohren auf italienische Art	167
Kleine Pasteten mit Krebsen	169
Melonen	173
Croquettes vom Rind	173
Timbale mit italienischen Nudeln (Semoule) au chasseur	174
Kalbfleisch (tendrons) in Mayonnaise	174
Croquettes von Geflügel	175
Pfannkuchen mit Aprikosen	175
Rindszunge braun gekocht	176
Rinderschwanzstück à la lyonnaise	177
Enten à la Père Douillet	178
Kaninchen als wohlschmeckendes Ragout	180
Lammsrücken mit Rissoles garnirt	180
Rückenstück mit Pfeffer-Sauce	181
Hirn à la provençale	183
Schweineohren braisirt	184
Rinderrippenstück mit Wurzeln	185
Ente mit weißen Rüben	187
Kalbs-Cotelettes à la Gingara	187
Kapaun mit Salz	188
Gebratene Hammelschwänze mit Parmesankäse	188
Huhn à la Orly	189
Schweine-Cotelettes mit Pfeffer-Sauce	189
Tauben auf eine besondere Art zubereitet (crapaudine)	190
Hammelviertel à la bretonne	190
Gebratene Quenelles (Bouletten)	191
Kalbsgekröse au naturel	193
Wassermuscheln à la poulette	193
Tauben in Stücke geschnitten à la Duxelles	194
Kalbsohren farcirt	195
Cotelettes von Kaninchen mit Sauce tomate	196

Inhalts-Verzeichniß.

	Seite
Blutwurst von Kaninchen à la Richelieu	200
Galantine von jungen Kaninchen	201
Kluskis von frischem Fleisch	201
Croquettes von sehr gutem Rindfleisch	203
Cotelettes von Tauben mit kleinen Erbsen	205
Kapaun sautirt mit feinen Kräutern	206
Ragout (en coquille) von Karpfen ꝛc.	208
Fricassée von Hühnern (en gibolette)	209
Lammsbrust à la maréchal	210
Tendrons vom Kalbe	210
Huhn mit Austern und Trüffeln	211
Bouillabaisse	212
Ragout en coquilles à la marinière	213
Kalbsohren marinirt	213
Hammelkeule à la polonaise	215
Croquettes von Bandnudeln (nouilles)	215
Hammelschwänze mit Reis	218
Melone (andere Anweisung)	220
Hammelcarré in Stücke geschnitten mit Gurken	225
Gefülltes Kalbfleisch (poupiette de veau)	226
Fritot von Hühnern	228
Hammelkeule à la russe	229
Matelote savante	230
Gehirn gebraten	234
Timbale von Bandnudeln	234
Tendrons mit kleinen Erbsen	238
Kalbs- oder Hammelgehirn am kleinen Spieß	239
Schweine-Cotelettes	240
Wilde Enten als Ragout in Salmis	241
Ragout (salpicon)	241
Kalbsmilch à la provençale	242
Kalbskopf farcirt	245
Hase à la mode	246
Hammelfüße gebraten	249
Hammelfilet à la minute	252
Salmis von wilden Enten (macreuses)	254
Lerchenpastete	255
Salmis von Bekassinen	256
Fricassée von Huhn à la Dubarry	261
Gekochtes Rindfleisch en matelote	262
Kalbsfüße au naturel	262
Ackerlerche in Kästchen	263
Kalbscarré gespickt und braisirt	265
Wachteln mit kleinen Erbsen	266
Wassermuscheln (moules) fett gekocht	267
Escalopes von Rebhühnern	267
Schweineohren à la Sainte-Menehould	269
Kalbsfüße gebraten	269
Kalbsmilch in Papillotten	270
Kalbsviertel marinirt	271
Lerchen in Salmis	272
Rebhühner mit Kohl	273
Hammelniere in der Pfanne gebraten	273
Hasenklein (civet)	275
Gekochtes Rindfleisch garnirt à la flamande	276
Hammelleber à la menagère	277
Puter (Flügel) mit Kastanien-Purée	278
Escalopes mit Hummer à la parisienne	279
Grenadin von Rindfleisch à la financière	280
Lamm-Cotelettes sautirt und mit grünen Bohnen garnirt	281
Carbonade vom Hammel à la nivernaise	282
Gemischtes in der Pfanne gebraten à l'italienne	285
Chaufroix von Rebhühnern	286
Rindfleisch mit Nudeln garnirt	288
Wachteln mit Lactuke	289
Lamm-Cotelettes mit Purée von Cardons	290
Rebhühner in Auflauf	291
Rinderschwanzstück à la bordelaise	292
Wassermuscheln (moules) en coquilles	296
Kalbs-Cotelettes mit Purée von Champignons	297
Hammelkeule von sieben Stunden	299

Inhalts-Verzeichniß.

	Seite		Seite
Rindszunge in Papilloten	302	Hummer à la bordelaise	347
Schinken à la maillot	303	Hirsch-Filet gebraten	348
Geflügel sautirt à la cardinal	308	Gänsekeulen geröstet à la lyonnaise	349
Rebhühner à la Cussy	311		
Kalbsmilch am Hatelet	312	Hase gebraten à la finnoise	349
Wassermuscheln à la Villeroi	313	Kalbfleisch (amourettes) gebraten	350
Brandade von eingesalzenem Kabeljau	315	Geschmortes Kalbfleisch	351
		Savarin von Hammel	352
Rindfleisch mit Pfeffer-Sauce	316	Godiveau von weißem Geflügel mit Trüffeln	353
Wildschwein-Cotelettes à la Saint-Hubert	316	Hirn mit Sauce matelote	354
Filet von Wildschwein au chasseur	319	Hammel-Cotelettes à la financière	357
Rindfleisch gekocht und garnirt	320	Kalbsnuß mit Purée von Sauerampfer	358
Rinderschwanzstück à la bordelaise	320	Geflügel zerschnitten und sautirt	360
Fette Leber mit Périgueux	328	Heringe geräuchert à la Bruxelles	361
Frische Heringe mit Mostrich	336	Huhn à la Marengo (anderes Recept)	361
Junger Hase in Salat	337		
Kalbs-Cotelettes en papillottes	338	Ragout à la financière	362
Lerche au chasseur	341	Cotelettes von Reh, sautirt	363
Huhn marinirt	344	Kriechente in Stücke geschnitten mit Sardellen	365
Lerchen als Cotelettes	347		

Gemüse.

	Seite		Seite
Artischoken à la barigoule	1	Purée von Zwiebeln à la bretonne	54
Marinirter Blumenkohl	3		
Purée von Linsen	5	Chicorien mit Sahne	56
Sellerie mit Jus	8	Sauerkohl mit Austern	57
Glacirte Zwiebeln	14	Spinat mit Zucker	57
Kartoffeln, geröstet	19	Artischoken à la bonne femme	61
Selleriewurzel mit Butter-Sauce	22	Kohl farcirt	63
Bohnen mit Hammelfleisch	23	Spargel mit weißer Sauce	66
Blumenkohl in Butter gedämpft	25	Kartoffeln à l'anglaise	67
Blumenkohl mit Butter-Sauce	27	Artischoken in der Pfanne gebraten	69
Blumenkohl au gratin	28	Maccheroni in Timbale	80
Lactuke mit Jus	32	Rothe Bohnen à la bourguignonne	80
Bohnen à la bretonne	33		
Purée von Bohnen mit Sahne	38	Artischoken à la barigoule	82
Champignons à la bordelaise	39	Champignons gratinirt	84
Artischoken mit Rindermark	40	Spargel mit Sahne	90
Rothe Rüben mit Sahne	43	Portulak in der Pfanne gebraten	91
Artischoken à l'italienne	44		
Weiße Rüben mit Jus	45	Purée von Linsen	92
Purée von dem Innern der Artischoken	47	Maccheroni mit Sauce tomate	93
		Carotten glacirt	97
Purée von Chicorien mit Croutons	48	Morellen à l'italienne	98
Artischoken à l'italienne	51		

Inhalts-Verzeichniß.

	Seite
Morellen à l'andalouse	101
Kleine Erbsen à l'anglaise	106
Grüne Bohnen à la poulette	108
Spargel mit Butter	108
Grüne Bohnen à l'anglaise	111
Purée von Sauerampfer	114
Bataten mit Butter	115
Neue Kartoffeln mit Sahne	117
Gefüllte Zwiebeln	118
Geschnittener Spargel mit Jus	119
Weiße Rüben à la parisienne	121
Kartoffeln à la parisienne	125
Morcheln in einer Kruste	129
Bohnen à la maître d'hôtel	133
Purée von weißen Rüben	134
Erbsen mit Speck oder Schinken	139
Spargel à la Pompadour	144
Artischoken mit Schinken-Essenz	148
Kartoffeln in der Schale	150
Türkische Bohnen mit Sahne	153
Weiße Rüben mit Jus	154
Kleine Erbsen in der Hülse	160
Kleine Erbsen auf französische Art	165
Carotten mit Zucker	165
Portulak gebraten à la milanaise	166
Blumenkohl mit Käse	168
Spinat mit Jus	169
Tomate farcirt	170
Macceroni auf italienische Art	172
Spinat à la maître d'hôtel	178
Grüne Bohnen à la poulette	195
Gurken gefüllt	198
Kartoffeln à la Macaire	199
Gurken mit Sahne oder magerer Bechamelle	202
Weiße Bohnen à la maître d'hôtel	211
Carotten à la menagère	213
Kartoffeln mit Speck	216
Kleine Erbsen auf englische Art	217
Purée von Kürbis	219
Spinat nach alter Art	220
Haberwurzel (salsifis) gebraten	221
Pilau mit Reis und Butter (mager)	223
Kartoffeln mit weißer Sauce	224
Lactuke farcirt	227
Kartoffeln mit Sahne	233
Weiße Bohnen mit Rindermark	235
Champignons farcirt	248
Artischoken à la lyonnaise	250
Kohl mit Speck	255
Kartoffel-Purée à la Maria	256
Garbure (Kohl) mit Fett	258
Nachtschatten (aubergine) farcirt	280
Artischoken farcirt	281
Cardons (Artischoken) mit Jus	282
Haberwurzel (salsifis) in der Pfanne gebraten	284
Reis in der Kasserolle mit Lammshirn	285
Cardons (Artischoken) fett gekocht	286
Kartoffeln als Croquettes	294
Purée von Cardons	295
Tomate farcirt	305
Purée von Mousserons	308
Purée von Kastanien	310
Purée von weißen Bohnen	310
Bohnen mit Butter und Cayenne-Pfeffer	312
Rothe Rüben à la chartreuse	314
Cardons gratinirt	317
Weiße Rüben mit Zucker	323
Zwiebel-Purée à la Soubise	330
Kartoffeln roh gebraten	331
Ragout von Zwiebeln	332
Kartoffel-Salat mit Trüffeln	335
Rothe Rüben à la poitevine	337
Trüffeln mit Champagner	338
Cardons mager gekocht	342
Kohl farcirt à la russe	355
Trüffeln unter der Asche gebraten	363
Purée von gratinirten Kartoffeln	365

Braten.

	Seite
Rinder-Filet	4
Wilde Ente	5
Rebhühner	7
Kapaun mit Kresse	12
Puter	13
Bekassinen	16
Gans mit Kastanien gefüllt	31
Kriechente	42

Inhalts-Verzeichniß.

	Seite
Junges Kaninchen in der Pfanne gebraten	46
Junge Ente gebraten	47
Pilets (nordische Ente)	51
Grillvögel	56
Gans gedämpft	58
Kibitz am Spieß gebraten	68
Lammsrücken	77
Spanferkel	122
Hammelkeule	127
Kalbsbraten	143
Taubenbraten	147
Frischer Schweinebraten	148
Kalbsrücken am Spieß mit feinen Kräutern	168
Rostbeef von Lamm am Spieß	171
Rostbeef mit kleinen Pasteten garnirt	175
Huhn gebraten	177
Hammelrücken am Spieß	178
Lendenbraten à la provençale	179
Wilde Enten gebraten	179
Kibitze gespickt und gebraten	183
Puter gedämpft	191
Nierenbraten	197
Hammelkeule braisirt	204
Poularde mit Kruste	217
Junge Ringeltaube marinirt und gebraten	220
Galantine von Puter	222
Hamburger Huhn am Spieß	224
Poularde als Schildkröte	236
Kriechente mit Oliven	237
Kapaun à la regence	238
Hammelkeule gebraten	238
Grillvögel braisirt	244
Krammetsvögel gebraten	248
Rehkeule gebraten	249
Fasan gebraten à la Brillat-Savarin	251
Gans gebraten	252
Junger Hahn geröstet	253
Hammelkeule à la Durand	257
Wachteln gebraten	259
Rippespeer am Spieß gebraten mit Sauce Robert	261
Rebhühner gebraten	262
Wildschweinskeule à la royale	263
Wilde Ente (macreuse) mit Chocolade	264
Enten farcirt	268
Junge Trappe gebraten	270
Bekassinen à la provençale	271
Fasan à la bohemienne	277
Enten mit Oliven	279
Huhn à la Chivry	280
Krammetsvögel à la paysanne	281
Hase gedämpft (en daube)	283
Huhn sautirt	283
Bachstelzen gebraten	291
Kleine Vögel à l'italienne gebraten	292
Eine junge fette Henne gebraten	293
Enten mit kleinen Erbsen	295
Lerchen gebraten	296
Hase gebraten	297
Auerhahn	298
Ortolanen oder auch Bachstelzen in Kästchen	299
Rebhühner braisirt	300
Krammetsvögel mit Cognac	301
Junger Hase (marinirt)	309
Ortolanen gebraten	311
Wachteln mit Trüffeln	312
Ortolanen à la perigourdine	314
Gans à la chipolata	316
Bekassinen en canapé	318
Rebhühner sautirt mit Trüffeln	322
Junger Hase à la minute	324
Auerhahn gebraten	326
Rebhühner à l'anglaise	327
Haselhuhn gebraten	328
Fasan gedämpft	330
Ortolanen gebraten in zugedeckter Kasserolle	333
Puter mit Trüffeln gebraten oder gedämpft	336
Kalbsniere sautirt	344
Trappen à la russe	344
Rebhühner à la parisienne	346
Rothkehlchen gebraten	346
Hirschkeule à la Saint-Hubert	353
Grillvögel mit Trüffeln	355
Puter mit Trüffeln	356
Lerchen geröstet	357
Hirschkeule à l'anglaise	358
Pfau gebraten	362
Bekassinen in Salmis mit Cognac	364
Wilder Schweinskopf	366

Desserts.

	Seite		Seite
Apfeltorte	33	Gebrannte Crême	170
Compot von Pomeranzen	43	Aprikosen=Compot	171
Mandelkuchen	45	Aprikosenfladen à la Metternich	172
Pfannkuchen mit Pomeranzen	49	Pfannkuchen mit weißem Flieder	179
Aepfel mit Butter	50	Pfannkuchen mit Kartoffeln	180
Fladen von Sahne à la frangipane	58	Aprikosen=Compot à la Breteuil	181
Himmelsspeise	62	Pfannkuchen mit Pataten	185
Auflauf von Reis	66	Aprikosen à la Condé	194
Kalte Mehlspeise	68	Pastetchen (darioles)	196
Törtchen mit Vanille	69	Pfirsich=Compot	197
Chocoladen=Crême	71	Compot von grünen Aprikosen	202
Törtchen (meringues) mit Sahne	78	Pfannkuchen mit Confituren	208
Mandel-Crême	79	Käsekuchen (Kluskis)	214
Reiskuchen	90	Crêpes	214
Compot von Johannisbeeren	93	Mandelkuchen à la d'Escars	216
Pfannkuchen mit Aprikosen und Cognac	94	Aprikosentorte	221
Kuchen mit Confituren	95	Compot von Reineclauden	225
Kuchen von Pistazien	95	Bisquit de Savoie	226
Reiskuchen	100	Macedoine von Frucht=Gelée	227
Kuchen (Kluskis) mit Sahnenkäse	101	Jungfrauen=Crême	237
Geriebener Napfkuchen	107	Gefrorenes mit Vanille und Chocolade	244
Sahnenkuchen	113	Fondue mit Käse	250
Blätterkuchen	115	Dumpling mit Aepfeln	253
Deutscher Kuchen	117	Pfannkuchen	269
Blanc-manger mit Kaffee	118	Pfannkuchen mit Korinthen à la dauphine	274
Schlagsahne mit Erd= und Himbeeren	120	Mandelkuchen	276
Magdalenenkuchen	126	Pfirsich=Marmelade	277
Frangipane	128	Birnen=Compot	289
Aepfel mit Reis	130	Kuchen (Talmouses) ohne Käse	290
Käsekuchen (Talmouses) à la Saint-Denis	131	Charlotte von Aepfeln	298
Citronen-Gelée	136	Kastanien=Compot	307
Mandelkuchen	138	Bavarois mit Maismehl	319
Jungfrauen-Crême	143	Crême mit Teig von Maismehl	326
Zuckerguß im Ofen gebacken	151	Crêpes mit Mais	330
Aprikosen=Compot	155	Fladen von Frangipane	339
Crême mit Thee	160	Pfannkuchen à la Chantilly	350
Fladen von Früchten	164	Kuchen à la Saint-Louis	351
Compot von rothen oder weißen Johannisbeeren	167	Vanille-Crême	352
		Pfannkuchen mit Maismehl	354
		Pfannkuchen mit Aepfeln	356
		Kuchen Saint-Charles	357
		Brioche mit Sahne	359

Saucen.

	Seite		Seite
Sauce tomate	6	Sauce remoulade à la cosaque	217
Holländische Sauce	21	Sauce mit fetter Bechamelle	229
Weiße Sauce	31	Magere Bechamelle-Sauce	231
Sauce, die zu allen Braten paßt (englische Küche)	38	Madeira-Sauce	232
Sauce Robert	64	Sauce espagnole (spanische Sauce)	235
Pfeffer-Sauce (poivrade)	81	Portugiesische Sauce	255
Sauce Châteaubriand	81	Sauce für alle Braten	267
Krausemünze-Sauce	89	Sauce mit Schalotten	283
Sauce mit Sardellenbutter	96	Sauce italienne	287
Grüne Sauce	97	Sauce mit brauner Butter	288
Pfeffer-Sauce (poivrade), anderes Recept	101	Remulabben-Sauce	297
Sauce zum Hummer	116	Sauce perigueux	301
Sauce von kleinen Krebsen (crevettes)	120	Sauce bordelaise	304
		Spanische Sauce	308
Kapern-Sauce	124	Sauce mit Auftern	323
Stachelbeer-Sauce von grünen Stachelbeeren	138	Meerrettig-Sauce	323
		Sauce diplomate	325
Sauce à la Duxelle	146	„ à la cardinal	325
Kräuter-Sauce (ravigote)	150	„ chaud froid	329
Sardellen-Sauce	152	„ chaud froid von Geflügel	339
Stachelbeer-Sauce	171		
Mayonnaisen-Sauce zu Fischen	176	Sauce mit Purée von weißen Zwiebeln	346
Sauce von Seekrabben	177	Sauce zu allen Resten Braten	356
Sauce piquante	178	Sauce matelote	359
Fenchel-Sauce	191	Kräuter-Sauce (ravigote) provençale	361
Sauce des armen Mannes	205		
Sauce mit Citronen	207	Sauce Villeroi	363
Sauce à la bourgeoise	209	Sauce béarnaise	367
Sauce mousquetaire	214	Sauce mit Kari	367

Verschiedenes.

	Seite		Seite
Verlorene Eier	10	Blanc-manger	60
Riffoles	25	Croute von Champignons	60
Salat von Gemüsen	34	Chateaubriand geröstet	62
Garnitur à la Toulouse	35	Chartreuse von Aepfeln	62
Salat von Hummern	35	Garnitur à la flamande	67
Macedoine von Gemüsen als Salat	40	Garnitur à la Godard	72
		Rindszunge gratinirt	74
Vol-au-vent von Eiern mit Bechamelle	41	Quenelles mit Sahne	76
		Garnitur à la financière	78
Pudding	48	Garnitur à la chipolata	79
Butter von Hummer	50	Quenelles von italienischen Nudeln (semoules)	80
Eier gefüllt	53		

Inhalts-Verzeichniß.

	Seite
Butter à la maître d'hôtel	83
Eier mit Schnee	84
Darioles à la duchesse	85
Glace von Fischen	87
Aepfel mit Reis	93
Gekochte Farce	97
Pastete von Lachs	102
Roux hellbraun	107
Roux ganz hell	107
Court-Bouillon	109
Speckeierkuchen	118
Kalte Pastete	119
Anweisung, wie die kalte Pastete gemacht wird	119
Warme Pastete	122
Eierkuchen	123
Garnitur zum Rindfleisch	125
Pastete mit Kohl	125
Austern mit Eiern in Schalen	128
Butter mit Knoblauch	131
Glace von Fischen (anderes Recept)	133
Weiche Eier	134
Pasteten (rissoles) von Hahnenkämmen und Trüffeln	137
Sardellenbutter	138
Pasteten (croquenbouche)	139
Vorzüglicher Pudding	140
Eierkuchen mit Spargel	141
Kleine Pasteten mit Niere	142
Karpfenmilch gekocht	143
Butter mit Hummer	143
Quenelles von Rindermark	144
Essenz von Schinken	148
Das Braisiren	149
Rindermark à la Orly	150
Warme Pastete mit Lachs	152
Farcirte Sardellen	154
Eier mit Sahne	155
Marinade von Geflügel	156
Ragout (abatis) von Geflügel	157
Hammelzunge braisirt	157
Farce von Kalbsleber	164
Eier mit Pistazien	183
Butter mit spanischem Pfeffer	196
Butter mit Nüssen	198
Bâtons royaux	202
Plum-Pudding	204
Omelettes à la jardinière	206
Farce zu Gurken	206

	Seite
Butter der Gascogne	213
Bain-marie	219
Pastete (ramequin)	223
Eier mit Käse	224
Kleine Pasteten von Fischen	228
Pastete von Gemüsen	231
Omelettes mit Fisch	232
Mitonnage	233
Velouté für die Haushaltung	236
Quenelles von gebratenen Kartoffeln	242
Omelettes mit Sardellen	243
Butter mit Mandeln	245
Quenelles	247
Braise (halbe)	247
Spiegeleier oder Eier in der Schüssel	256
Sel-épice	257
Garnitur à la Durand	260
Kartoffel-Salat	265
Farce mit Trüffeln	266
Warme Pastete mit Godiveau	268
Tiegel (poêle)	270
Rührei	272
Jus von Wurzeln	273
Mirepoix	278
Kleine Pasteten à la reine	287
Kruste mit Champignons gefüllt	289
Timbale à la champenoise	290
Bouchées von Geflügel-Purée	295
Cromesquis	296
Teig zu den Nudeln	302
Pastete von Bekassinen	303
Coquilles mit der Milch von Karpfen	304
Pastete von Steinbutte	304
Russischer Salat	305
Timbale von Maccheroni	306
Omelette-Auflauf	306
Blanc-manger	307
Roux	309
Kalbfleischklößchen en Troyes geröstet	313
Dumpling	314
Eier mit Bechamelle	317
Pudding à la Cowlay	317
Teig zum Braten in der Pfanne	318
Croquettes von Kartoffeln	320

Inhalts-Verzeichniß.

	Seite		Seite
Hasenwurst	321	Coulis von Krebsen	342
Vol-au-vent mit Quenelles von Stör	325	Salat von Rothkohl à la russe	343
Aspic von Krebsen	327	Omelette, russisch, mit Maismehl	345
Kleine Pasteten à la bourgeoise	331	Salat von Brunnenkresse mit Aepfeln	346
Ravioles (italienisches Gericht) gratinirt	334	Farce mit Eiern	351
Speise von Schweizerkäse	337	Brod von Rebhühnern	354
Gekochte Marinade	338	Roux hell	360
Pastete von Zungenfisch	341	Pudding von weißen Rüben	364